2022—2023

GAOXIAO SHIJIAN YUREN XINFANSHI DE
TANSUO YU GAIGE

高校实践育人新范式的
探索与改革

南开大学"师生四同"工作发展报告

贺文霞 ◎ 主编

南开大学出版社
NANKAI UNIVERSITY PRESS

天 津

图书在版编目(CIP)数据

高校实践育人新范式的探索与改革：南开大学"师生四同"工作发展报告.2022—2023 / 贺文霞主编.天津：南开大学出版社，2024.12. — ISBN 978-7-310-06657-5

Ⅰ.G641

中国国家版本馆 CIP 数据核字第 2024WV5842 号

高校实践育人新范式的探索与改革
——南开大学"师生四同"工作发展报告 2022—2023
GAOXIAO SHIJIAN YUREN XINFANSHI DE TANSUO YU GAIGE
——NANKAI DAXUE "SHISHENGSITONG" GONGZUO FAZHAN BAOGAO 2022—2023

南开大学出版社出版发行
出版人：刘文华
地址：天津市南开区卫津路 94 号　　邮政编码：300071
营销部电话：(022)23508339　营销部传真：(022)23508542
https://nkup.nankai.edu.cn

天津午阳印刷股份有限公司印刷　全国各地新华书店经销
2024 年 12 月第 1 版　　2024 年 12 月第 1 次印刷
240×170 毫米　16 开本　19.75 印张　2 插页　301 千字
定价：98.00 元

如遇图书印装质量问题,请与本社营销部联系调换,电话:(022)23508339

编委会

目 录

CONTENTS

第一篇 高校实践育人新范式的理论研究与南开实践

第一章 高校实践育人新范式的理论研究与评价体系 ················ 1

一、新时代高校实践育人的理论发展 ························· 1

二、高校实践育人新范式的理论建构 ····················· 10

三、高校实践育人新范式的评价体系 ····················· 19

四、总结与展望 ·· 25

第二章 南开大学"师生四同"与实践育人新范式探索 ·········· 27

一、以三个"转向"为目标推进实践教学改革 ············· 27

二、以协同育人为抓手健全思政育人体系 ················· 32

三、以服务国家战略为导向贡献南开实践力量 ············· 34

四、聚焦教师队伍建设打造实践育人主力军 ··············· 38

五、聚焦基地建设推进实践育人走深走实 ················· 42

六、聚焦保障措施服务实践育人可持续发展 ··············· 45

第二篇 南开大学"师生四同"实践育人工作推进

第三章 "师生四同"推动实践教学改革 ····················· 53

一、"知行合一,服务中国":南开大学服务学习系列课程建设 ······· 53

二、基于案例的"知行合一"闭环培养模式建设 ············· 60

三、"师生四同"结硕果,"公能"实践育新材 ············· 67

四、全面实施"师生四同"实践育人体系,服务新工科卓越人才

培养 ·· 71

五、"师生四同"在计算机类创新人才实践教学改革中的实践与思考 … 76

第四章　"师生四同"助力"大思政课"创新 ························· 80

一、数字技术传递南开精神，视觉设计演绎中国故事 ············· 80

二、寓哲学智慧于政治教育打造铸魂育人课程，"师生四同"助力
"大思政课"创新的哲学实践 ······························· 89

三、改革物理实验教学体系，打通实践创新育人路径 ············· 95

四、中外"师生四同"大实践构建中华文化课程思政"大格局" ······· 101

五、专业教育与思政教育相结合，构建"师生四同"课程思政新
体系 ··· 107

第五章　"师生四同"促进教师团队发展 ························· 111

一、以"师生四同"实践项目为载体　持续强化教师思想政治工作 111

二、"师生四同"：促进实践育人走深走实 ······················ 115

三、突出三个"结合"，服务高素质教师队伍建设——电光学院以
"师生四同"社会实践促教师队伍建设的工作模式 ··········· 120

四、教学相长促发展，思政育人显实效——构建党建引领下的金融
特色"师生四同"实践育人模式 ··························· 125

五、以"师生四同"社会实践赋能教师队伍高质量发展 ············· 132

六、"师生四同"，构建以"用"为导向的科技创新人才培养体系 ······ 138

第六章　"师生四同"加速实践基地建设 ························· 143

一、"师生四同"理念下"一体化"实践育人路径的探索与实践——
以南开大学医学院为例 ································· 143

二、锚定"师生四同"，打造面向实践的"商学+"红色联盟 ········· 148

三、南开大学药学院中国式现代化乡村工作站建设情况 ··········· 153

四、打造"大思政"育人平台，赋能高质量社会实践——以南开
大学旅游与服务学院实践基地建设为例 ····················· 157

五、以行促建，以建育人——经济学院"师生四同"实践与实践
基地建设相互赋能的探索 ······························· 164

六、"师生四同"实践育人理念下的法学实践基地加速建设路径

探索 ……………………………………………………………… 170

第三篇　南开大学"师生四同"实践育人实践活动

第七章　"师生四同"服务乡村振兴 …………………………… 179

一、锁定建设农业强国目标，金融保险高质量发展服务乡村振兴…… 179

二、千载丝路助农兴，青莲聚滇励知行——经济学院"'一带一路'
背景下农业对外开放合作助推乡村振兴的经验与启示——以云
南省为例"实践项目 ……………………………………… 184

三、中外师生同看百年发展，外语下乡助力乡村振兴 ………… 192

四、多重动力与阻力下的乡村振兴——以厦门市莲塘村为例 …… 197

五、搭建中外互通的实践育人平台，引领青年在实践中读懂中国…… 202

六、党的领导下新型集体经济如何在乡村振兴中助力共同富裕——
聚焦南北乡村振兴之路　共谋新型农村集体经济 ………… 208

第八章　"师生四同"服务区域发展 …………………………… 214

一、琼岛开立自贸港，技术营商观乾坤——自贸港背景下海南高新
技术产业营商环境调研分析 ……………………………… 214

二、重启"暂停键"：中国文旅产业供给侧转型升级路径与对策研究
项目团队事迹 ……………………………………………… 218

三、丹心未泯创新愿，吾辈今朝深圳寻——改革开放"排头兵"
深圳技术变迁的经济学视角调研 ………………………… 224

四、心系南开，情暖边疆——探究"一带一路"倡议下交通运输
方式的变化及影响 ………………………………………… 228

五、河南省自贸区金融服务效率调研 …………………………… 233

六、城市数智化风险防控的基本模式与实践机制研究——基于沿海
省市的调查 ………………………………………………… 237

第九章　"师生四同"服务科技创新 …………………………… 242

一、"师生四同·科技赋能"的庄浪案例 ……………………… 242

二、赓续红色血脉，传承科技精神——"落地人工智能，赋能产业

应用"事迹材料 ……………………………………………………… 248

三、服务学习：物联网应用与科技支农——以电光学院赴襄垣县

第一实践队为例 …………………………………………………… 253

四、智慧引领，精准医疗——智能医学在京津两地医院中的需求与

应用现状调研 …………………………………………………… 260

五、化学学院——以"小白菊内酯"为基点，了解天然产物产业化

过程 ………………………………………………………………… 265

六、上善若水，求索科学之途；勇攀高峰，服务科技创新 ………… 271

第十章 "师生四同"服务公益事业 ……………………………………… 276

一、"二十载光阴荏苒，一颗心赤诚依然"——讲好南开支教团接力

教育扶贫开展校地合作的 25 年 ……………………………… 276

二、探智慧法院建设路，究诉源治理新格局——宁夏兴庆区法院

实践调研 ………………………………………………………… 281

三、用行动夯实乡村教育之基，以实践点亮乡村振兴之梦 ………… 287

四、千古诗情日日新——师生偕行共赴川渝赓续诗教传承 ………… 293

五、关于罕见病孩童公益服务事业的建设——南开大学药学院实践

育人实践活动 …………………………………………………… 298

六、实践调研医联体，构建就医新格局——以云南省县域医卫一体化

调研为例 ………………………………………………………… 302

第一篇

高校实践育人新范式的
理论研究与南开实践

第一章

高校实践育人新范式的理论研究与评价体系

一、新时代高校实践育人的理论发展

近年来，公开发表的有关"高校实践育人"方面的期刊论文总数总体上呈上升趋势。以"高校实践育人"为关键词在中国知网（CNKI）进行期刊论文检索，可以发现 2022—2023 年度的论文数量高达 910 篇（见图 1-1），以"高校实践育人"对中文社会科学引文索引（CSSCI）期刊进行主题检索，论文数量达44 篇。

有关"高校实践育人"方面既有研究的增加，愈加证明了新时代实践育人在高校育人体系中的重要地位与作用。通过对既有研究回顾可以发现，近年来有关"高校实践育人"的研究主要关注其价值、功能定位、创新背景、运行管理模式机制、场域应用以及目标选择等方面。

（一）实践育人的价值与功能定位

1. 实践育人的价值

在高校对思想政治教育日趋重视的大环境下，对高校实践育人所蕴含的丰富价值及深远意义开展研究显得尤为必要。

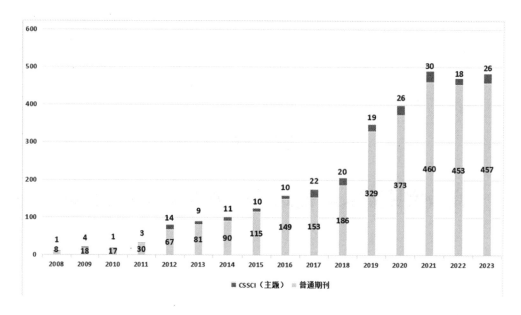

图 1-1　以"高校实践育人"为关键词的 CNKI 文献数量

（1）推进高校思政建设

习近平总书记强调："高校立身之本在于立德树人。只有培养出一流人才的高校，才能够成为世界一流大学。"[①]高校最根本的任务，就是回答并解决教育的根本问题，即"培养什么人、怎样培养人、为谁培养人"。高校实践育人被提出的初衷，是希望高校通过教育让学生能够理论联系实际，将所学专业知识与现实生活结合，真正做到将所思所学、所悟所感作用于日常和社会当中，通过一次次"理论转化为实际"的具体实践，感受并理解生活中的真善美。高校实践育人主要探讨的目标和方向正是立德树人，其在大学生社会主义核心价值观培育和践行的全过程都发挥着无可比拟的作用。高校实践育人肩负着思政教育建设的重要职能，在实践过程中育人，有利于提升青年学生的社会责任感和实践能力，促进高校学生的思想道德培养，引导高校学生朝正方向行走，向着正确的成长道路迈进，提高我国高校思政建设水平。[②]

高校实践育人有助于增强高校大学生思想政治教育的实效性。理论来源于

---

① 习近平谈治国理政（第二卷）[M]. 北京：外文出版社，2017：377.
② 骆郁廷，史姗姗. 论马克思主义实践育人的德育思想及其现实价值[J]. 马克思主义研究，2013（10）：136-145.

实践，并随着实践的变化而不断发展。作为一种不同于传统意义上讲台授课的教育方式，实践育人促进了高校教育教学方法的改革与创新，不仅丰富了大学生思想政治教育的方法和形式，增强了思想政治教育的吸引力、感染力、针对性[①]，还满足了青年学生成长成才的需要，适应了时代要求[②]。实践育人是实现理论内化和实践外化的基本环节，在促进学生将理论知识、道德情操意识等精神层面的学习转化为良好行为习惯的同时，能够助推高校实践育人工作科学高效运行，是提高大学生思想政治教育工作实效性的关键。[③]

（2）助力学生成长成才

高校实践育人助力高校人才质量的培养和提高。立德树人重在强调将社会主义核心价值观内化于心、外化于行，实践育人正是贯彻该方针的强力抓手。高校实践育人的最终目标在于将学生的心智与言行进行统一，帮助青年学生实现从专业知识本位到实际行动本位的转变，促进青年学生精神与肉体的知行合一。高校实践育人贯彻党的教育方针，是提高人才培养质量的内在要求。[④]实践育人帮助青年学生丈量中国大地，深入了解现实国情和真实社会，加深学生对社情民情的学习与认识，其在很大程度上不仅培养了学生的社会责任感和使命担当，还提升了学生个体的品格与优秀才干，增强了其吃苦耐劳的毅力以及开拓创新的精神。实践育人主张对学生的全面性培养，通过对学生德智体美劳的全方位锻炼，促进高校学生的全面综合发展[⑤]，强化学生综合素质和能力，提高学生成果转化能力[⑥]，为高校培养复合型、创新型、应用型优秀人才奠定了坚实基础[⑦]。

（3）促进社会进步和国家发展

马克思主义认为，人是社会实践的主体力量，社会的形态建构与目标实现均离不开人的核心作用。高等教育是人才培养的摇篮，也是推动社会进步和国

① 蒋德勤，侯保龙. 高校思想政治教育实践育人创新路径[J]. 思想理论教育导刊，2016（02）：143-147.
② 费拥军. 高校实践育人路径的优化探究[J]. 教育与职业，2014（09）：40-42.
③ 李海娟. 新时代高校实践育人路径探析[J]. 思想理论教育，2021（08）：108-111.
④ 黄蓉生，孙楚杭. 构建高校实践育人长效机制的思考[J]. 中国高等教育，2012，475（Z1）：36-38.
⑤ 韩俊兰. 高校实践育人长效机制的理性思考与探索创新[J]. 思想教育研究，2013（07）：12-14.
⑥ 杨国欣，蔡昕. 高校实践育人实现路径探析[J]. 学校党建与思想教育，2019，595（04）：74-75.
⑦ 刘川生. 高校实践育人工作有效机制研究[J]. 思想理论教育导刊，2016，216（12）：119-124.

家发展的重要引擎。而高校实践育人作为高等教育体系的重要组成部分，不仅有助于促进社会的和谐稳定与持续发展，还是夯实创新型国家建设的基础，培养社会主义建设者和接班人的关键环节。

第一，高校实践育人有助于培养兼具实践能力和创新精神的社会主义建设者和接班人。高校通过鼓励学生积极参与社会实践，引导学生将理论知识与实际操作相结合，不仅提升了学生解决实际问题的能力，而且激发了学生的创新思维，为推动社会的创新发展提供了坚实的人才保障。

第二，高校实践育人有助于促进社会的和谐稳定与持续发展。高校实践育人讲求团队协作、社会责任和公民意识的培养，使学生在参与社会实践的过程中形成积极的社会价值观和道德观。这将有助于减少社会矛盾和冲突，增强社会凝聚力和向心力，为社会的和谐稳定奠定坚实基础。同时，通过实践育人活动，学生能够更深入地了解社会需求，为社会的可持续发展提供有益的建议和解决方案。

第三，高校实践育人有助于推动文化的传承与创新，引领社会生活的新风尚。通过参与实践育人活动，学生可以深入了解中华优秀传统文化和民族精神，增强文化自信和激发文化创造力，推动社会主义先进文化的繁荣和发展。同时，实践育人活动也引导广大学生投身社会实践和志愿服务，以实际行动引领文明、健康、科学的社会新风尚。

第四，高校实践育人对于夯实创新型国家建设的基础具有重要意义。通过与企业、科研机构等协同联动，高校实践育人有助于推动产学研深度融合，促进高校科研成果转化为实际生产力，进而提升国家的创新能力和竞争力。

2. 实践育人的功能定位

实践育人的功能定位取决于其在高校教育的全过程中所扮演的角色以及发挥的作用。

第一，从高校教育的本质和目的出发，实践育人是一个涵盖多方面的教育集合体，其具备认同、强化、导向、发展、沟通、预防等多重功能，实践育人的目的在于检验高校学生的知识水平，并发现和创造适合高校学生学习的新知识，是强化养成教育、促进大学生社会化的必要手段。

第二，从高校教育的推广实施和改革创新出发，实践育人是坚持深化教育改革创新的关键环节，是提升思想政治工作水平的重要途径，同时也是在"大思政课"视域下推动思政课内涵式发展的有力支撑。①

第三，从高校教育的内容及形式出发，实践育人能够让青年学生在社会实践中透过现象看本质，将参与者同德育教育活动结合在一起，使学生通过积极主动的行动和体验将思想道德规范内化为精神财富，以再教育的形式逐步认识人生、认识社会，在锻炼成长中形成正确的"三观"，坚定理想信念，规范个人行为，是创新性的思政教育方式。

第四，从高校教育的结果呈现与成效发挥出发，实践育人发挥着积极而独特的思想政治教育功能，其体现的是青年大学生的主体地位，致力于丰富大学生的理性认识和感性认识。实践育人的教育功能突出表现在增强大学生在社会主义信念、社会责任感、集体主义观念、为人民服务思想、奉献精神等方面的坚定感，帮助青年学生提高自我教育的能力，养成良好的行为习惯。

（二）新时代高校实践育人的创新背景探究

党的十八大召开以来，高校实践育人虽在发展中取得了新进展、新突破，但也面临着很多亟待解决的创新难题：在实践育人目标日益精准化的当下，各类实践活动的开展应该实现怎样的具体目标，又要如何实现多个具体目标之间的平衡？在实践育人工作体系日益强调课内课外相结合的当下，如何摆脱高校实践育人重理论轻实践、重课内轻课外、重理论轻应用的发展现状，如何衡量课上课下实践育人的教育教学标准，实现课程思政中的理论与实践相结合？在大力促进"大思政课"建设的当下，如何建立、深化与"大思政课"实践教学基地的协同联动，如何引导高校学生与社会实现对接，增强社会实践的实操体验？在中国式现代化、乡村振兴等国家重大战略大力推进的当下，如何实现高校实践育人与国家重大发展战略的深度融合，如何发挥高校各大专业特色丰富社会实践的多元化和多样性？结合既有文献回顾和近年来有关高校实践育人的政策文本梳理，我们可以看到，原有高校实践育人模式已然难以完全适应当下

---

① 张家玮．"大思政课"视域下高校实践育人的功能定位与优化路径[J]．思想理论教育导刊，2022（06）：146-152．

社会及大学生的价值观、社会发展需求。

当下，新时代高校实践育人理念已经逐渐深入人心。作为高等教育的重要环节，实践育人已经在高校中被日趋重视。近年来，高校开展的各类实践育人活动日益丰富，在深度和广度的拓展上也取得了可观的成果，然而在创新过程中，仍旧面临着许多难以突破的现实困境。

一是实践育人理念的实际参与性和认同程度较低。实践育人应当注重理论与实际相联系，真正做到实打实"走身走心"。当前很多高校和教师局限于"实践"二字，仅仅将其视为结合理论课堂的教学手段和方式，形式单调，内容笼统，鲜活度欠缺，在很大程度上忽视了实践育人的价值意义，使得实践育人的理念和功能定位在日常生活具体操作中被弱化，没能够在最大限度上实现实践育人的效用。很多实践育人活动流于形式，一些高校学院开展实践育人活动时将其作为"面子工程""形象工程"，以"拍照拉横幅""请专家发新闻稿"的方式草草了事，违背了实践育人立德树人的初心。一系列走马观花式的简单操作也使得学生对实际实践缺乏鲜活的参与感和强烈的认同感。多数学生在实践中"不走心"，甚至"毫无体验"。①此外，与高校做实践育人工作对接的社会组织、企业也存在此类问题，其提供的实践机会、周期、岗位相对较少，很大程度上影响了实践育人效用发挥。

二是实践育人机制缺乏多方联动与沟通协调。当前高校实践育人机制的系统性统筹不足，高校各部门之间发挥高效协同作用的能力不强，导致实践育人在推进和实施工作上存在难处。②部分高校在实践育人工作的组织层面并没有系统完整地明晰各部门职责，在工作分配上的角色定位阐述模糊，没能清晰表达高校党委、职能部门、教学单位、实践指导教师以及学生个体应当在整个实践育人活动的过程中扮演什么样的角色、承担什么责任、发挥哪些作用。此外，高校与社会组织和企业机构之间的实践育人联动力度仍旧乏力。实践育人工作涉及多方参与，其核心主体包括学校、社会、企业等，部分高校在实践育人工

① 李亚松，程华东. 高等农业院校大学生实践育人的载体和长效机制构建[J]. 高等农业教育，2013（06）：75-77.

② 王亚煦，于兆勤. 粤港澳大湾区背景下高校创新创业教育实践模式研究[J]. 实验室研究与探索，2020，39（07）：240-243，299.

作中仍旧拘泥于课堂理论教学，缺乏相应的校外资源和多方补充，缺乏有效的联动教育。[1]有关学者也表达了实践育人与双创教育、校企校社共同体创建相结合的重要性，其从凝聚共识、加强沟通协调、对接需求、重点关注等方面提出加强实践育人共同体建设。[2]

三是实践育人的保障体系需进一步完善。当前，高校实践育人的保障体系仍旧不够完善，在资金保障、平台保障等方面暴露出乏力的现象。在资金保障方面，开展实践育人工作组织的大多数活动因规模较大，组织成本也较高，部分高校虽提供了一定经费支持，但仍旧远远无法满足实际实践教学的需要。此外，很多社会实践的对接单位也不愿意为实践育人活动提供应有的经费补偿，学生自费参加活动的现象屡见不鲜，这在很大程度上影响了实践育人工作开展的实际效果，如次数不足、内容简单、质量堪忧等。在平台保障方面，部分高校在平台建设上较为薄弱。实践育人平台是高校实践育人工作如期、顺利、周期性开展的基本条件和必要保障。实践育人平台、基地应当在数量、种类、质量上得到完备的建设。当前高校实践育人在平台基地建设方面具有随意性、临时性、分散性，实践育人基地和平台的种类、质量参差不齐，很多基地和平台仅仅流于"揭牌"，缺乏后续真正意义上的"联系""使用"和"锻炼"，利用率相当不足。此外，基地平台的建设很大程度上依靠高校的主动沟通，校外主动联络高校的情况相对较少，倘若让学生依靠个人的力量去促成平台建设则存在很大困难。

2023 年 6 月，教育部办公厅发布《教育部办公厅关于深化高校学生暑期社会实践活动的通知》，首次提出"打造新时代社会实践育人新范式"，从强化育人目标引领、课内外一体设计、深化定向结对互动、结合专业特色服务、强化成果绩效管理以及注重典型宣传推广六个方面对新时代高校实践育人提出了新的要求。

"范式"一词从本质上讲，是一种理论体系、理论框架的构建和提出，这也

① 彭立平. "三全育人"视域下高校实践育人工作路径探究[J]. 学校党建与思想教育，2022，685（22）：78-80.

② 刘宏达，许亨洪. 以整体发展观推进我国高校实践育人工作[J]. 学校党建与思想教育，2016（23）：19-21，35.

意味着高校实践育人新范式的构建、实践育人理论的创新、实践育人工作模式的深化被提升到了国家层面的高度。步入新时代，随之而来的是新挑战与新问题，原有实践育人的发展模式已经不能满足和适配当下新时代高校实践育人的时代境遇。因此，在实践育人的意义和功能日益凸显以及实践育人不断面临新变化新挑战的双重现实条件下，高校实践育人亟须理论与实践方面的创新。

（三）新时代高校实践育人的理论研究进展

近年来学术界结合时代发展背景、指导性教育方针政策以及新时代人才培养的新要求，对诸多各具特色的高校开展了与高校实践育人运行管理的机制模式探索相关的研究。

在实践育人的组织与实施层面，学术界认为一是要以多学科、跨学科的视角来完善高校实践育人组织机制，通过学科交叉融合的思维推进机制建设，以促进高校实践育人的系统化和科学化。[①]二是要着眼于高校学生的个性化，以人为本，构建独特的、覆盖面多样化的实践育人实施机制，促进学生、学校和实践平台多方联动。三是要注重高校实践育人的多元主体需求，综合考虑年级、专业、外部环境差异，全方位多视角地开展高校实践育人活动。

此外，在实践育人的运行与管理层面，学术界一是强调了高校实践育人保障机制的建设，要确保有章可依，有规可循，结合学生、高校的自主性，充分考虑现实情况，制定详细的实践育人实施规章制度，完善细则内容。二是提出了高校实践育人的宏微观结合的管理模式，宏观领域包含社会实践规划、政策法规制定等环节，微观领域则提出将实践育人相关内容纳入高校日常教学计划，通过课程化管理促进学生的自我管理。在实践育人的管理模式当中，较为突出的是项目化管理运作模式，近年来各大高校相继进行了诸多实践。

随着实践育人在全国各大高校的火热进行，近年来学术界也针对实践育人工作开展的场域展开了多视角分析。第一，在课程思政场域下，实践育人作为高校课程思政的重要内容，应当推动课程思政从"理论思政"向"实践思政"转化[②]，帮助大学生在提升社会责任感的同时全面提高解决问题的实践能力。第

---

① 陈步云. 论高校实践育人动力机制的构建[J]. 学校党建与思想教育，2018（11）：15-18、40.

② 刘佳男. 课程思政背景下高校实践育人的探索[J]. 农业技术经济，2022（09）：145.

二，在"大思政课"场域下，高校实践育人应当让"大思政课"与触动学生心灵有机结合，融汇价值塑造、文化育人、"四史"育人、时代精神、情感交流、情景体验等为一体，努力推进思想政治理论课实践内容、方法等接地气、有温度、有厚度，从而实现铸魂育人。①第三，从高校"双创"教育改革策略的场域出发，高校应当在实践育人方面加大专业实践教学的投入力度，激发学生创新创业的热情，以"校内+校外""课内+课外""线上+线下"相结合的教育方式，将政、社、企协同联动，把思想政治教育搬到更广阔的社会大课堂。②第四，在党建引领的场域下，高校实践育人要以习近平新时代中国特色社会主义思想为指导，积极推进党支部标准化、规范化建设，不断推进"党建+实践平台""校地+专业""党支部建设+志愿服务"等协同实践育人模式。③第五，从社区为本的场域切入，实践育人要与学生服务相结合，尝试建构"社区为本"的学生服务体系，实现从"技术理性"到"情感驱动"、从"垂直管理"到"矩阵管理"、从"封闭运作"到"多元开放"的三重转向，建立符合本土特色的实践育人模式。④

（四）新时代高校实践育人创新的目标选择

基于新时代境遇下高校实践育人创新大背景，以及近年来我国高校在实践育人运行管理机制模式的探索实践，学术界对未来高校实践育人的发展提出了相应的目标选择，以期加快新时代高校实践育人的创新速度，提高育人质量。

一是强化"高校实践育人共同体"建设。在"高校实践育人共同体"建设大背景下，高校实践育人要强化党建联建，建立"校地相合、资源共享"的共建机制，实施"扎根基层、服务导向"的挂职锻炼方案，坚持开展"以人为本、

---

① 李仙娥."大思政课"视域下高校思政课实践育人模式的构建论析[J].思想理论教育导刊，2022（01）：106-110.

② 龚敏.以高质量人才培养为导向的高校双创教育改革策略探析——评《高校实践育人创新探索与研究》[J].中国教育学刊，2023（05）：145.

③ 党建引领高校实践育人共同体——广西科技大学青学社工学生党支部建设纪实[J].学校党建与思想教育，2023（09）：94.

④ 成洪波，王云龙."社区为本"：高校学生服务的转型实践及其反思——以东莞理工学院"社区育人"系列项目为例[J].华东理工大学学报（社会科学版），2023，38（01）：129-139.

需求导向"的常态化志愿服务，组织"心系社会、问题导向"的社会调查实践。①

二是强化育人保障。从实践育人保障角度出发，有学者对实践育人的师资力量巩固和基地平台建设提出了如下要求：要强化"大师资"队伍，提升高校实践育人的能力和水平，提升教师专职化专业化，健全教师成长激励机制，打造师德高尚、业务精进、结构合理、充满活力的高素质师资团队；要构筑"大联动"格局，聚焦跨区域协同、校地联动、学段衔接，统筹校内校外、线上线下、课上课下的社会、学校、家庭的实践育人格局，着力推进纵向上通下达、横向校地合作、线上线下一体同频的协同性对称环境建设；②要充分利用现有教育资源，多手段推动教育教学实践场所建设，推动平台的多层次、多类型、多功能、多标准，促进体验性和可操作性③，拓宽实践育人的研学实践圈，开展常态化实践活动和基地锻炼；要树立"大宣传"理念，高校作为意识形态前沿阵地，要充分发挥思政宣传平台和各大媒体平台的作用，展现鲜活的实践育人成果，提高社会认同度，建立多形式联动的立体化网络宣传矩阵。④

三是要关注学生主体性诉求。实践育人还应关注学生的主体性诉求，价值认同必须以满足师生的需求为出发点，在满足师生物质需要的基础上，通过实践育人工作体系的运作，引导其确立共同的价值追求和目标指向。⑤

二、高校实践育人新范式的理论建构

一方面，揆诸上文关于高校实践育人的文献研究，我们发现相关学者已敏感捕捉到高校实践育人风向标的变化，如随着互联网新技术的迅猛发展，有学者指出高校应顺应"互联网+"的时代潮流，灵活运用现代化新技术以完善线上线下实践育人活动。

另一方面，通过梳理近年来关于高校实践育人的政策文本，我们发现相关

① 崔娟，张发钦. 党建引领高校实践育人共同体建设的实践进路[J]. 学校党建与思想教育，2023（14）：20-22.

② 颜秉明. 非对称效应理论视域下高校实践育人的路径[J]. 学校党建与思想教育，2022（09）：82-85.

③ 马英，黄芙蓉. 新时代高校师范类专业实践育人研究[J]. 学校党建与思想教育，2023（04）：74-76.

④ 叶燊. 新时代高校写好社会实践育人"大文章"的福建探索[J]. 中国高等教育，2023（17）：19-22.

⑤ 朱爱胜. 论高校组织育人工作体系的建构[J]. 学校党建与思想教育，2022（04）：91-93.

部门同样关注到随着时代的变迁和社会的发展，原有高校实践育人模式已难以完全适应人们价值观、社会发展需求和科学技术的时移更新这一事实，如教育部于2023年发布了《教育部办公厅关于深化高校学生暑期社会实践活动的通知》（下文简称《通知》），首次提出要打造新时代高校社会实践育人新范式。

综上所述，随着时代的迭迁进步和高等教育的改革深化，高校实践育人的内涵导向已然革新易变，然而目前尚欠缺有关高校实践育人的概念内涵、特征导向、价值意义等界析统论。鉴于此，我们提出"高校实践育人新范式"这一概念，并深入探讨高校实践育人新范式的特征导向、重要任务等，深刻探究其较之以往实践育人范式的可取之处，以期为人们理解并开展高校实践育人新范式提供有益参考。

（一）高校实践育人新范式的"六个导向"

1. 能力培养导向

值得注意的是，我国高校实践育人范式并非割裂式更新，而是系统性继承和时代性创新并举。能力培养导向作为一种教育理念，一以贯之于我国高校实践育人范式中，其始终强调要切实改变重理论轻实践、重知识传授轻能力培养的育人观念，并通过课内实践教学体系和课外社会实践活动，培养学生的实践能力和综合素质，以适应社会发展和个人成长的需要。

高校、教师、辅导员等主体作为高校实践育人的输出方，负有培育学生实践能力的重要责任，并通过加强在实践理论知识传授和综合素质培养方面的育人能力，来培养学生解决实践问题的能力。在高校层面，实践育人新范式强调高校一是需将社会主义核心价值体系纳入实践育人工作的全过程，系统构建以学生能力培养为核心的实践教学体系。二是需将实践教学环节纳入学时学分管理体系，并根据学生专业特点和人才培养要求，分类制定实践教学标准，合理增加实践课时，确保实践育人工作全面开展。三是需深化实践教学方法改革，加强学生创新创业教育，支持学生参加创新创业类或企业改技、工艺创新等实践活动，培养学生解决实际问题的能力。

从高校实践育人队伍来看，实践育人新范式强调一是通过加大教师培训力度、聘用专业人才、配齐配强实验人员等着力加强实践育人队伍建设。二是通过组织思想政治理论课教师、辅导员和团干部参加社会实践、挂职锻炼、学习考察等活动，不断提高其实践育人水平。三是计算教师实践育人工作量并将其纳入年度绩效考核内容，确保教师对实践育人工作的参与意识和服务能力。[①]

2. 社会责任导向

过去，实践育人注重通过组织军事训练活动和建设爱国主义教育基地等方式，培养学生服务国家服务人民的社会责任感，增强其国防观念、国家安全意识，弘扬爱国主义、集体主义和革命英雄主义情怀。而实践育人新范式则强调在激发学生爱国情怀的同时，注重引导学生将这种情怀外化为行动，推动其积极请缨担当服务大局。

具言之，在高校层面，实践育人新范式更加突出高校要扎根中国大地开展社会实践，组织学生在结合自身学科专业的基础上，以"小切口"的社会实践促使学生厚植"大纵深"的爱国情怀，并运用所学知识服务于中国式现代化、乡村振兴等国家重大战略。同时，在加大创新创业教育方面，实践育人新范式强调高校应将学生创新创业教育同思想政治教育、专业教育结合，引导学生将专业知识和创新实践服务于国家发展和人民群众的切实需要。此外，对于高校教师，《通知》明确指出，在社会实践中，需要注重师生关系的融洽，有效促进教学相长，共同协作服务人民群众。[②]

概言之，实践育人新范式更加注重思想政治教育的实际成果转化功能，特别是强调高校应引导学生通过社会实践，深刻体验国家在经济、政治、文化、科技、生态等方面的重大战略需求和战略部署，将爱国情怀转化为服务国家重大战略和满足人民群众需求的行动。

3. 学生中心导向

学生在实践育人全过程扮演着至关重要的角色。首先，在学生个体层面，每一位学生都是独特的个体，拥有迥别的兴趣偏好、学习方式等个性化需求。同时，学生参与社会实践活动的积极性和主动性很大程度上受其学习动机的影

---

① 中华人民共和国教育部. 教育部等部门关于进一步加强高校实践育人工作的若干意见（EB/OL）.（2012-01-10）[2012-01-10]. http://www.moe.gov.cn/srcsite/A12/moe_1407/s6870/201201/t20120110_142870.html.

② 中华人民共和国教育部. 教育部办公厅关于深化高校学生暑期社会实践活动的通知（EB/OL）.（2012-01-10）[2023-06-29]. http://www.moe.gov.cn/srcsite/A12/moe_1407/s6870/202307/t20230706_1067464.htm.

响。其次，在实践育人的范畴中，实践育人旨在提升学生的思想素养和培养学生解决实际问题的能力，使其适应未来社会发展和满足个人成长的需要。此外，作为实践育人的主体和受益者，学生的反馈意见对于该过程的改进和完善发挥着不可低估的作用。

以往的实践育人囿限于积极发挥学生主动性的重要性：一是着重于建立和完善合理的考核激励机制以激发学生的积极性；二是通过支持和引导班级、社团等学生组织自主开展社会实践活动，增强学生参与实践活动的自觉性。[①]然而在满足学生的个性化需求、提高实践学习效果，以及建立良好的反馈机制等方面，存在视野上的缺失。

首先，近年来有学者指出，实践育人工作应着眼于高校学生的个性化需求，既要符合党和国家对实践育人的总体要求，又要满足大学生成长成才的共性需求。同时，需要设计和实施能够精准服务于迥异地区、专业、年级的大学生个性化成长和职业生涯规划的实践育人工作内容及形式。[②]其次，尽管教育部表示要以加大实践育人经费投入为保障[③]，但不少学者发现很多高校的经费支持无法覆盖实践育人工作的组织成本，同时实践活动的对接单位也不愿提供相应的经费补偿，引致大学生自费参与社会实践的现象层出不穷，这严重掣肘着实践育人工作的成效。最后，以往实践育人工作较为注重对教师和学生的考核管理，相对轻忽实践育人反馈机制的构建，较少考虑教师和学生的反馈意见，因此实践育人实施机制仍有不足之处。

基于此，实践育人新范式主张以学生为中心。具言之，一是抓好课内实践育人，即：高校一方面推动师生、部门、校社联动，综合年级、专业、外部环境差异，打造多样化、生动性的实践育人活动；另一方面，合理完善考核激励机制，激发学生的主动性、自觉性。此外，高校还需建立健全实践育人工作的

---

① 中华人民共和国教育部. 教育部等部门关于进一步加强高校实践育人工作的若干意见（EB/OL）.（2012-01-10）[2012-01-10]. http://www.moe.gov.cn/srcsite/A12/moe_1407/s6870/201201/t20120110_142870.html.

② 单珣，贾寒. "三全育人"视域下高校实践育人机制创新研究[J]. 学校党建与思想教育，2023，（14）：81-83.

③ 中华人民共和国教育部. 教育部等部门关于进一步加强高校实践育人工作的若干意见（EB/OL）.（2012-01-10）[2012-01-10]. http://www.moe.gov.cn/srcsite/A12/moe_1407/s6870/201201/t20120110_142870.html.

反馈机制，倾听学生的切实需求和意见。二是抓好课外服务育人，即主要是加大社会实践资金支持力度。

4. 协同联动导向

实践育人作为一项系统性工程，始终强调要形成工作合力，特别强调各地区各部门各高校之间的协同联动，包括推动各级政府整合社会资源、教育部加大对实践育人工作的指导和支持力度、共青团动员和组织学生参与实践活动等。同时，注重实践育人工作机制的系统组织，涵括教学体系设计、经费投入、考核管理、舆论引导等全过程实践育人环节。①

然而在实践育人工作的推进过程中，显现以下问题。首先，高校之间缺乏统一的指导思想和组织架构，致使高校间实践育人工作质量参差不齐。其次，高校和地区之间资源分配不均。一些知名高校拥有丰富的学科优势和人才资源，发达地区也更容易享有充裕的实践育人资源和经验。但一些基础薄弱的地区或高校则面临实践育人资源匮乏的局面，这在一定程度上影响了学生参与社会实践的机会平等性。最后，实践活动缺乏系统性和组织性、缺乏长期规划和持续支持。一些高校过度依赖临时性的实践活动，缺乏长远规划和可持续性的实践育人工作；同时，部分高校的实践活动过于零碎化，缺乏整体性的实践育人计划和指导，导致实践活动的育人效果不尽如人意。

综上，实践育人新范式突出了对实践活动整体性和组织性的强调，其不仅涵盖了建立统一的指导思想和组织架构，完善实践育人工作的全过程机制；而且包括了加强师生、各部门、校社、地区和校际等之间的资源整合和共享，以及地方政府引领示范和高校层面全员育人的分级实施，强化了相关主体的协同联动。此外，实践育人新范式涉及高校制定实践育人工作的长期规划和实施方案，应确保其系统性和持续性。

5. 技术融合导向

首先，互联网的蓬勃发展为高校实践育人拓展了新的发展空间。一方面，互联网建构起虚拟社会，网络成为人们情感和行为交互的纽带，从而使高校实

---

① 中华人民共和国教育部. 教育部等部门关于进一步加强高校实践育人工作的若干意见（EB/OL）.（2012-01-10）[2012-01-10]. http://www.moe.gov.cn/srcsite/A12/moe_1407/s6870/201201/t20120110_142870.html.

践育人得以在更为广阔、更具灵活多样性的虚拟实践教育平台上开展，学生也得以获得实践内容更加丰富、获取方式更为便利的实践参与机会。另一方面，在虚拟社会中，实践育人的主体和客体之间的交互距离被拉近，客体的生活场景与实践场域得以相融，促使实践育人的内容及形式能够更加贴近学生的成长需求和个性品位，进而有利于提高学生对实践育人成果的自觉认同感和积极转化。

其次，大数据、人工智能等技术赋予高校实践育人强大的技术支持。大数据技术不仅能够实现从海量数据中快速且准确地搜寻学生所需信息，而且能够基于实践育人的共性规律和个性需求，预测未来的发展趋势。同时，大数据技术还可以生成学生的"数字画像"，帮助实践育人主体深刻蠡析学生的个性特征等方面；而人工智能则能够实现实践育人工作机制的智能化，并灵活调整和持续改进实践育人工作的动态流程。

总之，以互联网、大数据、人工智能等为代表的科学技术在高校实践育人工作中展现出巨大的发展潜力，为实践育人注入了新的活力。因此，实践育人新范式强调需顺应"互联网+"等的发展趋势，利用现代化技术优化实践育人工作的内容和形式，并落实以学生为中心的教育理念。

6. 系统管理导向

加强考核管理与舆论宣传一直是高校实践育人的重要任务之一。过去，实践育人工作要求教育部将其纳入对各地高校办学质量和水平评估考核的重要指标，并要求高校制定实践育人成效考核评价办法。[①]实践育人新范式在继承建立健全社会实践考核、评估、认定体系的基础上，进一步强化成果绩效管理，强调对实践育人工作进行全流程和全链条管理，包括实践前、中、后的管理，并将考核结果与高校教师评级晋升和学生评奖评优、升本推研、推优入党等工作相联系。[②]

对于舆论宣传，以往的实践育人相对侧重舆论引导，即通过大力宣传实践

---

① 中华人民共和国教育部. 教育部等部门关于进一步加强高校实践育人工作的若干意见（EB/OL）.（2012-01-10）[2012-01-10]. http://www.moe.gov.cn/srcsite/A12/moe_1407/s6870/201201/t20120110_142870.html.

② 中华人民共和国教育部. 教育部办公厅关于深化高校学生暑期社会实践活动的通知（EB/OL）.（2012-01-10）[2023-06-29]. http://www.moe.gov.cn/srcsite/A12/moe_1407/s6870/202307/t20230706_1067464.htm.

育人工作的重要性和取得的成效，在全社会营造支持和鼓励大学生参与社会实践的良好氛围。①实践育人新范式更突出典范推广。例如，教育部指出高校可以开办社会实践成果展示、挖掘社会实践先进典范、编写优秀实践案例宣传册等，以此积极探索社会主义现代化建设和人才培养的实践路径。②

（二）高校实践育人新范式的具体实践方式

目前，我国高校实践育人正处于迭代升级的关键阶段，在辩证继承过去实践育人范式的基础上，提出了新的价值取向和基本原则。而这些新的理念遵循需要通过具体的实践方式转化为切实可行的行动，以推动高校实践育人新范式取得目标成效。

在高校实践育人新范式的"能力培养导向"下，高校可以参照电子科技大学开展的跨学科交互式课程实践，在举办"研究生学术交流月"等提升学生学术创新能力活动的同时，还可以开设"本科生暑期企业课堂"等活动，增强学生的职业胜任力；③或是参考武汉大学开展的学科专业行业类的社会实践和科技创新实践，引导学生在生产技术一线加深专业知识理解，提高学科素养和能力水平；④抑或是学习并借鉴南开大学"师生四同"实践育人工作的做法，鼓励学生通过挂职锻炼的方式深入基层，切实承担岗位职责，从而使学生在实践中培养和锻炼自己的职业能力。

在"社会责任导向"下，高校可以充分发挥其所具备的学科优势和人才资源，邀请校外专家或组织校内教师，带领学生深入了解地方发展实践，并围绕我国国家战略和社会热点需求，为地方政府或企业建言献策。高校教师、辅导员等要积极配合学生，推动师生协同，带领学生团队深入社会实践，鼓励和帮助学生将理论知识转化为实际成果产出，为地方发展创造实实在在的效益。例

---

① 中华人民共和国教育部. 教育部等部门关于进一步加强高校实践育人工作的若干意见（EB/OL）.（2012-01-10）[2012-01-10]. http://www.moe.gov.cn/srcsite/A12/moe_1407/s6870/201201/t20120110_142870.html.

② 中华人民共和国教育部. 教育部办公厅关于深化高校学生暑期社会实践活动的通知（EB/OL）.（2023-06-29）[2023-07-06]. http://www.moe.gov.cn/srcsite/A12/moe_1407/s6870/202307/t20230706_1067464.htm.

③ 中华人民共和国教育部. 电子科技大学"四个聚焦"探索集成电路领域社会实践育人新范式（EB/OL）.（2024-01-31）[2024-01-31]. http://www.moe.gov.cn/s78/A12/gongzuo/moe_2154/202401/t20240131_1113516.html.

④ 中华人民共和国教育部. 武汉大学以"三坚持三提升"深化推进学生社会实践育人工作.（EB/OL）.（2024-01-31）[2024-01-31]. http://www.moe.gov.cn/s78/A12/gongzuo/moe_2154/202401/t20240131_1113521.html.

如，近五年来，南开大学秉持百年爱国传统，不断深化和拓展"知中国，服务中国"的核心理念，在不懈地探索中，形成了一套行之有效且具有南开特色的"师生四同"实践育人模式，其着重设立"扎根中国大地"服务国家发展等专项实践，通过组织全校师生立足学科优势和专业特点，瞄准国家重大发展战略和国计民生所需，确立实践主题，精心设计实践过程，推动实践成果落地。另外，南开大学通过开展"新时代·实践行天津专项社会实践"，围绕习近平新时代中国特色社会主义思想，从基层宣讲、助力乡村振兴战略、京津冀协同战略、生态文明建设战略、法治思想实践等五个方面，组织师生深入相关单位开展社会实践活动，将理论知识转化为实际行动，为国家发展贡献南开力量。再如，2023年武汉大学围绕国家战略和社会热点需求，一是完善"学生实践牵引—教师科研跟进—学校服务赋能—地方发展受惠"工作模式；二是设立"揭榜挂帅"等专项实践和"侠客行"等项目团队；三是与武汉市经济和信息化局合作，师生协作助力地方或中小企业解决实际生产问题和技术发展难题。[①]又如，北京大学充分发挥高校学科优势和人才优势，邀请院士、长江学者等知名专家带领学生深入基层一线，围绕经济发展、社会治理、医药卫生、生态环保等重点领域建言献策，提升实践贡献度。[②]

在"学生中心导向"方面，高校应充分挖掘学生成长规划与现状需求，建立健全分层分类的系统性实践育人供给体系，即构建覆盖学生从入学到毕业、从专业学习到求职工作的全过程差异化实践育人供给体系，根据学生个性成长成才的需求，设置专业学习、社会实践、创新创业、实习锻炼、志愿服务等实践类型，引导学生参与符合其成长阶段及需求的实践活动。如南开大学材料科学与工程学院立足于"师生四同"实践育人工作，发挥班导师、学业导师帮扶作用，定期开展"教师沙龙""导师有约"等师生访谈活动，帮助教师了解学生发展现状与学习情况。在此基础上，该学院一方面立足本科生党支部开展"育才计划"，聘请学业朋辈导师与红色育人导师，逐步形成班导师、学业导师、辅

---

① 中华人民共和国教育部. 武汉大学以"三坚持三提升"深化推进学生社会实践育人工作（EB/OL）.（2024-01-31）[2024-01-31]. http://www.moe.gov.cn/s78/A12/gongzuo/moe_2154/202401/t20240131_1113521.html.

② 中华人民共和国教育部. 北京大学以"大思政"格局打造思想政治实践教育工作体系（EB/OL）.（2024-01-31）[2024-01-31]. http://www.moe.gov.cn/s78/A12/gongzuo/moe_2154/202401/t20240131_1113505.html.

导员、宿舍导师四级学业帮扶体系；另一方面，依托学校社会实践、志愿服务、"校长杯"创新创业大赛等平台，引导学生开展多样化的实践育人活动，为学生全面发展提供支持。

在"协同联动导向"下，高校可以参考福建大学的经验做法，一是强化组织领导，省委领导指导并出席相关实践育人活动，组织制定实践育人工作的长期规划和实施方案；二是强化协同育人，建立多部门联席会议，形成"校地会商—问题协商—育人共商"的工作机制；三是强化分级实施，省级层面统筹高校开展跨地区、跨高校、跨学科的实践活动，高校层面建立多部门全员参与、密切配合的实践育人联动机制①，加强地区、校社、校际、部门、师生之间的资源整合和共享。

在"技术融合导向"层面，高校可以信息技术赋能网络实践场域，运用大数据技术搭建实践育人网络平台，结合虚拟现实技术等创建实践育人特色数字馆，利用 ChatGPT（一种聊天机器人程序）等人工智能技术赋能高校实践教学辅导、学生个性化学习和职业生涯规划、实践项目管理等内容，打造"行走的实践育人活动"和"云端上的实践教学课堂"。如南开大学马克思主义学院运用虚拟现实技术，上线运行"新时代生态之路""新时代的天津足迹""马克思主义在南开"三个虚拟仿真实验室，以沉浸式、交互性、个性化的服务，创新"大思政课"实践教学模式，让越来越多青年学生感悟到"真理的入心"和"实践的体悟"。

最后，在"系统管理导向"方面，高校可以建立教师全程引航、高校全程考评、学生全程分享的项目管理机制。以天津市为例，其一是建立教师全程参与的指导机制；二是依托"易班-超级校园"思政 App 平台实时认证学生实践时长、记录实践学分、查询实践效果的全过程考评机制；三是表彰奖励优秀实践单位、团体和师生，并通过举办社会实践成果展示、编写优秀实践案例集、学生分享感悟会等方式加大宣传力度和发挥朋辈教育作用。②如南开大学及时

---

① 中华人民共和国教育部. 福建打造"行走的大思政课"构建社会实践育人新范式（EB/OL）.（2024-01-30）[2024-01-30]. http://www.moe.gov.cn/s78/A12/gongzuo/moe_2154/202401/t20240130_1113427.html.

② 中华人民共和国教育部. 天津市着力加强高校实践育人共同体建设扎实推进实践育人（EB/OL）.（2018-05-16）[2018-05-16]. http://www.moe.gov.cn/s78/A12/gongzuo/moe_2154/201805/t20180516_336203.html.

召开"师生四同"实践育人工作总结表彰会,对优秀指导单位、实践团队、指导教师和学生个人进行表彰;同时,组织师生共同参观"小我融入大我 师生矢志报国"实践育人工作主题展览等。此外,高校也可以学习借鉴西安交通大学的示范带动经验,即打造"青春共家国 实践再出发""星航说"等宣传专栏,组建社会实践星航宣讲团,持续挖掘宣扬实践育人的典型案例和优秀事迹。①（见表1）

表1　高校实践育人新范式的六个导向及具体实践方式

六个导向	具体实践方式
能力培养导向	高校设立并组织学生参与学科专业行业类的社会实践和科技创新实践,如设立企业课堂或鼓励学生以挂职锻炼等方式深入生产一线、基层岗位
社会责任导向	高校邀请校外专家或组织校内教师,带领学生深入了解地方发展实践,并围绕我国国家战略和社会热点需求,将理论知识转化为实践成果,为地方发展创造实实在在的效益
学生中心导向	高校充分挖掘学生成长规划与现状需求,建立健全分层分类的系统性实践育人供给体系
协同联动导向	实践育人管理主体强化组织领导、协同联动和分级实施,突出统筹合力
技术融合导向	高校以现代化新技术赋能实践教学辅导、学生个性化学习和职业生涯规划、实践项目管理等内容
系统管理导向	高校建立健全教师全程引航、高校全程考评、学生全程分享的项目管理机制,强化全流程绩效管理机制和加强舆论宣传工作

三、高校实践育人新范式的评价体系

国内关于实践育人评价体系的研究已经较为充分,存在着多种类型的评价体系。其中,有的学者通过对实践教学现状的剖析,认为实践教学一级指标包括实践教学基本条件、实践教学状态、实践教学效果②;有的学者从评价主体、评价客体、评价内容三方面对评价体系展开分析,认为"教学""学习""操作"与"管理"为一级指标③;还有学者通过文献分析法将教学方法、教学态度、教

---

① 中华人民共和国教育部. 西安交通大学以"三个坚持"打造"星航计划"实践育人新机制（EB/OL）. (2024-01-31)[2024-01-31]. http://www.moe.gov.cn/s78/A12/gongzuo/moe_2154/202401/t20240131_1113512.html.

② 陕西国防工业职业技术学院课题研究组. 高职高专实践教学评价方案[J]. 西安航空技术高等专科学校学报, 2003（02）: 14-18.

③ 徐晓菲, 朱苏航. 高职实践教学质量评价体系研究[J]. 科技信息, 2010（17）: 197.

学内容、教学设计、教学能力作为一级指标①。一级指标的类型及其构建方法层出不穷，这些方法侧重的分析维度不尽相同，由此得出的结论自然也不尽相同，然而此类评价体系或多或少都存在着体系不健全的问题。为克服该问题，我们需要从已有的较为成熟的系统理论中去探索评价体系。国内应用系统理论探索实践育人评价体系的研究多从 CIPP 理论入手，由于理论界定，此类研究包含的一级指标多由实践教学背景、实践教学输入、实践教学过程、实践教学成果这四部分组成。为了克服一级指标体系不健全的弊端，同时突出实践育人新范式的"新"，本文将借鉴 CIPP 系统理论并结合实践育人新范式的特征来对评价体系做出界定。

（一）CIPP 评价模型及其与高校实践育人新范式评价体系的适切性

CIPP 模型是由美国教育学家斯塔弗尔比姆（Stufflebeam）在基于对 Tyler 目标导向模式的反思，于 1996 年提出的一种改进绩效问责取向的评价模式。该模型的核心思想为教育评价的目的在于改进而非证明。CIPP 模型主要由四个评价要素构成，即背景评价（Context Evaluation）、输入评价（Input Evaluation）、过程评价（Process Evaluation）和成果评价（Product Evaluation），其独特之处在于整合了诊断性评价、形成性评价和终结性评价，能够提供全面的项目或方案反馈，从而为决策者提供有用信息。②本文选取 CIPP 模型运用于实践育人评价体系，主要基于以下几方面的适切性考量。

第一，CIPP 模型的全过程贯穿和实时反馈性适用于高校实践育人新范式持续优化的需求。高校实践育人新范式强调兼具组织性和系统性、持续改进和长远规划，而 CIPP 模型恰好拥有全程性、过程性和反馈性的特征。全程性是指 CIPP 模型将评估贯穿于实践育人新范式的每个环节，即背景评价对应实践育人的目的导向；输入评价对应系统设计实践育人的课内外资源、育人队伍等；过程评价对应实践育人主体各自的职能分工和工作执行；成果评价则对应教育部对高校、高校对自身及师生等的成果绩效考核。过程性集中表现为对实践育人

---

① YIN TT. Analysis and Research of Teaching Quality Evaluation System of Colleges and Universities[J]. InternationalJournal of Intelligent Information and Management Science, 2019, 8(3).

② 张金辉，梁博通. 基于 CIPP 模型的大学生社会实践育人成效评价体系研究[J]. 学校党建与思想教育，2017（16）：56-58.

工作的执行过程进行监控，从而准确把握导致实践育人成效不佳的因素，进而做出行动策略调整和方法改进。反馈性则是表明实践育人的全过程皆可开展成果评估，并将反馈信息运用于后续工作。总之，CIPP 模型的全过程、过程性和反馈性特征符合高校实践育人新范式的导向要求。

第二，CIPP 模型较强的可操作性适用于高校实践育人新范式的评价复杂性特征。高校实践育人成效的评估是一个长期且复杂的过程，而 CIPP 模型正好具有较强的可操作性。该模型的结构清晰，各部分之间紧密相连，具有全面性和灵活性，其能够提供一个系统化的评价框架，使评价过程更具规范化和有序化；评价者还能够从背景、输入、过程、成果四个核心视角开展评价工作，确保评价的一致性和完整性；同时，在运用 CIPP 模型时，评价者需要收集可用于实际分析的数据和信息，以确保评价过程的可操作性和结果的可靠性。因此，CIPP 模型的高度可操作性有助于实现对实践育人成效的高效评估。

（二）基于 CIPP 模型的高校实践育人新范式指标评价体系

表 2　基于 CIPP 模型的高校实践育人新范式指标评价体系框架

一级指标	二级指标	指标内容	获取方法
实践育人目标评价	行为因素具体程度	目标中包含的可观察行为	学生教师主观判断
	条件因素具体程度	行为发生的条件	学生教师主观判断
	标准因素具体程度	可接受的行为标准	学生教师主观判断
实践育人资源评价	教师实践育人职业能力	师德践行能力、教学实践能力、综合育人能力、自主发展能力	学生教师主观判断
	实践育人资金支持	财力资源的投入力度	占教育预算百分比
	实践育人基地与资源建设	思想教育资源、硬件基础与实践基地	学生教师主观判断
实践育人过程评价	"大思政课"改革有效性	思想教育过程	管理者被管理者主观判断
	教学改革有效性	专业教育过程	管理者被管理者主观判断
实践育人成果评价	学生成果	实践成果	专家评价
	教师成果	实践教学设计成果	学生教师主观判断
	管理者成果	实践育人顶层设计、组织管理	学生教师主观判断

　　实践育人评价体系在背景维度的评价指标是实践育人目标评价，将前文归纳的实践育人新范式纳入 CIPP 分析框架可以发现，具有目标属性的是"分类制定实践教学标准和学时学分"，这是一种目标分解行为，目的在于使目标可操作，因此，这一一级指标的评价内容是实践育人的目标具体程度。实践育人的目标是在学科育人的基础上通过实践来育人，强调实践的重要性，但这一目标太过笼统，不足以使执行目标的人理解什么是实践以及如何通过实践育人，这也是传统实践育人范式的弊病，因而新范式更倾向于评价实践育人目标的具体性、清晰性、可操作性。关于目标的具体化，学界已有较为系统的理论，马杰在 1962 年出版的《准备教学目标》一书中进行了详细的说明，他认为教学目标具体程度的评价指标包括行为因素，即通过教学学生能做什么，这是一种可观察的行为；条件因素，即行为发生的条件；标准因素，即可接受的行为标准。①传统的实践育人范式的目标通常表述为"通过教学培养学生的实践能力"，这是一个含糊的、难以测量的目标。为了使之更容易理解，以力学课为例，"用 10根筷子设计一座桥梁，承重至少要在 5kg"，这一目标的行为因素是"设计"，条件因素是"10 根筷子"，标准因素是"承重 5kg"。这是一个比较极端的例子，通常而言，实践育人的目标并不能达到如此具体的程度，但目标也不能模糊到让教育者不知从何下手，实践育人的目标处于极其具体和极其含糊之间，需要人进行主观判断。在获取方法上，教师是执行目标的主体，目标影响的对象为学生，教师和学生更了解目标的具体程度与执行效果，因而这三个二级指标主要依靠学生与教师主观判断。

　　实践育人评价体系在输入维度的评价指标是实践育人资源评价，在实践育人新范式中具有输入属性的是"教师实践育人职业能力""实践育人资金支持"和"实践育人基地与资源建设"。上述资源大多侧重投入部分，因此，这一一级指标的评价内容是实践育人资源的投入程度。实践育人资源包含人力资源、物力资源、财力资源，因此下文将依照上述分类对实践育人资源评价进行分解。

　　首先是人力资源。教师作为教育的主体，是实践育人的人力资源，在实践

---

①　MAGER R. Preparing instructional objectives[M]. Palo Alto，CA：Fearon，1962：12.

育人新范式的评价体系中，对教师能力进行评价主要是对教师实践育人职业能力进行评价。为了完整地评价教师能力，同时突出教师实践育人的能力，本研究将依据教育部办公厅 2021 年发布的《教育部办公厅关于印发〈中学教育专业师范生教师职业能力标准（试行）〉等五个文件的通知》①界定教师实践育人职业能力包含的内容，该通知界定教师职业能力包含师德践行能力、教学实践能力、综合育人能力与自主发展能力。为了突出实践，本文认为师德践行能力主要体现为遵守师德规范，涵养教育情怀；教学实践能力主要体现为掌握专业知识，学会实践教学设计，实施实践教学；综合育人能力主要体现为开展班级指导，实施实践育人，组织活动育人；自主发展能力主要体现为注重专业成长，主动交流合作。在获取方法上，承载能力的主体为教师，教学能力影响的对象为学生，学生和教师更了解教师实践育人的能力，因此这个二级指标主要依靠教师与学生主观判断。

其次是财力资源。在实践育人新范式的评价体系中，对财力资源进行评价主要是对实践育人财力资源的投入力度进行评价。在获取方法上，投入力度的评价需要获取用于实践育人的预算占教育预算的百分比来进行判断。

最后是物力资源。在实践育人新范式的评价体系中，对物力资源进行评价主要是对实践育人基地与资源建设进行评价，实践育人所需要的物力资源主要包含实践育人的思想教育资源和实践教学实施所需要的硬件基础与实践基地。实践育人的思想教育资源主要是实践育人的理论资源，如思政课教育等；实践教学实施的硬件基础与实践基地主要包含实践育人的实际资源，如实训室、实验室等的条件，同时也包括实践教学过程中涉及的各种规章、制度、管理规则等。在获取方法上，物力资源的使用主体是教师，这种资源的影响对象为学生，教师与学生更了解物力资源的投入，因此这个二级指标主要依靠学生与教师主观评价来获取。

实践育人评价体系在过程维度的评价指标是实践育人过程评价。在实践育

---

① 教育部办公厅. 教育部办公厅关于印发《中学教育专业师范生教师职业能力标准（试行）》等五个文件的通知（EB/OL）.（2021-04-06）[2021-04-12]. http://www.moe.gov.cn/srcsite/A10/s6991/202104/t20210412_525943.html.

人新范式中具有过程属性的是"有组织的实践"，强调管理的重要性，而教育又大致经历了学科育人到实践育人，再到如今的新实践育人的发展。由此可以看出，育人活动是需要不断随环境而变化的，在这一意义上，高效的管理活动需要通过有效改革才能得以实现，因此，这一一级指标的评价内容是教育改革的有效性。而教育又是一个过程，对教育改革有效性进行评价就需要对改革后的教育的每一个过程进行评价，教育过程包含"结构""准备""直觉""兴趣"四个部分①，因而，下文也将从这个四个阶段对二级指标包含的内容做出界定。教育主要分为思想教育与专业教育。将专业教育对应到教育改革，则有了教学改革有效性这一二级指标。这一二级指标是指教师在进行专业教育前要设计合理科学的专业教学知识结构，做好专业教学前因材施教的准备，在专业教学过程中要培养学生的直觉思维与分析思维，也要注重培养学生学习专业知识的兴趣。将思想教育对应到教育改革中，则有了"大思政课"改革有效性这一二级指标。这一二级指标是指教师在进行思想教育前要设计合理科学的思想教学知识结构，做好思想教学前因材施教的准备，在思想教学过程中要培养学生的直觉思维与分析思维，也要注重培养学生学习思想政治的兴趣。在获取方法上，实施教育改革的主体主要是管理者，教育改革影响的客体是被管理者，因而这两个二级指标主要依靠管理者和被管理者的主观判断来获取。

实践育人评价体系在成果维度的评价指标是实践育人成果评价。在实践育人新范式中具有成果属性的是"强化成果绩效管理"与"创新创业实践活动"，因此，这一一级指标的评价内容主要是对实践育人活动产出的成果进行评价。实践育人过程需要育人主体全员全程全方位参与，需要协同各方力量才能实现育人目的。②因此，实践育人的成果包括各个主体通过实践育人所获得的成果。从层级来看，涉及实践育人活动的主体主要有三个，分别是管理者、教师、学生，下文也将依据这三个主体对实践成果评价进行分解。关于管理者，过去的实践育人工作缺乏全局性，顶层设计不够③，为了高效地进行实践育人，管理者

---

① 杰罗姆·S. 布鲁纳. 教育过程[M]. 上海师范大学外国教育研究室，译. 上海：上海人民出版社，1973.
② 丁海奎，何云峰，公香凝. 实践育人的新时代意涵、现实境遇及实现路径[J]. 高等建筑教育，2022，31（6）：1-7.
③ 彭立平. "三全育人"视域下高校实践育人工作路径研究[J]. 学校党建与思想教育，2022（22）：78-80.

需要从全局性的视角进行实践育人的顶层设计。除了顶层设计的管理者，还有组织实践活动的管理者，因此，管理者成果主要包括顶层设计成果与组织管理成果。在获取方法上，执行管理者顶层设计与组织管理策略的主体是教师，受顶层设计与组织管理策略影响的主体包含教师与学生，因而这一二级指标主要通过获取学生与教师的主观判断进行评价。关于教师，教师作为教育活动的组织者，负责实践育人的具体操作，教师的教学多侧重实践教学，教学设计成果也将侧重实践教学设计成果。实践教学设计主要是指突出培养学生实践能力的教学设计。在获取方法上，执行实践教学设计的主体是教师，受实践教学设计影响的主体是学生，因而这一二级指标主要通过获取学生与教师的主观判断进行评价。学生作为教育活动的学习主体，需要发挥主观能动性，在实践育人范式的引领下，学生成果主要是指学生的实践成果，这是结合学界理论和生活经验产出的实物成果，如参加创新创业活动并形成单独的项目成果。在获取方法上，这一二级指标可以通过获取诸如创新创业项目的实践成果的专家评价进行判断。

四、总结与展望

在本章，我们通过文献综述等方法发现实践育人范式与现实实践育人存在不适配的问题，基于此，我们通过对比新旧政策提出了实践育人新范式，为了使实践育人新范式更具操作性，我们使用 CIPP 分析框架对实践育人新范式进行分析，并提出了实践育人新范式的评价体系。该评价体系共有四个一级指标，十一个二级指标，是一个从背景、输入、过程、成果全方位全过程对实践育人进行评价的指标体系。在背景维度，由于新范式更强调目标的具体性，因此第一个一级指标是实践育人目标评价，根据马杰的《准备教学目标》一书我们提出了行为因素具体程度、条件因素具体程度、标准因素具体程度这三个二级指标，从这三个二级指标来判断一级指标的具体程度。在输入维度，由于新范式更强调资源的投入，因而第二个一级指标是实践育人资源评价，根据人力、物力、财力这一资源分类标准，我们提出了教师实践育人职业能力、实践育人资金支持、实践育人基地与资源建设这三个二级指标，从这三个二级指标来判断一级指标的投入程度。在过程维度，由于新范式更强调管理的重要性，在当下教育高质量发展的背景下，好的管理需要合理的改革才能实现，因而第三个一级指标是实践育人过程评价，根据专业教育与思想教育这一分类标准我们提出了教学改革与"大思政课"改革这两个二级指标，从这两个二级指标来判断一级指标的改革有效程度。在成果维度，由于新范式更强调成果的评价，因而最后一个一级指标是实践育人成果评价，根据参与实践育人活动的不同主体我们提出了管理者成果、教育者成果、学生成果这三个二级指标，从这三个二级指标来判断一级指标的产出程度。

　　需要说明的是，学界对新范式的理论研究以及评价体系研究处于刚刚起步的阶段，我们的研究作为初步研究成果可能存在不全面的问题，希望后续的研究能够对其作更进一步的补充和修正。

第二章

南开大学"师生四同"与实践育人新范式探索

2019 年 1 月，习近平总书记视察南开大学并发表重要讲话，在讲话中习近平总书记对百年南开的办学方向、理念、特色和成果，特别是南开爱国奋斗光荣传统和爱国主义教育给予充分肯定，并再次对高校党建工作和思想政治工作作出重要指示，为学校开展思政工作提供了根本遵循。

习近平总书记视察南开大学时明确指出，当代大学生要"把小我融入大我"。为积极贯彻落实习近平总书记重要讲话精神，落实"时代新人铸魂工程"总体目标，南开大学坚持以学习宣传贯彻习近平新时代中国特色社会主义思想为元为纲，深入学习领会习近平总书记关于教育的重要论述，深入贯彻落实习近平总书记视察南开大学重要讲话精神，把立德树人作为根本任务，把培养担当民族复兴大任的时代新人作为落脚点，把思想政治工作贯穿办学治校各环节，赓续百年爱国传统，引导师生将爱国之心化为报国之行，主动将个人前途与国家发展、时代要求相结合。在多年的探索中，南开大学形成了一套行之有效、具有南开特色的"同学、同研、同讲、同行"的"师生四同"实践育人新范式。

一、以三个"转向"为目标推进实践教学改革

南开大学开展实践教学改革，教育理念由"学科为本"转向"学生为本"，

教育内容由"传授知识"转向"提升素质"，培养模式由"以教为主"转向"以学为主、教学相长"。

（一）构建全方位工作机制，保障实践教改有序落实

1. "一盘棋"设计谋划，加强党建引领

学校党委着眼专业建设、课程体系和培养模式等中心工作谋划设计实践教学改革工作，将实践教学改革作为落实"三全育人"、推进"五育并举"的重要抓手，并写入《南开大学"十四五"发展规划纲要》，列为教育教学重点任务。党委常委会多次专题研究，加大统筹指导和政策支持力度，不断强化党政齐抓共管、多部门协同推进、全校共同参与的实践教改合力，逐步形成"纵到底、横到边、全覆盖"的实践育人工作格局，推动南开特色办学优势有效转化为培养社会主义建设者和接班人的扎实能力。

2. 两层级相互配合，落实职权责任

南开大学在学校、学院两个层级有计划、有重点、有步骤地完善实践教改机构设置和职能配置，研究实践教改具体实施计划，规范健全议事协调机构，促进工作协同联动，强化管理运行监督，高效促进校院两级管理机制实现权责清晰、规范协调、多方联动的预期目标。学校落实《专业学院工作细则》，进一步扩大学院在教学方式、学科建设、师资队伍、实践路径、财务与资产管理等实践教改重点问题上的自主权，激发内生动力与活力，并加强对学院决策机制、治理体系及财务管理的监督，强化考核及结果运用，使学院在统筹管理、实际运行等实践教改过程中更加科学化、民主化和规范化。

3. 多角度政策支持，坚持学生本位

学校制定"南开40条"，从10个方面提出了40项创新措施，涵盖了本科教学的各个方面，如加强思想政治教育体系、深化教育教学制度建设、完善通识教育体系、拓展国际合作等，将"师生四同"育人模式推广至所有的学院和学科，使其制度化，打造高校本科教育改革的"组合拳"。学校制定实施顶尖学科引领计划、骨干学科提升计划、潜力与新兴学科激励计划、交叉学科创新计划，贯通不同学科专业，为实践教学改革夯实学科基础。此外，南开大学以学生为中心的理念贯穿实践教学改革全局，适应新时代、新形势下社会对人才素

质能力的需求，统筹设计培养方案，推行启发式、探究式、参与式和合作式等教学方式，更新育人理念、充实育人内涵、创新育人手段，增强学生的创新精神和实践能力，推动实践教改路径不断拓宽。

（二）完善宽领域资源供给，营造实践教改全新局面

1. 强化实践教学课程体系的建设质量

南开大学以建设一流课程为目标，持续打造实践教学核心课程，完善跨学院跨专业选课、授课机制，推动多学科综合的实践性应用。学校升级通识课程体系，在通识课教学中普遍推动实践因素的运用，鼓励学生在通识课中大胆实践、广泛交流，围绕提升学生实践素质能力，完善通识选修课模块。各专业修订完善专业核心实践课程体系，组建核心实践课程教学团队，鼓励开展实践式教学研究。学校加强以虚拟教研室为代表的基层教学组织和教研平台建设，加强虚拟仿真实验教学项目建设，推动翻转课堂、线上线下混合、知识图谱建设、考察调研等实践教学方式的革新。学校改革课程考核方式，将实践要素纳入考核评分范围，实现"讲一练二考三"。另外，学校还推进实践教改不断创新，学校现代化育人能力明显增强，适应时代需要、具有南开特色的实践教学课程体系和评价模式更加完备，自觉把小我融入大我的未来人才不断涌现，学生综合素质和竞争力显著提升。

2. 推动实践教学多元平台的构筑进程

学校做好本硕博课程衔接，充分调动各学院师资力量，推进各类课程线上线下、校内校外多平台混合式教学，做到实践教学不间断、全覆盖，丰富教学方式，提升教学质量。学校加大力度培育具有实践性的创新科研项目，拓展项目层次类型，以政策和资金支持有针对性的应用研究项目，持续深化研究和实践。学校鼓励各学院积极组织并承办各类学科竞赛，鼓励学生参与各类学科竞赛和创新创业类赛事，培养竞争意识和竞争能力，强化以赛促教、以赛促学、以赛促改、以赛促建，提升教育教学水平和专业建设质量。此外，学校还推进课堂内外、校园内外贯通融合的实践途径，推进实践教学同专业教育、创新创业教育有机融合，引导学生结合学科专业积极开展实习实训、专业服务、创新创业项目等生产劳动实践，提升学生在实践中发现问题和创造性解决问题的能力。

（三）充实多层次模式内涵，丰富协同育人参与主体

1. 发挥爱国主义教育基地作用

南开大学依托两校区爱国主义教育基地，利用好"允公允能，日新月异"纪念南开大学建校 100 周年展览、南开大学爱国主义教育基地或牢记嘱托谱新篇——习近平总书记视察南开大学五周年成就展、南开大学密码科普与"豪密"爱国主义教育基地等实践路径，打造传承南开历史文脉的大学文化示范区，推动第一课堂学习成果在第二课堂的参观实践中不断夯实、升华，深入挖掘校史、校训、校歌、校园人物等文化元素，发挥校史育人作用，讲好南开故事，发出南开声音。

2. 深化第一、第二课堂紧密结合

南开大学加强服务学习课程集群和社会实践基地建设，目前学校每学期开设课程 20 余门，通过服务实践的形式推动"知行合一式劳动教育"，探索"实践发现问题—科研解决问题—成果服务社会—反思总结提升"的改革思路，培育学生的社会责任感和公民意识，形成具有南开特色的"知中国，服务中国"育人范式。学校围绕数学、物理、化学、公共卫生与健康、生物、医学、生态文明、人工智能、文学、历史、哲学、经济与管理等领域，以价值塑造、知识传授和能力培养为目标，由校内外相关学科领域的院士专家和知名学者组建教学团队，突出教研结合、以研促教，强化师生互动，通过探究式与个性化学习，打造一批在全国范围内具有示范引领作用的"名师引领"通识课程，形成有南开特色的实践教学通识课体系。学校面向本科二年级及以上的学生开设"公能实践"课，通过主题讲座、实践活动、素质评估和实践报告，促进课堂教学、校园文化、社会实践有机融合，引导学生树立"四个正确认识"，提升"公能"素质和实践能力。

3. 促进产教有机融合

南开大学积极响应时代号召，紧密结合经济社会发展需求，以理论创新、方法革新和产业行业应用为方向，优化实践教学课程体系，完善课程设置、教学内容审批和审查机制，打造符合现实实践需要的精品示范课程，深入开展案

例研究、编写、教学，精准加大高水平专业人才培养力度。学校加强实践教学基地建设，联合行业产业探索实施"专业学位+能力拓展"实践教学模式，共同制定培养方案、开设实践课程、编写精品教材，提升学生的实践创新能力和职业胜任力，促进专业学位与职业资格的有机衔接。学校通过"互联网+"创新创业大赛等途径选拔、锻炼出一批优秀实践教学成果，推动人才培养供给侧和产业需求侧结构要素全方位融合，促进立德立业立身相结合，引导学生面向国家经济社会发展和重大战略需求，为学生自主学习、终身学习和可持续发展铺路架桥，培养德智体美劳全面发展的社会主义建设者和接班人。

4. 推进科教协同互通

南开大学启动"莲子计划"，通过实践环节前置课题立项，鼓励师生开展以专业课题研究为导向的实践教学，组织实践团队加入需要广泛调查研究的课题组，将教学实践与学科建设、科研发展紧密结合。学校对接天津市科技创新实际需求，构建"技术集聚+平台赋能+应用驱动"的实践协同模式，打造大学和区域融合发展的高校成果转化"首站"和区域创新创业的"核心孵化园"。学校以形成国家战略科技力量为目标，积极参与国家重点实验室体系重组和国家工程研究中心优化整合，统筹推进实践教学中心和教育部人文社科重点研究基地、哲学社会科学重点实验室、国别和区域研究基地等平台建设，形成在科学研究、教学实践、人才培养、服务社会等方面的"集团军"优势。

5. 响应国家重大战略

南开大学深化定点帮扶工作，助力庄浪做好巩固拓展脱贫攻坚成果同乡村振兴有效衔接，推进与喀什大学、山西大学等对口工作，建设现代化乡村工作站，选派人才参与对口支援、合作地区关键核心领域技术攻关，推动教学成果在具体实践中转移转化。南开大学对接国家区域发展战略，主动服务京津冀协同发展和雄安新区建设，在实践教学方面加强与京冀地区高校、科研院所、企业合作，探索共建一批具有特色优势的联合实验室、产业技术研究中心、协同创新中心、实践育人基地，推动课堂、技术、成果、资源、服务等实践教学要素互联互通。

二、以协同育人为抓手健全思政育人体系

（一）坚持一个根本，健全联动机制，谋篇构建"大格局"

1. 把准思政导向，夯实信仰根基，筑牢教书育人"使命感"

南开大学坚持以习近平新时代中国特色社会主义思想铸魂育人，深入学习贯彻习近平总书记关于教育的重要论述特别是视察学校时的重要讲话精神，落实立德树人根本任务，始终把思想政治教育贯穿人才培养全过程，多措并举构建思政育人"大格局"，努力培养堪当民族复兴大任的时代新人。南开大学成立由学校党委书记、校长任组长的思想政治工作领导小组，党委常委会经常性研究加强和改进新时代思想政治工作，整合全校资源力量，统筹推进各项任务落细落实。学校还出台了《中共南开大学委员会关于全面提升思想政治工作质量构建"三全育人"体系的实施方案》《南开大学高质量推进"大思政课" 建设全面推动"三进"工作实施方案》《南开大学课程思政建设实施方案》等文件，持续细化 "大思政课"体系建设。

2. 创新培养路径，深化协同育人，共绘全员育人"同心圆"

南开大学聚焦资源整合，健全协同育人工作机制；探索建立专任教师、管理干部、辅导员三支队伍协同育人、思政和教学科研体系协同育人、学院与学校职能部门协同育人、校内教学管理服务与校外实习实践协同育人的长效机制。学校充分调动教师深度参与的积极性、主动性，对教师参与思政课程、指导思政实践等工作给予明确工作量核算，并纳入教学绩效计算、教师职称晋升评估内容。南开大学创新培养路径，牵头成立"大思政课建设协同创新中心"，举办"高质量推进大思政课建设"高端研讨会，携手国内 18 所高校加强"大思政课"建设规律的研究探索，充分凝聚起"三全育人"的强大合力，实现"思政课程"与"课程思政"的同频共振。此外，学校还设立校院两级"师生四同"工作室，强化"一院一团队"建设，实现校院联动，搭建教学相长的师生共同体平台，推动教师思政与学生思政贯通衔接、课堂教学与社会实践有机融合；组织学校领导、职能部门负责人、机关干部、专业教师等"同学""同研""同讲""同行"，形成队伍结构专兼结合、优势互补的育人共同体，持续打造党委统一领导、各

部门全力支持、全员积极参与的工作格局，努力构筑思政育人"同心圆"。

（二）着眼学生成长，抓好两个场域，精准把握"黄金期"

1. "书本学习"向"实践学习"转变，提升思政育人"引领力"

南开大学通过精心设计思想性与实践性、专业性与亲和性相统一的实践活动，组织学生带着专业小课堂的思考奔赴基层一线、田间地头、工厂车间、社区乡镇等社会大课堂，深入了解国情、社情、民情，在脚踏实地的实践中进一步感悟思想伟力、激发奋进力量；开展以课题研究方向为导向的实践活动，引导学生发挥专业所学，出行前成立课题小组，行程中做好扎实实践，结束后形成高质量调查研究报告，不走过场、不凑学分，在火热实践中，读懂国情，读懂专业，真正做到"知行合一"，把论文书写在祖国大地上。实践结束后，学校还成立校、院两级实践成果宣讲团，面向校内外积极开展成果展示和宣传，实现对本科新生实践成果宣讲全覆盖；组织撰写实践成果集，促进实践成果深度转化，不断推动思想政治工作发挥实效，"同讲同行"优秀成果不断涌现，社会影响力进一步增强。南开大学充分发挥辐射带动作用，使学生通过力行实践锤炼真本领，在祖国大地上掀起学习贯彻习近平新时代中国特色社会主义思想的青春热潮。

近五年来，学校累计支持 50000 余人次师生组成 12000 余支"师生四同"实践团队分赴全国 33 个省市自治区开展实践活动，实践团队或个人获国家级奖项累计 30 余项，省级奖项 200 余项。2016 年 10 月，《光明日报》以头版头条对南开大学实践育人成果进行报道，《人民日报》、新华社、《中国青年报》等主流媒体也对南开师生的实践成果进行了报道。相关团队和成果在团中央"三下乡"实践活动、中国青年志愿服务公益创业赛、"互联网+"创新创业比赛、"挑战杯"系列竞赛中获多项奖项，并获评"天津市青年五四奖章""天津市优秀志愿服务项目""天津好人"群体称号等荣誉。"师生四同"实践育人模式已成为南开大学实施爱国主义教育的生动载体，为学生提供了受教育、作贡献、长才干的平台，推动学生思政工作取得实效。

2. "体验社会"向"服务社会"转变，提升思政育人"贡献度"

南开大学充分发挥高校学科优势和人才优势，邀请专家学者带领学生团队到基层一线，围绕经济发展、社会治理、医药卫生、生态环保等领域建言献策，引导学生在"师生四同"社会实践的过程中，逐步涵养成胸怀"国之大者"的家国情怀、自觉承担起建设国家的职责使命。一方面，学校通过学生主导实践、教师科研跟进、学校统筹赋能、服务地方发展实践理念，发挥好学生实践团队在社会服务工作中先锋队和生力军的作用，从"坚定中国信仰"红色文化育人、"牢树中国自信"国情民情调研、"扎根中国大地"服务国家战略、"讲好中国故事"海外社会实践等内涵丰富的专项实践起步，以中国式现代化乡村工作站、南开书屋和学院社会实践基地为特色的"师生四同"实践基地布局为载体，形成稳定的常态化实践服务平台，确保学生在基层治理、敬老助老、社会困难群体帮扶、青少年素质拓展等社会和人民所需的多个方面挺膺担当，不断提升对社会的服务力和贡献度。另一方面，学校着眼社会需要和专业所长为核心的课题研究内容，有力保障了学生社会实践的高质量推进，从而也助推了高质量课题研究成果和学生学术成果的产生，实现社会实践和专业学习的良性互动。近五年，依托"师生四同"社会实践及衍生成果，南开大学共孵化出近百项高质量学生双创成果，产生 50 余项全国级创新创业实践赛事奖项。

三、以服务国家战略为导向贡献南开实践力量

为深入学习党的二十大精神，全面领会习近平新时代中国特色社会主义思想，贯彻落实习近平总书记视察南开大学重要讲话精神，学习习近平总书记关于青年工作的重要思想，延续南开大学光荣的爱国主义传统，加快推进教学内容在实践中的应用，学校鼓励各学院教师带领学生奔赴祖国各地开展社会实践教育调研活动，以学科基础为依托，以能力提升为落脚点，倡导用脚步丈量祖国大地，深入社会实际，开展爱国情导向下的报国行，在实践中践行"知中国，服务中国"的传统，为中国式现代化发展贡献新时代南开力量。

（一）走凝心铸魂之路，筑爱国爱校之心

南开大学各学院依托自身学科基础、发展背景和专业特色，从红色历史和南开校史发展历程出发，追寻历史先辈的足迹，唤起当今时代的回音。为全面领会抗美援朝的光辉历程、宝贵经验和时代价值，进一步推动红色文化资源整

合与发扬，马克思主义学院师生赴辽宁丹东开展"师生四同"实践调研活动。从抗美援朝纪念馆到荣军事迹展览馆，再到抗美援朝铁路博物馆，通过一次次的文物参观、现场讲解和群众采访，实践队深入学习领会了抗美援朝战争的光辉历史、时代烙印和精神内涵，了解了红色文化资源整合与发扬的关键要点，这是南开人践行"知中国，服务中国"理念的重要表现。化学学院师生追随我国近现代历史足迹，前往山西省忻州市繁峙县开展为期 14 天的暑期社会实践。实践队通过会议座谈、参观纪念馆、走访调研、短期支教等方式感受抗战岁月、领略红色精神、调研民生民情、开展知识科普，坚定了自己的政治信仰和爱国情怀，了解了贫困地区的发展状况，并将自己的专业知识分享给有需要的人民群众。商学院师生前往福建省厦门市开展暑期社会实践活动。实践队参观了厦门革命烈士陵园、中山公园、胡里山炮台、集美学村红色景区——鳌园等众多红色旅游景点，系统地学习了我国近代先辈的奋斗精神和红色历史的文化内涵，明确了新时代发扬革命精神的重要意义。金融学院实践队以"新百年'公能'精神传承与实践"为主题前往西安南开高级中学进行调研。实践队通过座谈对话、校园参观、师生交流、经验分享、南开校史宣讲、社会实践基地建设等活动宣传了南开"公能"精神的内涵价值，展现了南开人的使命与担当。

（二）走中国式现代化建设之路，交可行性合理化南开方案

南开大学师生坚持全面领会党的二十大精神，坚决贯彻习近平新时代中国特色社会主义思想的深刻内涵，走中国式现代化建设之路，以南开大学中国式现代化乡村工作站、"扬帆计划"、"立公计划"等项目为依托，走出校园、走进社会，了解中国式现代化社会发展的痛点难点，使研究课题从实践中来，把课题研究应用到实践中去，真正做到"把论文写在祖国大地上"，促进现实社会问题的解决。经济学院师生以"乡村振兴"为主题，前往云南省武定县开展社会实践活动，探索农业农村现代化。实践队通过问卷调查、住户随访、座谈交流、会议研讨等实地调研方式，深入了解武定县农业发展状况和乡村振兴进程，队员们开阔了视野、磨炼了心智、培养了自身的科研素养、锻炼了解决实际问题的能力，同时也为武定县乡村振兴之路提出了青年视角的南开方案，推动武定县产业转型升级，实现可持续发展。材料科学与工程学院师生赴贵州开展为期

5 天的社会实践活动。实践队前往翰凯斯智能技术有限公司、沃顿科技有限公司、比亚迪公司等企业和贵州大数据发展中心进行实地调研，探索新能源新材料助力西部经济增长的中国式现代化发展路径。此次活动为实践队提供了深入了解企业经营模式的机会，使实践队切身了解技术研发、产品开发、推广宣发等环节的关键要点，实现了产学研的深度融合，为今后的校企合作共建提供了基础。化学学院师生追随习近平总书记的脚步，前往广东湛江开展社会实践活动。实践队关注清洁能源、水力资源和民生福祉，实地走访了湛江坡头光伏电站、金牛岛红树林、徐闻港、大水桥水库和 863 基地，了解了相关领域的运作方式和发展模式，加深了对产业的进一步了解，明晰了现实社会发展的实际问题，坚定了今后为中国式现代化建设而努力的决心。人工智能学院师生发挥学科优势，前往河北省乐亭县汤家河镇开展社会实践活动。活动围绕乡村建设和乡村振兴展开，通过实地考察、技术探讨、交流学习等方式，实践成员加深了对汤家河镇发展状况的认识，了解其目前的发展重点与困难问题，立足专业特色，发挥学科优势，以南开大学乐亭智能先进工业研究中心为依托，加强与汤家河镇的对接交流，并成立中国式现代化乡村工作站，将汤家河镇产业发展需求与学院技术优势进行有机结合，为乡村振兴贡献出新的南开方案。

（三）走京津冀协同发展之路，为一体化建设献青年之志

北京、天津、河北都是我国重要的历史文化城市，有着丰富的人文资源和底蕴浓厚的历史文化。京津冀协同发展是我国的重大发展战略之一，在京津冀协同发展战略实施十周年之际，南开大学师生走入京津冀城市群，开展社会实践活动。医学院师生实地走访北京、天津，通过讲座向高中生进行急救知识科普，与社区居民沟通交流宣传急救知识，实地参观急救中心和环卫局，切身了解京津冀地区医疗急救知识普及情况与困难问题，医学院师生的社会实践活动也在一定程度上提升了相关地区人员的急救能力。外国语学院师生关注基础教育发展质量，前往天津市蓟州区杨家峪村开展社会实践活动。实践队通过校史讲述、经验分享、课外活动等形式丰富了学生们的暑期生活，拓宽了学生们的眼界，培养了学生们良好的学习习惯。同时，成员们还利用课后时间进行实地调研，了解当地基础教育发展状况，总结当地发展模式中的困境和关键要点，并形成实践报告，向当地村委会反馈，推动京津冀地区乡村基础教育高质高效发展。人工智能学院师生实地走访沧州市海兴县村庄，开展社会实践活动。实践队结合自身学科优势与当地农业发展状况，与村民交流沟通，了解海兴县的农业发展现状及未来需求，并利用学院现代智能技术为其发展提供新的方案，促进"农业+智能"的有机结合，推动京津冀农业智能化进程。

（四）走人类命运共同体建设之路，共建共享人类美好未来

南开大学开展海外专项社会实践活动，动员外国留学生、港澳台学生参与社会实践活动，推动广大师生发扬人类命运共同体理念，以开放包容的心态加强与世界各国、各地的交流联系，弘扬全人类共同价值。为传承和弘扬中国优秀传统文化，外国语学院师生通过线上线下相结合的方式开展社会实践活动。实践队前往意大利锡耶纳外国人大学，利用问卷调查、访谈交流等形式实地调研中国传统故事译本在意翻译情况与外国友人接受度。该社会实践活动加强了两国人民之间的文化理解，明确了未来译本翻译的发展方向和重点需要关注的问题，推动了中华优秀传统文化和我国国家形象的传播，促进了人类命运共同体的建设。为加强对人类命运共同体精神的理解和学习，医学院师生奔赴中越边境东兴边检站开展社会实践活动，通过对东兴市人民医院、出入境边境检查站和中华人民共和国海关的实地调研，团队成员加深了对边境医疗条件、外籍患者就医待遇及"1369跨国医疗救助平台"的相关信息与建设经验的了解，同时也明白了边境医疗卫生服务需在疾病防控、医疗救治和跨境交流合作方面进一步完善相关流程与机制，推动实现人类命运共同体。国际教育学院、汉语言文化学院组织留学生同学共同参加中外学生赴庄浪社会实践活动。活动以夏令营形式开展，一方面通过多元文化模块课程的进行，使得当地小学生们从外籍留学生的讲述中了解了非洲、中亚、东亚等地的文化习俗、社交风俗与风土人情；另一方面通过南开校史和音乐专题党课的开展，加深了当地学生对南开发展历程、南开精神的理解，促进孩子们开拓眼界，丰富对世界的认识，树立正确的世界观人生观价值观。同时，该社会实践活动推动了中外不同文化的沟通交流，有利于构建人类命运共同体。

四、聚焦教师队伍建设打造实践育人主力军

南开大学坚持以习近平新时代中国特色社会主义思想为指导，深入实施"时代新人铸魂工程"，科研、教学、育人齐发力，着力加强实践育人教师队伍建设。学校制定出台的《南开大学关于全面深化新时代教师队伍建设改革的实施意见》，明确要求教师深度参与"师生同行"社会实践，更好地担起学生成长成才引路人的责任。

（一）在参与实践过程中优化教育教学

1. 着力深化产教融合

南开大学教师队伍紧扣教学目标，围绕社会实践创新与应用需求推进教学方式和课程模式改革，将实践要素融入教育教学过程，积极推动教学课程建设提质增效；结合南开大学发展定位和人才培养目标，拓展教学主体，科学搭建教学体系，持续打造系列精品课程，精心设计专业性与实践性统一的课程组织方案，为学生提供更加丰富多元的学习资源，全面提升学生思想素质和运用所学知识解决实际问题的能力；引导学生以社会生活活化思想理论，以思想理论提升社会体验，在学习中正确认识国家重大战略需求和部署，锚定人生发展方向，以使广大青年学生在行走中坚定"四个自信"，逐步成长为堪当民族复兴大任的时代新人。

2. 拓展教育教学阵地

南开大学教师队伍充分运用社会实践拓展教学空间，将教育教学置于恢弘的时代、多彩的实践、鲜活的现实中，开阔学生学习视野，推动教学小课堂与社会大课堂深度结合；深度利用社会实践资源，通过理论宣讲、社会实践等载体，在实践中拓展课堂教学内容，深化学生对学科知识的理解和运用；打造一批有理论高度、有实践深度、有现实角度的系列品牌课程，推动"师生共同体"向第二课堂延伸，让实践资源成为教育教学的鲜活教材。社会实践是课堂教学的有效补充，其既兼顾了理论阐释的完整性和准确性，又强化了理论讲解的深度和针对性。教师鼓励学生在专业学术背景的支撑下，真正扎根基层，把学校里、课堂中掌握的专业理论知识与社会实践深入对接融合，引导学生从书本走

向校园、走向社会，感知国情民意，强化南开学子的使命与担当。

3. 搭建协同教育教学平台

南开大学教师队伍统合社会实践所在区域的多方力量，强化资源整合，突破学校教育、课堂教学、教材体系的局限性，推动各方力量协同配合，打造泛在化的教育教学实践育人体系，多方联合构建满足学生成长成才需求的特有场景；加强多个教学主体的交流合作，融汇校内外平台共建实践教学平台，打造多元立体混合教学方法格局，分专业、分模块、有层次、有重点地开展实践教学工作；立足学生实际与学校实际，以多个教学主体扩展教学空间，整合教学资源，以深度教学带动学生传播，最大限度彰显实践教学实效。此外，南开大学还组建了"爱国奋斗宣讲团""成才报国青年宣讲团"等多个团体，面向校内外多角度阐释党的理论创新、讲好"四史"故事、传播南开精神，引导学生练就实现自我、奉献社会、报效祖国的真本领，争当有志气、骨气、底气的奋进者，厚植家国情怀、增长知识才干、激发挺膺担当。

（二）在活用实践成果中推进科研课题

2018年，南开大学首次面向全校推广"师生同行"实践项目，除辅导员和思政课教师外，更多专业课教师成为重要参与主体。

一是在课题立项的基础上，南开大学2023年启动了"莲子计划"，不断提升专业教师带队实践的参与度，师生同行共育，探索专业教育与实践教育融合模式。学校将科研成果作为实践团队建设及评价考核的目标，充分调动广大专业教师开展工作的积极性、主动性、创造性；定期组织教师及实践团队进行广泛调查研究，强化教师社会实践参与，推动专业教师充分了解党情、国情、社情、民情，通过集中攻关，推动实践探索和理论转化，增强实践育人工作的针对性和实效性，筑牢广大教师为党育人、为国育才的初心使命，强化教育报国、科技报国的责任担当，提升服务国家、服务社会的意识和能力。

二是充分发挥专业所学，南开大学重点实施"坚定中国信仰"红色文化育人、"牢树中国自信"国情民情调研、"扎根中国大地"服务国家战略、"讲好中国故事"海外社会实践等专项实践，不断丰富理念内涵和实践路径，提升实践工作的深度、效度、广度，聚焦面向世界科技前沿、面向经济主战场、面向国家重大需求、面向人民生命健康，共同围绕选题提纲进行深入研讨，明确重点选题方向，强化服务国家社会的实效。教师队伍将个人研究方向与解决国家所需、民生所困深入结合，对接服务国家战略和民生需求，把论文书写在祖国大地上；基于实践中发现的真困难、真问题启发学术研究新思路，将实践中挖掘的问题贯穿选题设计、科研立项、项目研究、成果运用全过程，扎根大地开展以专业课题研究为导向的社会实践，形成研究新成果，反哺解决社会实际问题，用专业知识和创新实践服务人民群众切实需要，为解决现实中的堵点、痛点、难点问题，提供"南开智慧"、形成"南开方案"、体现"南开担当"。"好课题"是"师生四同"实践项目得以实施的前提，为引导师生开展以专业课题研究为导向的实践，2020 年起，南开大学实行"师生同行"项目实践课题征集前置，即先征集、发布教师的课题研究方向，再组织学生报名、组建团队，为后续实践夯实基础。

三是灵活运用实践成果，南开大学教师队伍将在实践中产生的研究思路、实践思考、理论成果等反馈融入日常课程建设中，把专业课第一课堂中的重要理论知识章节与社会实践"第二课堂"紧密结合，提升教学质量和水平，助力高质量人才培养和科技成果落地转化，助力科研项目投入现实处处着力、处处有力，打造科研与社会有益互补、良性互动、共生共长的科研实践格局；提升耦合精度，践行扎根中国大地办教育，将社会实践与国家战略、学科建设、科研发展紧密结合，做到"以知促行、以行求知"，瞄准真问题，开展真研究，作出真贡献。

（三）在深化实践感悟中凝聚育人合力

"师生四同"实践育人模式已成为南开大学实施爱国主义教育的生动载体和推动落实"三全育人"的有力抓手，为师生提供了共同受教育、作贡献、长才干的平台。

1. 进一步增强全员育人合力

南开大学教师队伍围绕立德树人根本任务，把握培养学生服务国家社会的责任感、勇于探索的创新精神和善于解决问题的实践能力这一主线，配合学校、学院工作安排部署，全员打好协同育人"组合拳"；以正确观念引领学生，以主流价值涵育学生，多形式开展集中学习、理论宣讲、创新创业等实践教学活动，以眼前的社会、立体的理论、丰富的互动提升实践育人大课堂的吸引力和感染力；持续丰富平台和载体，引导和帮助广大青年学生在实地感受中激发思想共鸣，在社会实践中受教育、长才干、作贡献，充分发挥育人作用，切实推动社会实践育人工作。

2. 进一步完善全过程育人机制

通过全体教师干部的共同努力，南开大学在牢牢抓住育人主渠道基础上不断健全和完善实践育人体系，打造成熟可行的实践全过程育人机制，拓宽实践育人深度，形成横向协调、纵向畅通的育人新格局，打通育人的"关键一公里"。学校对"师生同行"带队教师从专业化指导、活动组织开展、安全保障、规范纪律等方面提出明确要求，帮助教师找准实践育人切入点，保证在实践中提供有针对性、实效性的指导。学院建立带队教师行前培训制度，围绕"同学"学什么、"同研"怎么研、"同讲"怎样讲、"同行"如何行开展指导，帮助教师提升课题研究、成果转化、社会服务和教书育人等方面的能力。部分学院探索保障激励机制，设置"实践活动十佳指导教师"称号，将教师参与"师生四同"实践项目纳入年度考核工作量计算，调动教师队伍扎根实践、服务中国的积极性，以评促教为教师队伍树立样板，为提升实践育人效果提供借鉴。教师队伍主动总结了"师生四同"实践过程中的相关经验，不断思考、守正创新，持续复盘在实践育人经历中的特色做法与生动实践，重点发力、创新突破，着力探索可复制、可推广的社会实践育人新模式，将经验积累转化为实实在在的育人能力。同时，南开大学利用学校平台，提升教师队伍专职化专业化水平，促进教师队伍积极进行学术交流、实践研修和挂职锻炼，使教师以自我教学带动育人成效，以育人成效反哺教学实践，不断完善科学合理的育人体制。

3. 进一步强化全方位育人氛围

南开大学教师队伍践行教学初心、勇担育人使命，重点推进铸魂育人工程，积极探索第二课堂创新育人方式，以育人实效为导向，重点关注实践育人体系建设，进一步拓展育人空格键。校院两级每年开展系列表彰、总结活动，选树先进典型，引导教师及时总结优秀成果，激发教师参与热情，营造"师生四同"

实践项目创先争优的氛围，深化不同学科间交流合作。各学院通过举办实践育人成果报告会、分享会、座谈会，制作社会实践项目精选集，微信公众号专题专栏宣传报道等形式，讲述"扎根中国大地"的过程中"坚定中国信仰""牢树中国自信"的故事；依托社会实践课题项目，打通校内外实践育人渠道，围绕不同主题开展内容充足、形式多样的实践工作，结合学生心理需求和认知发展，设计趣味性、可行性、针对性强的活动内容和形式，指导学子在实践锻炼中增长才干，引导学子在实践体验中产生共鸣，在实际行动中践行初心使命，在全方位育人氛围中实现春风化雨般的浸润式育人。

五、聚焦基地建设推进实践育人走深走实

建设社会实践基地是深入贯彻习近平新时代中国特色社会主义思想的重要举措，也是全面落实党中央、国务院关于加强和改进新形势下高校思想政治工作要求的有效途径。因此，南开大学根据"联合共建、常态运行、注重实效、协同育人"的原则，逐渐形成了以中国式现代化乡村工作站为龙头牵引、以南开书屋和学院社会实践基地为特色支撑的"师生四同"实践基地布局，旨在全面推进师生参与社会实践的全过程。这一布局将中国式现代化乡村工作站作为龙头，以其辐射带动师生参与实践活动的热情和积极性；同时，以南开书屋和学院社会实践基地作为特色支撑，为师生提供丰富的实践资源和平台。这些社会实践基地、南开书屋和中国式现代化乡村工作站，不仅是学校对实践育人工作的重要支持，而且也是学校服务社会、促进乡村振兴的一个重要窗口，其通过科普讲座、红色精神宣讲、课外小学堂、传统文化推广、医学义诊等多种形式的服务资源，引入社会资源全过程支持，为基地赋能，不断拓展实践活动的内容和形式，丰富学生的实践体验，提升实践活动的实效性和影响力，实现师生参与社会实践活动的全方位、全过程、全覆盖。

（一）意义：双向赋能，重要支撑

社会实践基地不仅为学生提供了实践锻炼的场所和机会，还为学校与社会各界的交流合作提供了平台，发挥了双向的作用。

一是育人平台的支撑性，社会实践基地为实践育人工作提供了重要支撑。

作为高校教育的重要组成部分，南开大学实践育人旨在通过实践活动培养学生的综合素质和实践能力，而社会实践基地作为学生实践活动的主要场所之一，为学生提供了丰富的实践资源和实践平台。学生可以在这些基地中进行社会实践活动，积累实践经验，提升实践能力，培养实践意识，从而更好地适应社会的发展和需求。

二是育人机制的双向性，社会实践基地是学校服务社会的重要窗口。学校作为社会的一部分，有责任为社会发展和进步作出贡献。社会实践基地为学校与社会各界的交流合作提供了平台和载体，学校可以通过这些基地与企业、政府、社会组织等各方开展合作项目，共同探讨解决社会问题的方案，推动社会的发展和进步。同时，社会实践基地也是学校向社会展示自身影响力的窗口，开展丰富多样的实践活动，能够体现学校的社会责任感和使命感，使学校树立良好的社会形象，增强学校在社会中的影响力和竞争力。

三是育人资源的整合性，社会实践基地的建立有利于促进学校内外资源的共享与整合。学校可以利用社会实践基地的资源，为师生提供更多更好的实践机会和条件。同时，学校还可以将自身的优势资源分享给社会实践基地，促进校内外资源的共享与整合，实现资源优势互补，提升社会实践活动的质量和效益。

四是育人质量的多元性，社会实践基地的建立有助于促进校企合作和产学研结合。学校与企业建立合作关系，共同建设社会实践基地，开展校企合作项目，促进产学研结合，培养学生的实践能力和创新意识，提升学生的就业竞争力和社会适应能力。

（二）建设：协同育人，注重实效

一是压实合作，提升实效。为保障社会实践基地合理、稳定、有序运行，深入推动社会实践活动朝着机制化、常态化、长效化方向发展，不断增强实践育人实效，学校以协商协议的形式压实合作，与社会实践基地建立紧密的合作关系。建立社会实践基地后，南开大学高度重视基地的建设维护、地域资源及社会需求，将社会实践基地列为重点推荐地点之一，坚持每年至少向社会实践基地派出一支实践团队开展社会实践活动，并根据基地实际需要设计实践内容，调动校内优势资源组建实践团队。从"象牙塔"到"泥土地"，南开学子走出校园、深入田间地头开展社会实践。进乡野、接地气，脚下踩的是真实乡土、脚步丈量的是广袤的祖国大地；访社情、送知识，用实实在在的行动服务社会、助力国家发展。同时，基地要积极承担责任，为社会实践活动提供坚实的物质基础。根据共建学生社会实践基地合作协议书要求，基地要提供开展社会实践活动所需的场所、设施设备等条件，满足学生开展项目化社会实践活动的需要；建立保障安全的组织管理机制和保护措施，有应对突发事件的应急预案，切实保障学生在社会实践活动中的人身、财物等方面的安全。实践过程中，基地会给予学生必要的指导，并在实践开展过程中力所能及地提供必要的资源支持、协调联络、安全保障等，保障师生实践期间的部分食宿。

二是"揭榜挂帅"，提质增效。在基地建设的过程中，南开大学基于对基地需求的调研，设置"揭榜挂帅"的问题清单，列出不同基地在建设和运营过程中面临的各种问题和需求，并面向全校发布，征集解决方案。这些问题清单将根据基地的实际情况和需求进行调整，为全校师生提供参与基地建设和服务的契机。南开大学逐步建立健全机制保障系统，确保基地维护机制的持续有效运行。第一，定期对问题清单进行更新和完善，及时反映基地运营过程中出现的新问题和需求；第二，加强对实践团队的指导和督促，确保他们能够及时、高效地解决问题并为其提供服务；第三，加强对基地建设和运营情况的监督和评估，及时发现和解决存在的问题，确保机制的正常运行；第四，加强对师生参与的引导和激励，鼓励更多的人投身到基地建设和服务中，共同推动基地的发展。通过建立"揭榜挂帅"的问题清单和维护机制，南开大学充分调动全校师生的积极性和创造力，为基地建设和服务提供了可持续的动力和保障，进一步促进了基地的发展和壮大。

（三）成果：集聚合力，收效显著

自 2019 年以来，南开大学各学院在全国范围内建立了近 300 个社会实践基地和 400 余座南开书屋，覆盖了 32 个省市自治区，为学生提供了丰富多彩的实践活动和服务项目。此外，中国式现代化乡村工作站是南开大学的创新性实践新路径，自 2023 年提出以来，南开大学已经在全国建立了 80 余个中国式现代化乡村工作站，将学校的科研、教学、实践工作融入工作站建设中，集聚了当地政府、校友、学校等多方力量共同参与工作站的发展运营。这些工作站不仅为学生提供了实践锻炼的平台，而且也为当地乡村振兴提供了智力支持和技术帮助，成为南开大学服务乡村振兴、提升人才培养质量的重要阵地。

一方面，基地建设促进了实践活动模式的创新。南开大学在基地建设中探索出了一种集思政教育、实践育人、社会服务于一体的新模式，借助各方资源优势，为学生提供更多元化、专业化的实践机会，丰富实践活动的形式和内容。另一方面，基地建设促进了教学科研的结合。通过基地建设，学校将教学与实践紧密结合，将科研成果应用到实践中，不仅提升了学生的实践能力和创新意识，还促进了教师的教学水平和科研成果的转化。

六、聚焦保障措施服务实践育人可持续发展

南开大学始终坚持以习近平新时代中国特色社会主义思想为指导，不断加强和改进思想政治工作，致力于构建内容完善、标准健全、运行科学、保障有力、成效显著的高校思想政治工作体系，逐渐形成了全员、全过程、全方位育人的"三全育人"格局，培育担当民族复兴大任的时代新人。在这一格局下，南开大学不遗余力地探索新时代爱国主义教育的有效途径，社会实践作为"三全育人"的重要组成部分，承载着推动学生全面发展、厚植学生爱国主义情怀和提高学生实践能力的重要使命。

为此，学校不仅制定了一系列的保障措施，还注重在制度、资源、平台等方面提供全方位的支持。通过强有力的保障措施和系统化的管理体系，学校努力营造良好的社会实践环境，为学生搭建广阔的实践平台，提供更加丰富、更加高质量的实践体验，激发他们的创新意识和实践动力。同时，学校还通过社会实践活动引导学生走出校园，深入社会，亲身感受国家发展的脉搏，增强国家意识和社会责任感。

（一）坚持党建领航，加强顶层设计

1. 合力共下"一盘棋"

学校党委着眼人才培养和学科建设等中心工作谋划设计实践育人工作，通

过出台相关校发文件和召开专题会议等方式，明确实践育人的重要性和具体举措。各职能部门也积极融入实践育人工作，将自身职责履行与实践育人工作相结合，从不同角度协同推进。学院领导班子则主动作为，强化党组织的指导作用，最大限度调动师生参与"师生四同"社会实践的积极性，使其在师生中的影响力不断提升。通过这些举措，实践育人工作在师生中的覆盖面不断扩大，社会实践活动开展有序、高效。目前，南开大学形成了党政齐抓共管、部门横向协同、校院纵深推进的实践育人工作格局，全方位地支持和推动实践育人工作，为实践育人工作提供了坚实的保障合力。

2. 努力完善"制度链"

南开大学制定出台《中共南开大学委员会关于全面提升思想政治工作质量构建"三全育人"体系的实施方案》《南开大学关于加快构建思想政治工作体系任务分解方案》，将"师生四同"实践育人作为落实"三全育人"、推进教师思政工作的重要抓手，并写入学校年度工作要点，列为党建思政重点任务；制定出台《南开大学关于全面深化新时代教师队伍建设改革的实施意见》，明确要求教师应深度参与"师生同行"社会实践，并将其纳入教师师德师风工作考核体系，同时将指导社会实践情况计入教学工作量。此外，教师带队指导实践纳入南开大学教师系列教学为主型高级专业技术职务评聘的考核内容和对全体教职员工年度绩效考核内容，实践经历作为推优评先、表彰奖励等环节的参考指标之一。制度的出台使每一位参与实践育人工作的教职员工都有获得感，有利于打造政治素质过硬、业务能力精湛、育人水平高超的高素质教师队伍。

3. 设计育人"新路径"

南开大学积极探索实践育人的新路径，将学生社会实践表现纳入评奖评优、保研等考评体系，将社会实践作为衡量学生综合素质的重要指标之一。这一举措不仅鼓励学生积极参与社会实践活动，还将学生在实践中的表现视为其综合素质的重要体现，促使学生在实践中不断成长、锤炼和展现自我。同时，南开大学将社会实践环节融入本科生必修课程"公能实践课"，实现了第一课堂与第二课堂的深度融合。通过课程设置和实践活动的安排，学校鼓励学生将所学理论知识与实践技能相结合，将课堂所学应用到实践中去，从而达到知行合一的教育目标。这种深度融合不仅丰富了学生的学习体验，还培养了学生的实践能力和创新意识，为其未来的发展奠定了坚实的基础，助推南开学子在服务新时代国家发展、民族复兴的进程中再谱爱国奉献新篇章。

（二）搭建实践平台，充实资源储备

1. 着力搭建"大平台"

平台是建设"大思政课"的重要纽带，建好"大思政课"要善用"大平台"。南开大学立足"时代新人铸魂工程"具体要求，持续更新实践育人理念思路，近年来逐渐形成"一主四重"，即紧密围绕增强学生服务国家服务人民的社会责任感、勇于探索的创新精神和善于解决问题的实践能力这一主线，重点实施"坚定中国信仰""牢树中国自信""扎根中国大地"以及"讲好中国故事"四个实践专项的实践内容体系，将这一体系打造为思政教育"大平台"，打造师生共同"受教育、长才干、作贡献"的互动平台，使学生在实践中受到从理想信念到价值引领，再到理念践行的全方位思政教育。

2. 倾力提供"资源包"

近年来，以"师生同行"社会实践项目入选教育部首批实践育人精品工程为重要契机，南开大学积极联系拓展校外资源，不断丰富实践教改具体路径，建立"以中国式现代化乡村工作站为龙头牵引、以南开书屋和学院社会实践基地为特色支撑"的"师生四同"实践基地布局，引入社会资源全过程支持师生社会实践。首先，学校与地方政府、企业以及社会组织对接，建立紧密的合作关系，获取场地、设备、资金等，为社会实践活动提供了坚实的物质基础。其次，南开大学充分发挥校友力量的牵线作用，积极联系校友组织和校友资源，通过校友网络搭建起学校与各行各业的沟通桥梁，为社会实践活动提供了更广阔的合作机会和资源支持。校友们不仅提供了经验分享和指导，还提供了实践项目的合作机会以及资金，为学生的实践活动提供了有力支持。作为高等教育事业改革的先行者，南开大学创新性建设中国式现代化乡村工作站。截至目前，南开大学在中国乡村建立了近百个中国式现代化乡村工作站。学校依托工作站组织"师生四同"实践团队赴乡村一线，按照当地需求、发挥专业优势设计开展具有针对性的实践项目，将学校科研、教学、实践工作融入工作站建设中，

集聚当地政府、校友、学校等多方力量共同参与工作站发展运营，使工作站成为学校服务乡村振兴、提升人才培养质量的重要阵地，为解决中国乡村振兴中的痛点堵点问题提供"南开方案"。

（三）护航实践开展，精心谋划方案

1. 足额经费配给，提供坚实保障

为了确保社会实践活动的顺利开展，南开大学每年配给足额经费用于社会实践活动。校院两级专项资金相互补充支持，为实践活动的开展提供坚实保障。学校还为出行师生购置必要的保险，以确保实践过程中如有意外情况等能够提供必要的保护和支持。学校配给的经费可用于实践活动所需的物资如队旗队服、交通差旅费用、实践设备的采购以及其他必要的材料费用等，为学生提供了更好的实践条件和环境，确保了实践活动的顺利进行。同时，学校还拨付经费用于社会实践基地和南开书屋的建设，并重点在科普讲座、红色精神宣讲、课外小学堂、传统文化推广、医学义诊等服务资源上予以支持。此外，学校大力支持评优奖励，以激励和表彰在实践活动中表现突出的学生和团队，鼓励学生积极参与实践活动，为他们提供展示自己能力和成就的机会及平台。

2. 融汇专业力量，同学同研同行

南开大学强化抓住课堂教学"主渠道"、课程建设"主战场"、教师队伍"主力军"作用，深入挖掘不同学科和专业特色，梳理提炼专业课程的思政元素，对接服务国家战略和民生需求，设置师生"同研"课题，努力实现"课课有思政，'同学'全覆盖"。学校创新性开展"师生四同"课题立项，通过实践环节前置课题立项，鼓励师生开展以专业课题研究为导向的社会实践，不断提升专业教师带队实践的参与度。同时，学校在课题立项的基础上进一步发挥实践团队人数众多、分布广泛、类型丰富的优势，将社会实践与学科建设、科研发展紧密结合，组织实践团队加入需要广泛调查研究的课题组，为教师和学生提供更多专业课题合作研究的机会，促进师生参与社会实践的积极性和满意度。

3. 全程跟踪指导，用心用力用情

南开大学团委以全程跟踪指导、用心用力用情的理念，组织开展社会实践工作。实践活动行前，团委积极组建学生宣讲团队，以提供更加贴心的服务，

推动社会实践活动的顺利开展。南开大学团委不仅提供了菜单式的预约服务，方便师生预约宣讲活动，还积极前往各学院进行社会实践的宣讲答疑，为师生解答疑问、澄清疑虑。为了确保社会实践活动的顺利进行，团委还特别开展了行前安全讲座，并要求所有参加社会实践的成员参加。这些安全讲座不仅强调了社会实践活动中可能遇到的安全问题，还提供了应对紧急情况的方法和技巧，确保了活动的顺利进行。在实践活动进行中，团委积极收集师生提出的疑问，通过汇总并发布推送，及时解答师生对社会实践的疑问，为他们扫清了实践过程中的障碍。这种及时的沟通和反馈机制，不仅增强了师生对社会实践活动的信心和参与度，还提高了活动的效率和质量。除此之外，团委工作人员还会密切关注社会实践网站和飞书等平台上同学们提出的疑问，及时跟进并回复，保证了实践活动的顺利进行。这种用心用力用情的服务态度，体现了团委对师生的关心和支持，也为社会实践活动提供了更加全面的指导和保障。

4. 数字赋能升级，提高工作效率

近年来，学校不断探索利用信息化手段为社会实践工作赋能升级，以提高社会实践工作效率和质量。目前，学校已在校内建立了社会实践工作信息化管理平台，该平台实现了诸多功能，包括线上实践申报信息管理、实践项目信息发布以及实践数据记录反馈等。这些功能的实现有效地优化了社会实践工作的管理流程，提升了工作的便捷性和效率。后续学校将进一步打造实践服务线上资源预约共享平台，旨在基于实践项目基础，整合各类优质资源，供服务对象预约使用。这一平台的建设使得各类资源和工作力量能够快速响应、高效对接和精准匹配，进一步提升社会实践工作质量。

5. 强化榜样引领，打造精品项目

南开大学通过发挥榜样的"引领力"，延续和深化了社会实践活动的影响力。首先，采取多层次的宣传方式，前期开展往年社会实践榜样的经验介绍，为学生提供成功案例和经验分享的机会。这些榜样代表着优秀的实践成果和精神风貌，激励更多的学生积极参与到社会实践中来，树立了实践的榜样和标杆，引领了实践活动的发展方向。其次，在中期阶段，学校及时分享展示各实践队的进展情况，通过宣传实践队的工作成果和实践活动的进展，进一步加强社会实践的可见性和影响力。最后，在后期阶段，重点宣传优秀典型，充分展示学生在社会实践中的突出表现和取得的成就。这些优秀典型不仅在实践中展现出了优秀的品质和能力，还为学校赢得了良好的社会声誉，扩大了学校的影响力，为社会实践活动的持续发展和深入推进注入了新的动力和活力，同时全方位展示了社会实践活动的成果和影响。

南开大学所开展的社会实践保障工作，既是对习近平新时代中国特色社会主义思想的贯彻落实，又是对学校办学宗旨的践行和对学生全面成长的关怀。通过以上保障措施，南开大学"师生四同"构建思路不断清晰、落实举措更为精准、工作载体更加夯实，形成了校内校外、课内课外、线上线下全方位、多渠道支持和参与"师生四同"育人的良好氛围，推动了南开特色办学优势有效转化为培养社会主义建设者和接班人的扎实能力。

未来，南开大学将继续以习近平新时代中国特色社会主义思想为指导，以习近平总书记视察南开大学重要讲话精神为行动纲领，持续深耕实践育人新范式，不断探索，不断给予，不断创新，为学生的全面发展和国家的繁荣进步作出更大的贡献。

第二篇
南开大学"师生四同"
实践育人工作推进

第三章

"师生四同"推动实践教学改革

一、"知行合一，服务中国"：南开大学服务学习系列课程建设

（一）背景与工作思路

1928 年，老校长张伯苓于《南开大学发展方案》中提出："吾人所谓土货的南开，以中国历史、中国社会为学术背景，以解决中国问题为教育目标的大学。"建校百余年来，南开大学始终以"知中国，服务中国"为办学理念，将大学教育与国家发展、民族复兴紧密联系在一起，为中华民族站起来、富起来、强起来作出了突出贡献。

"知中国"是服务中国的前提，"服务中国"的过程也是更深入地"知中国"的过程。随着时代发展，现今南开的"知中国"细化为以中国历史为学术背景，以中国社会为服务基地，吸纳中国历史上先贤哲人教育学说之精华，坚持中国社会主义教育方向，创建具有南开特色的教育模式，着力培育创新型的英才。在教育教学过程中，南开大学秉承"允公允能，日新月异"校训，培养德、智、体、美、劳五育兼修的国家栋梁。

在多年的教学探索中，一批热心的南开人发现，很多青年怀抱服务社会的理想，但不知"如何开始""从何开始"，掣肘了服务实践的外展。而以"社工

带动义工共同服务社会"为理念的服务学习课程，恰好搭建起了校园与社会之间的桥梁，帮助学生以义务服务的方式，践行课堂所得，提升服务社会的能力，有效助力青年融入与反哺社会。

南开大学是当代中国第一个开展服务学习的大学。2006 年，联合国儿童基金会在中国 5 个城市进行儿童保护基线调查，南开大学彭华民教授参与课题，并带领学生参与设计针对天津市和平区的 3 个儿童保护课题，这成为南开与服务学习的初次"结缘"。

2007 年，服务学习课程得到批准，正式进入南开大学本科生通识选修课程体系。课程设置 2 学分，34 课时，班级规模 30—50 人。

2008 年，服务学习课程正式开课，南开大学成为中国内地第一所开设服务学习课程的高校。同年，南开大学召开服务学习国际研讨会，国内外 43 所大学、机构的 60 多位代表参会，讨论什么是服务学习、如何建设适合中国国情的服务学习课程。

2012 年，南开大学服务学习课程设计理念、开设经验、课程案例收录于《服务学习：社工督导志愿服务新模式》一书，该书由彭华民教授主编，陈钟林、蔺文钧老师参编，中国人民大学出版社出版。

2019 年，南开大学决定强化服务学习 2.0 建设，进一步明确了服务学习课程建设的指导思想、建设目标、建设原则、建设内容及组织管理等相关内容，打造"知中国，服务中国""知行合一"服务学习课程体系。

2023 年，南开大学开设服务学习通识选修课 57 门 150 余门次，建成 48 个服务学习实践基地，全校对服务学习感兴趣的学生都可以自由选择参与课程。

（二）主要做法

1. 指导思想

南开大学"知行合一"服务学习课程建设以理想信念教育为引领，以强化"公能"素质为核心，以聚焦现代科学发展前沿为基点，优化通识教育体系，加强通识选修课"公能素质和服务中国"模块建设；按照"实践发现问题—项目式课程设计—科研解决问题—成果服务社会—反思总结提升"的模式，将有意义的社区服务与教育相结合，将学生在学校所要学习的学术性课程与社区服务整合为一个教学单元，培养学生公民责任感，打造社会实践"金课"，构建南开特色的"知中国，服务中国""知行合一"服务学习课程体系，培养德、智、体、美、劳五育并举的能承担起民族复兴重任的青年人才。（见图 3-1、图 3-2）

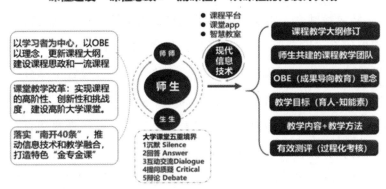

图 3-1　服务学习课程建设理念

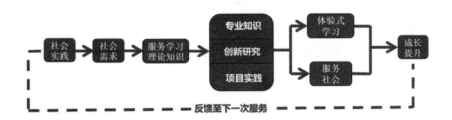

图 3-2　服务学习 2.0 课程建设思路

2. 建设目标

（1）构建跨学院、跨学科的服务学习校级虚拟教研室，统筹规划全校服务学习课程框架，指导服务学习课程教学规范。

（2）贯彻以学习者为中心教育理念，按照一流"金课"标准深化课堂教学改革，完善服务学习课程再设计与师生共建课程教学团队建设。

（3）建立多部门联动的管理机制，推动与地方政府、行业部门、企业共建若干优质的服务学习实践教育基地，搭建开放共享的实践育人平台。

3. 建设原则

（1）按照专家引领、团队建设、课程集群、学科交叉的原则，对标社会实践一流课程建设标准建设服务学习课程。

（2）坚持多部门联动，与校团委、党委教师工作部密切合作，将服务学习课程与"师生四同"社会实践项目相结合。充分挖掘学校已经建立的社会实践基地资源，启动"南开大学服务学习社会实践基地"建设工作。

（3）坚持科教融合，将服务学习类项目纳入学校本科生创新科研训练计划"百项工程"体系，推动服务学习向创新创业领域延伸发展。

（4）开设"服务学习基础理论"通识选修课，课程设置 1 学分。采用线上线下混合教学方式，线下见面课不少于 50%，面向全校学生开放。

（5）开设服务学习类通识选修课或专业选修课，课程设置 2 学分，小班授课（30 人以内）。课程教学大纲应满足社会实践一流课程要求，以培养学生综合能力为目标，推进思想政治教育、专业教育与社会服务相结合，培养学生认识社会、研究社会、理解社会、服务社会的意识和能力，学生 70%以上学时应深入基层。开课教师可利用"服务学习基础理论"课程线上资源，开展混合式教学，完成 30%课时的基础理论和项目设计部分。

（6）为每门服务学习课程配备助教 2 名，男生、女生各一名，便于外出实践的沟通和管理。助教上岗前由教务部组织培训。任课教师要为参加服务学习的学生购买保险，加强学生外出实践期间的安全教育和管理，与学生签订责任书。

（7）开发《南开大学服务学习项目评估方案》，编制服务学习课程评估报告，对服务项目中学生的能力成长、服务的效果、项目的体验等进行评估，以帮助课程不断优化。

（8）组建 1 个服务学习校级虚拟教研室、多个服务学习课程教学团队，同步推进课程交流和教学研究。（见图 3-3）

序号	课程环节	教学目标
00	社会实践	师生同行调研，发现专业相关的问题和服务对象
01	课程准备	师生进行课程团队建设、课程设计、项目准备
02	**服务学习基础理论**	对服务学习是什么、为什么、做什么有基本了解
03	服务项目研究	根据选定的问题，进行创新研究，形成服务方案
04	服务项目实施	进入社会到服务地区，进行服务项目的实践落地
05	成果展示与反思	对学习收获和服务过程进行反思与评价

图 3-3 服务学习课程环节与教学目标

4. 组织管理

（1）教务部负责统筹规划全校本科服务学习课程建设工作，组建服务学习专家团队，整合各类课程资源，认定实践教育基地，编制课程评估报告。通过教学改革立项、设置专项经费等方式资助课程开展实践。

（2）各学院负责课程的日常管理，在师资、教学资源等方面提供支持。

（3）服务学习课程校级教研团队、服务学习教研组负责研究制订课程建设规划、建设标准与课程评估方案，推进课程交流与教学研究。

（4）任课教师按照方案要求建设好课程，选定实践教育基地，参与课程交流与教学研究。同时，通过申请服务学习课程教学改革立项，组织学生参加"师生四同"社会实践项目、"校长杯"创新创业大赛、"青年红色筑梦之旅"、本科生创新科研训练计划"百项工程"项目等，以获得多方资源支持，确保课程取得实效。

（三）成效与创新

2018 年习近平总书记在全国教育大会上发表讲话，号召"要在学生中弘扬劳动精神，教育引导学生崇尚劳动、尊重劳动"。2020 年 7 月，教育部发布《大中小学劳动教育指导纲要（试行）》，强调发挥劳动的育人功能的重要性。南开大学历来重视劳动教育，"知行合一"是南开劳动教育一贯的要求。服务学习类课程是南开大学教务部牵头建设，服务学习基层教研组协作指导的旨在通过服务实践的形式推动"知行合一式劳动教育"的一种新型劳动教育类课程体系，属于南开大学基于"师生共同体"理念的特色课程体系，也为实现学科专业与劳动教育之间的有机融合提供了思路和经验。目前该项目已经形成了以下教学成果。

1. 服务学习劳动教育体系

基于"师生共同体"理念，南开大学形成了师、生、社会三循环服务学习劳动教育体系，即在课堂内外、校内校外等建立"师师交流小循环—生生交流小循环—师生交流大循环—师、生、社会交流大循环—'师生四同'（同学、同研、同讲、同行）服务社会"的服务学习特色劳育体系，更好地了解社会需求，通过多元服务实践模式精准化服务社会，促进师生共同成长，提高学生的获得

感、幸福感。（见图 3-4、图 3-5）

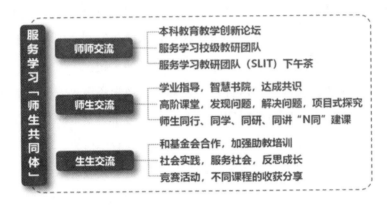

图 3-4 服务学习"师生双循环"

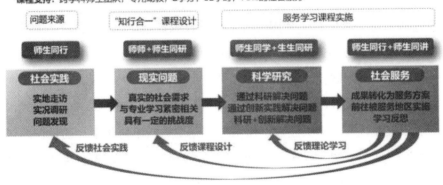

图 3-5 服务学习课程体系

2. 服务学习基层教学组织

南开大学构建了"专家引领、学科交叉、课程集群、业界融入"的教学团队，建设了由社会学、文学、艺术学、医学、物理学、管理学、材料科学与工程、计算机科学与技术、外国语言学及应用语言学等多学科教师组成的"服务学习虚拟教研室"，协同社会公益组织、基金会等相关机构与业界导师，构建课程集群，强化跨学科交叉融合，帮助青年学子开阔视野，突破自身专业限制，获得更丰富多元的知识。

3. 打造服务学习劳育生态

南开大学打造了"五位一体"服务学习劳育生态，即以师生共同体促进教学相长—以科研和创新解决实际问题—以实践服务促进社会发展—以社会服务培养学生社会责任感—以总结反思促进学生成长，层层推进、环环相扣，推进学生劳动与科研、创新创业的贯通融合；并通过"反思促成长"环节提高学生在服务实践劳动过程中的获得感和成就感。

4. 创新课程思政模式

南开大学在教学和服务实践中融入"创新设计思维五步法"，将专业知识与创新研究相结合，运用创新设计、创意劳动的方式解决服务对象身边的"真问题"，在服务学习中升华劳动教育，形成"专业知识+创新研究+社会服务"模式，推动"专业—服务—劳动"融合；同时，通过新的教学法促进思想政治教育，潜移默化地对学生的思想意识、行为举止产生积极影响，并在服务劳动的实践中、学生亲身参与自然体悟课程思政后，进一步传递给服务对象和队友，实现课程思政模式创新。

5. 建设服务学习基地

南开大学建成多个服务学习基地，形成多学科参与、服务内容丰富的劳育系统，建立了 "三全育人"劳动教育模式，建成 50 余个服务学习实践基地，形成文、理、工、医多学科参与，涉及科技扶贫、非遗传承、健康生活、社会公益、英语支教、诗教传承、物理科普、乡村振兴、信息教育、非遗传承、3D 打印实践、用水安全、影像与社会等多种服务内容的劳育体系。同时，课程也"以学生为中心"，在服务实践中实现"三全育人"的劳动教育模式。

6. 建设服务学习课程集群

目前，南开大学参与服务学习建设的教学单位已覆盖全校 20 多个学院、部门，已开设服务学习通识选修课 57 门。面向全校的、主题多样的课程集群为学生提供了多样化的选择，能更好地满足学生的兴趣和探索欲。

作者：南开大学服务学习虚拟教研室

二、基于案例的"知行合一"闭环培养模式建设

（一）背景与工作思路

实践育人是新时代我国教育方针的重要价值导向，为了加快推进高校思想政治工作体系的构建，2017年中共中央、国务院印发了《关于加强和改进新形势下高校思想政治工作的意见》，该意见明确指出，要把思想价值引领贯穿教育教学全过程和各环节，形成教书育人、科研育人、实践育人、管理育人、服务育人、文化育人、组织育人长效机制，提出了"全员全过程全方位"育人工作理念，即"三全育人"，并着重强调实践育人是"三全育人"的重要组成部分。2020年，教育部等八部门印发《关于加快构建高校思想政治工作体系的意见》，意见提到要深化实践教育，把思想政治教育融入社会实践、志愿服务、实习实训等活动中，创办形式多样的"行走课堂"。在新时代育人体系构建过程中，实践育人发挥了重要作用，实践课程更是高校人才培养体系的重要组成部分。众多高校通过社会实践、志愿服务等模式引导学生参与到社会实践的探索过程，促使学生思想与能力在不断内化和外化的转变中获得发展和成长；持续探索构建中国特色社会主义新时代背景下实践育人创新模式，促进学生社会实践向课程化、项目化、基地化、网络化、社会化和多元化方向转变，使大学生社会实践与学校人才培养大局和"三全育人"的"大思政"格局实现有机融合。高校应深入挖掘社会实践所蕴含的思想政治教育内涵和教育价值功能，着力培养青年大学生的社会责任感，提高青年大学生服务国家的意识，推动青年大学生在不断融入国家和社会中持续成长成才。

南开系列学校以"允公允能，日新月异"之校训为目标培养具有"公能"实践精神的人才，南开大学赓续百年爱国传统，在不断探索中形成了一套行之有效、具有南开特色的"知行合一"实践育人模式，引领南开师生广泛走访祖国大地，深入参与社会实践，学校专业教师同学生深入参与调研过程，产出高质量实践成果，强化实践育人成效，充分发挥第二课堂的教育作用，培养深耕中华大地的新时代人才。

（二）主要做法

1. 实践育人成果简介及主要解决的教学问题

（1）成果简介

第一，实践育人目标。南开大学实践育人模式从南开系列学校"允公允能，日新月异"的校训中凝炼"公能"作为本科生教育的培养理念，即注重学生公共精神和职业能力的养成。为了更加有效地实现实践育人的培养目标，周恩来政府管理学院实践育人活动建设的目标定位如下：以"案例"为抓手，贯通实践与理论两个领域，形成具有南开特色的"知行合一"闭环培养模式，服务于培养能够从事公共管理实践和研究的复合型人才。经过持续建设与改进，周恩来政府管理学院实践育人培养特色逐步凸显，培养效果不断增强，本科生综合素质得到有效提升。

第二，育人成果特色与内涵。基于案例的"知行合一"闭环培养模式是由三个主体协同建设，三个循环相辅相成的南开实践育人特色教学体系。其中，三个主体分别为学生、教师和指导中心，学生将实践领域遇到的问题带到课堂，教师与学生合作实现案例开发，教师为学生提供理论指导，并通过"以赛促建"和案例库的"滚动开发"等方式，一方面提升人才培养成效，另一方面更好地服务于地方发展的实践。基本模式如图3-6所示。

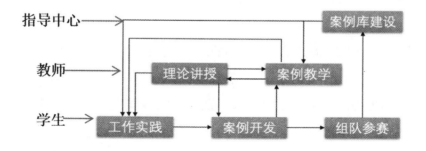

图 3-6 基于案例的"知行合一"闭环培养模式

基于案例的"知行合一"闭环培养模式包含一个总体的循环和两个基于师生两个主体的分循环。

第一，以学生为中心的 PBL 循环。该循环是以学生为主体形成的教学循环，

PBL 即基于问题的学习（Problem based learning）。该循环鼓励学生将实践问题带到课堂，在专业教师的指导下完成教学案例的开发，并在课堂上开展案例讨论，体现出"学生出题，师生答题"的特点。通过案例分析，进一步指导实践，形成"实践—案例—理论—实践"的循环。

第二，教学过程的 CBL 循环。该循环是以教师为主体形成的教学循环，CBL 即基于案例的学习（Case based learning）。该循环一方面鼓励教师采用多种方式开展案例教学；另一方面鼓励教师指导学生开发现实案例，在课堂上与学生共同探讨理论在现实问题中的应用，并从实践案例中进一步思考与丰富理论体系的构建，形成"理论—实践—案例—理论"的循环。

第三，培养方案的"知行合一"循环。该循环是在培养方案设计中形成的基于案例的培养模式循环。在学生和教师的两个循环的基础上，采用"以赛促建"的方式，即组织学生参加不同层次的案例大赛，不断丰富案例库建设，从而更好地服务于案例教学，提升学生解决实践问题的能力，最终实现"知行合一"的目标。

（2）主要解决的教学问题

第一，师生共建，教学相长。基于案例的"知行合一"闭环培养模式充分体现了在实践中培养学生、思想上引领学生的培养特点，通过师生共建的方式，实现教学相长，共同提升。

第二，服务实践，真题真做。教师带领本科生开展实地调研，了解案例真实情况。一方面能够提升学生个人分析思考能力，另一方面能够使学生更好地完成实践工作。"学生出题，师生答题"的方式，可以有效培养学生的问题意识、创新性地提出多种解决方案的能力以及实践决策能力，有助于学生个人综合能力的提升。

第三，丰富案例，方法创新。从教学管理的角度，基于案例的"知行合一"闭环培养模式为教学案例库的建设提供了源头活水，同时丰富的案例资源对于教师采用多种方法、创新性地开展实践教学提供了基础和保障。

2. 实践育人方法开展情况

（1）推动情景化案例教学改革

场景化教学方法作为实践教学的创新方法,从最初的沙盘模拟到虚拟仿真、线上实训,再到各类真实场景的应用,与能力导向的教学模式具有高度适配性:一是以场景的独特性锻炼学生分析与发现问题的能力;二是结合资源约束性培养学生的方案设计能力;三是追踪发展变化提升学生的跟踪决策能力。

以中国式现代化乡村工作站（简称乡村工作站）为例,其"情景化"案例教学的突出特点在于真实、独特,以"立德增能"为目标,推动"场景化"教学的方法和内容创新,实现学生素质与能力的全面提升。一是乡村工作站"场景式"教学有效嵌入培养方案或课程体系,与我校特色"师生四同"活动对接,通过夏季小学期实践课堂、寒暑假社会实践等多种方式,有效助力于各学科"立德增能"培养目标的实现。二是结合不同学科特点形成差异化的教学模式设计,既体现学科特色,又符合教学一般规律。三是立足乡村工作站真实场景的开放性特点设计半结构化的教学方案,有机、有效实现理论与实践的融合。

（2）参加与主办案例大赛

在 2023 年 4 月举办的"第七届中国研究生公共管理案例大赛"决赛中,南开大学"耕读传家"队从全国近 2000 支参赛队伍中脱颖而出,以全国第二名的成绩斩获特等奖（见图 3-7）;此外,还荣获中国公共政策案例分析大赛一等奖、"行观天下杯"公共管理案例分析大赛一等奖等突出成绩。

图 3-7　南开学子荣获第七届中国研究生公共管理案例大赛特等奖

为了给师生提供更多的参赛机会，更好地锻炼队伍，南开大学周恩来政府管理学院充分发挥我校在天津市公共管理领域的带头作用，发起并与天津市行政管理学会联合主办了首届天津市公共管理案例大赛，发起并在华北五省市教委的支持下举办了华北地区高校公共管理硕士专业学位研究生（MPA）案例大赛。赛事在锻炼队伍的同时，也提升了天津市以及华北地区案例建设工作的整体水平。

（3）持续推进案例库建设

南开大学公共管理中心持续推进案例库建设，加强实践调研，获得一批真实性强、严谨性高的高质量案例，目前已经有 17 篇案例进入中国研究生公共管理案例库。

为了在组织层面加强教学案例建设管理工作，MPA 中心于 2019 年经周恩来政府管理学院班子会讨论，成立了南开大学公共管理案例中心，负责案例开发、推动案例教学和案例库建设工作，目前已有近百篇案例入库。此外，南开大学公共管理案例中心还积极对接中国专业学位案例中心，除积极组织案例入库外，还于 2020 年承担了 4 篇主题案例的编写工作。目前，《公共管理案例（2024）》一书已出版。

（三）成效与创新

1. 实践教学创新成果

（1）师生共建

以往的教学成果往往是由教学单位和教师主导开展的，而基于案例的 MPA "知行合一"大循环培养模式是由指导中心、专任教师和学生共同完成的，将学生的一线工作经历与专业教师的理论分析能力有效、充分整合，能够更好地体现出实践教育培养的特点，使学生将理论知识流量转变为支撑现实工作的工具存量。

（2）真题真作

收集、编写现实案例资料，提出现实工作中存在的问题，由师生共同组织讨论并提出解决或改进方案，突出了公共管理类专业学习中的应用导向，同时也能更好地发挥高校对地方发展问题的智库作用。目前，南开大学周恩来政府管理学院师生开发的很多案例及提出的对策建议已在实践中发挥了良好的作用。

（3）知行闭环

南开大学始终坚持以"知中国，服务中国"为办学宗旨，通过"案例开发—案例教学—案例库建设"这一主线，充分调动师生双方的积极性，使教学活动"贴近现实、理论支撑、服务实践"，形成了知行合一的持续创新闭环。

（4）持续优化

正是因为开展了基于案例的系统化培养模式创新，南开大学公共管理专业的实践教育才有了源源不断、持续更新的"案例活水"。这些案例一方面使学生和教师在教学活动中紧追时代发展的前沿问题，另一方面也促进了相关理论研究的发展，形成了互促互进，持续优化的自循环系统。

（5）科技赋能

为了使案例更好地服务于教学，南开大学公共管理案例中心于 2020 年与上海哲寻科技公司签署协议，借助网络实训、3D 技术等对案例进行平台化开发，并以在线实训的方式应用于教学过程，该方式受到了学生的一致好评。未来该方式还将进一步优化，使先进技术更好地服务于教学培养目标的实现。

2. 实践育人具体成效

自 2015 年系统性地推进该项教学改革工作以来，周恩来政府管理学院和教师均取得了一系列的成果，并且该项改革受到了学生的普遍认可。

（1）学生综合能力得到切实提高

通过基于案例的"知行合一"闭环培养模式建设，学生实现了"发现问题—分析问题—解决问题—理论升华"的全过程能力提升，并在各类相关学科竞赛的检验中取得了优异的成绩。

（2）案例库建设成效突出

通过将"社会实践"和"案例写作"两门课程纳入培养方案，积极组织学生参加多层次的案例大赛等方式，目前南开大学公共管理案例中心已积累了近百篇入库案例，且仍在持续更新之中。

（3）教学体系完善

学院形成了一套理论联系实践、线上线下结合、课上课下结合的特色教学体系，理论线索围绕突发事件应急管理全过程和各项专题展开，具体包括线上实训、沙盘模拟、角色扮演、主题辩论、应急发布、团队实践、分组讨论、应急演练等。实践以理论知识模块为纲，采用多样化的方式进行，突出"知行合一"的特色。

经过十余年的教学方法创新，学院积累了由八种方法构成的多样化的课堂实践教学方法体系。各种教学方法应用场景如图 3-8 所示。

（4）提升教学效果

"师生四同"即"同学、同研、同讲、同行"，通过近年来的实践，"师生四同"被证明是提升教学效果的有效方式。对于公共管理专业教育而言，以案例开发和案例教学为纽带，为本科生培养体系中的"师生四同"探索了有效路径，让更多实践队伍有目标、有方向地进行社会调研，以案例为抓手，深入了解调研地情况，在选址、访谈等实践调研中拓展学生沟通、信息采集等重要能力，引领学生走向基层，将所学所知应用于中国公共管理实践。

图 3-8   多种创新实践教学方法的应用场景

作者：翟磊，童瑶

作者单位：南开大学周恩来政府管理学院

三、"师生四同"结硕果，"公能"实践育新材

（一）背景与工作思路

1. 背景

2019 年 1 月 17 日，习近平总书记视察南开大学时寄语广大师生，要把学习的具体目标同民族复兴的宏大目标结合起来，为之而奋斗。只有把小我融入大我，才会有海一样的胸怀，山一样的崇高。

为贯彻落实党的二十大精神，巩固拓展习近平新时代中国特色社会主义思想主题教育成果，深入学习贯彻习近平总书记视察天津重要讲话精神，认真贯彻落实习近平总书记来校视察重要讲话精神和对南开大学历次重要指示、批示精神，材料科学与工程学院（简称材料学院）围绕加快建设教育强国、科技强国、人才强国总体战略部署，坚持立德树人根本任务，发扬爱国奋斗、公能日新育人传统，扎实开展"师生四同"实践育人工作，以入选教育部"双一流"学科建设名单为发展契机，努力为国家培养德智体美劳全面发展的时代新人。

2. 工作思路

材料学院高擎习近平新时代中国特色社会主义思想伟大旗帜，牢记总书记殷殷嘱托，依托双一流学科优势，在不断探索中创建了"以四同促三新"的实践育人体系，以师生"同学思想、同研国情、同讲学风、同行基层"为载体，助力南开大学在"教学、科研、服务社会"三大职责中展现新作为。学院积极引导广大师生上好与现实相结合的"大思政课"，在社会的课堂中"受教育、长才干、作贡献"，在实践中"知中国，服务中国"，为实现第二个百年奋斗目标、实现中华民族伟大复兴的中国梦凝聚起强大青春力量。

（二）主要做法

1. 师生同"学"——学思想，强党性，赓续百年南开爱国主义传统

作为校内"对标争先"标杆院系建设单位，材料学院扎实开展学习贯彻习近平新时代中国特色社会主义思想主题教育，锚定"学思想、强党性、重实践、建新功"的总体要求，坚持用党的创新理论统一思想，坚定不移听党话、跟党走。学院始终站稳为党育人、为国育才的政治立场，坚持党建带团建，团建促

党建，领悟好、传承好、践行好南开爱国主义精神之"魂"。

学院党政领导带队，组织师生赴北京登上天安门观礼台瞻仰升旗仪式，开展"允公允能担使命，爱党爱国铸忠诚"主题党日活动，砥砺师生树立爱国心、强国梦、报国行；参观国家博物馆复兴之路展览，激励师生为实现中华民族伟大复兴中国梦不懈奋斗；参观故宫博物院，进一步学习贯彻习近平文化思想，振奋民族精神、维系国家认同。

学院组织学生党支部先后赴清华大学、北京大学、中国人民大学开展党团共建，同学全国两会精神，研讨党团建设经验，共叙西南联大情谊，唱响百年南开爱国主旋律。此外，学院还组织师生代表赴革命圣地陕西延安，通过梁家河等地的现场教学，学习并发扬包括延安精神在内的中国共产党人精神，赓续红色血脉，传承爱国基因。

2. 师生同"研"——研国情，重实践，弘扬"知中国，服务中国"宗旨

学院坚持推动"师生四同"实践育人工作高质量内涵式发展，2023年，学院党政领导、专业教师、辅导员带领学生组建12支实践队，以"学习二十大、永远跟党走、奋进新征程"为主题，赴广东深圳、福建宁德等地，到社会课堂中"受教育、长才干、作贡献"，为实现第二个奋斗目标凝聚起磅礴力量。学院"师生四同"社会实践效果显著，成绩喜人，3支团队获校级优秀及标兵，5名学生获校级优秀及标兵，5位教师获校级优秀指导教师。

学院充分发挥"知中国，服务中国"的办学传统，建设东走线窝村、北中塘村两个中国式现代化乡村工作站，打造高校"人才智库"，以高水平人才队伍建设为乡村工作站发展聚力赋能。通过支部共建、红色旅游资源开发和农作物品牌打造等方式，学院多措并举服务国家乡村振兴战略，为全面建设社会主义现代化国家、以中国式现代化全面推进中华民族伟大复兴贡献南开材料力量。

3. 师生同"讲"——讲学风，守底线，全力打造一流学风教风校风

学院认真落实中办、国办关于进一步加强科研诚信建设、弘扬科学家精神、科学道德和学风建设等系列文件精神，贯彻执行《南开大学关于进一步加强学术诚信和学风建设的若干措施》，进一步教育引导学生讲纪律、守规矩、知敬畏、明底线，切实推进优良学风校风教风建设，确保学校相关政策文件"零距离"

普及、"全覆盖"知晓。学院以"强学风、聚合力、育优才、创一流"为主题开展学风建设季，聘请中国科学院院士俞书宏担任学院学生学风建设育人导师，建设"育材"学风建设工作室，开办"育材论坛"，邀请爱尔兰皇家学院院士等材料功能领域国内外专家为学生讲授学术前沿知识，每年开展 16 场"导师有约"师生交流下午茶活动。院士名家、专业教师、党政干部全员育人，与学生同"讲"学风，激发学生学习热情、点燃学生学习动能，砥砺学生成为南开学风的践行者、奋斗者。

4. 师生同"行"——行基层，稳就业，聚焦服务国家重大战略需求

学院立足"两个大局"，坚持"四个面向"，服务"国之大者"，立足学科特色，瞄准新材料、新能源等国家重大战略需求，聚焦双碳战略目标，为我国绿色产业输送高水平人才，实现学院更充分更高质量就业。

学院积极响应教育部访企拓岗专项行动部署，落实就业"一把手"工程，由党政领导带队行走基层，参观走访中海油、天津大火箭、宁德时代、欣旺达动力电池、江苏高邮人社局、滨海新区人社局等 15 家人才需求单位，建设就业实习基地，努力搭建服务青年人才平台，引导学生树牢科研报国理想、锤炼过硬专业本领，为优化就业服务体系、激活人才动能，深度融通青年成长需求和国家发展战略拓宽渠道。学院以多元化培养推动学生多元化就业，引导毕业生树立正确的成才观、职业观、就业观，举办"勠力同心奋进新征程 基层就业绽放绚丽花"政策宣讲会，引导毕业生到祖国需要的地方建功立业。学院多元化就业观教育成效显著，79%的毕业生赴国家重点行业和新兴领域就业；多位毕业生考取中央纪委国家监委、国家知识产权局、沈阳市公安局、大连市市场监管局等重要岗位，为国家治理体系和治理能力现代化注入南开动能。

（三）成效与创新

1. 夯实"教学"基本功，教学质量谱新篇

随队指导学生寒暑期社会实践，担任学生"生涯成长班导师"，与学生同上梁家河共上"思政课"……材料学院的专业教师将"三全育人""师生四同"贯穿教育教学全过程，用第一课堂所教的专业知识指导第二课堂，同时用第二课堂积累的实践真理反哺第一课堂，通过第一、第二课堂良性互补、螺旋上升机

制，不断助推教育教学成果培育与高质量课程建设。2020 年，刘双喜教师团队的《由理而工的材料专业建设》和楼兰兰教师团队的《材料学科实验教学体系的创新建设与实践》两个项目，荣获校级教学成果二等奖；目前正在培育国家级教学成果一项。2021 年，陈铁红教授的"材料结构分析"、王丹红教授的"材料物理"和 2024 年刘双喜教授的"催化材料"三门课程，荣获"天津市一流课程"荣誉；目前有三门课程正在冲击"国家一流课程"。在众多教学教改成果和一流课程的带动下，学生的学习兴趣日益浓厚，青年学子的创新意识和创造能力不断被激发。

2. 站稳"科研"主战场，科研成果创新高

学院以国家战略需求和世界科技前沿为导向，有计划地培育学生原始创新和自主创新能力，通过举办材料科技文化节、"身边的材料"挑战赛、显微电镜照片大赛等学院品牌双创活动，锻炼学生加强对关键共性技术、前沿引领技术、现代工程技术、颠覆性技术的攻关创新。2023 年，学院马儒军教授荣获"南开大学五四奖章"之青年科研工作者荣誉。学院博士生薄轶文、徐毓贺及其科研团队，代表南开大学在国际顶级期刊接连发表两篇论文，发表最新科研成果，产出更多"从 0 到 1"的成果，攻克更多"卡脖子"难题。在团中央、教育部主办的"挑战杯"全国大学生课外学术科技作品竞赛中，本科生张能标团队荣获学术论文赛道全国一等奖，博士生赵天宏团队在"黑科技"赛道获恒星级作品（一等奖），博士生王慧敏团队在全国大学生动力电池创新竞赛中获得全国金奖……学院培育产出一大批代表南开水平、彰显南开实力的标志性重大成果，助推学校核心优势高质量发展。

3. 提升"服务社会"贡献度，科普基地育新材

习近平总书记指出，科技创新、科学普及是实现创新发展的两翼。学院贯彻落实习近平总书记关于大中小学思想政治教育一体化建设的重要讲话精神，与南开中学滨海生态城学校、天津海河教育园区南开学校签约授牌，建立"科普教育基地"，由学院碳纳米科技及高分子复合材料研究中心带领南开滨海师生参观实验室，实地教学展示气凝胶碳泡沫和激光打印机切割、3D 打印样品等，帮助中学生深入了解材料学科前沿技术，激发其科学研究兴趣；新能源

材料化学研究所带领南开大学金融学院师生参观研究中心，使其了解实验室的科研体系、大型仪器使用情况等，推动跨学科交叉融合，拓宽学术视野，强化责任担当。学院面向三鑫社区中小学生开展的"'厚植科学基因，笃行科学使命'——青少年科普活动"获评2023年南开大学优秀志愿服务项目；硕士生张子怡、徐光妍的实验"敲出来的大学问"在科技部、中科院主办的全国科学实验展演汇演中荣获全国二等奖；实验教学中心陈红云老师的视频《焰色背后的秘密》荣获全国优秀科普微视频作品奖及天津市科普微视频大赛二等奖、最佳创意奖，对我国科普教育事业产生卓越贡献。

"师生四同"硕果累累，公能实践广育新材。未来，材料科学与工程学院将深耕实践育人"大文章"，充分发挥教育、科技、人才在全面建设社会主义现代化国家中的基础性战略性支撑作用，坚持把"从0到1"原始创新和"从1到N"重大成果转化应用相结合，坚持把培养优秀人才与强化科研报国相结合，把探索科学前沿与担当复兴重任相结合，努力培育更多拔尖创新型人才，加快形成新质生产力，助推我国高质量发展。

作者：杨晓颖

作者单位：南开大学材料科学与工程学院

四、全面实施"师生四同"实践育人体系，服务新工科卓越人才培养

（一）背景与工作思路

习近平总书记在中共中央政治局第十一次集体学习时强调，加快发展新质生产力，扎实推进高质量发展。发展新质生产力人才是关键。高校承担着为党育人、为国育才的重大使命，而当前我国工科专业人才培养质量与高质量发展的现实需要还存在较大差距。特别是随着可持续发展理念的不断普及和深入，大数据、人工智能、新能源等新技术不断引领产业革命，在环境学科同其他学科越发交叉融合和相辅相成的背景下，节能降碳、循环经济等新兴环保产业逐渐兴起，拥有创新性解决当前实际问题能力的环境类新工科人才需求也不断涌

现。教育部近年来积极实施新工科建设，南开大学也在"4211 卓越南开行动计划"中提出了工科攀登计划。南开大学环境学科在全国最早设立环境专业，最早成立环境科学系，率先成立环境科学与工程学院，对我国高等学校环境学科的早期形成、创建与发展作出了重要贡献，为我国生态环保领域培养了大批人才。近年来，为了适应新时代发展需要，南开大学环境科学与工程学院根据教育部和学校要求，面向社会发展实际需求，改革新工科卓越人才培养模式，全面实施"师生四同"实践育人体系，让学生在生产生活一线中增本领、长才干。

（二）主要做法

培养学生解决现实问题的能力是培养工科人才的关键，也是新时代高校新工科卓越人才培养的着力点和突破口。"师生四同"实践育人模式，为新工科卓越人才培养提供了非常好的思路和载体。

1. 联动第一课堂，师生"同学"

近年来我国大力推动教育教学改革，但高校"以教师为中心"的倾向仍然比较严重，大部分教学内容和教学方式都由教师决定。然而工科类课程难度大，课堂教学方式过于传统，实验课程与工程实际差异巨大，很容易让学生们陷入课本知识学不懂、学懂了又不会用的境地。为了落实"以学生为中心"的教学理念，让学生学懂会用，环境科学与工程学院鼓励和引导任课教师积极组织学生深入土壤修复场地、污水处理水厂、循环经济企业、社区、中小学等生产生活一线开展教学实践，让任课教师在实践教学中调整教学思路、创新教学方式，让学生在实际工程项目和知识运用中扎实理论基础、提升工程认知。（见图3-9）

图3-9 "水污染控制"任课教师鲁金凤教授带队开展水源地实践调研

2. 联动科研项目，师生"同研"

环境科学与工程学院科研项目数量和经费数量均位居学校前列，特别是作为工科学院，科研项目与社会需求和产业需要结合紧密。为了充分发挥科研项目的育人效用，让科学研究不仅仅是做项目、发文章、报专利，环境科学与工程学院以提升社会实践的专业含量为切入点，将科学研究与社会实践相结合，邀请专业教师依托科研项目设计"师生四同"社会实践活动，带领和指导研究生、本科生赴全国各地生产一线共同开展调查研究和科研攻关，切实增强学生创新精神和实践能力。（见图3-10）

图3-10 徐鹤教授依托科研项目带领学生调研动力锂电池循环利用情况

3. 联动校内校外，师生"同讲"

科普工作是发挥高校社会服务职能、增强师生社会责任感的重要载体，也是充分发挥学生主体性、让学生在知识传递中内化所学的有效途径。环境科学与工程学院组建了"生态文明宣讲团"，聚焦生态文明宣传教育和绿色科技创新，广泛开展志愿宣讲、科技服务等。学院依托自身丰富的科技和教学资源，建设"天津市污染诊断与防治科普基地"，面向大中小学生、社会民众、企业单位，普及"双碳"背景下生产、生活方式的变化，水、气、土壤、固废等介质中污染诊断及绿色低碳治理技术。

4. 健全机制保障，师生"同行"

高等教育的根本任务是立德树人，要充分调动一切资源参与育人工作就要从政策机制上下功夫。环境科学与工程学院坚持和发挥党的领导优势，建立和实施"本科生成长导师"计划，为每名本科新生配备了一名专业教师，在学业、思想、生活等方面为其提供指导。学院充分发挥绩效考核工作指挥棒作用，把社会实践、创新创业等育人工作纳入绩效考核指标并赋予较高权重，引导和激励专业教师更加重视和参与实践育人工作。学院每年划拨专项经费支持师生赴海内外开展"师生同行"社会实践，积极联系争取社会资源，与多家企事业单位签署合作协议书，聘请企业家、校友为学生职业生涯发展导师，为学生到企业实习实践搭建平台。（见图 3-11）

图 3-11　孙红文教授带队赴场地土壤修复工程项目实践学习

（三）成效与创新

近年来，环境科学与工程学院以习近平新时代中国特色社会主义思想和党的十九大、二十大精神为指导，以立德树人为根本目标，在推动"师生四同"育人模式走深走实、服务新工科卓越人才培养方面取得了一定的成效。

1. 学生专业能力更加突出

近年来，环境学院每年投入 15 万元左右经费，选派约 10 支专业暑期社会实践队，覆盖本硕博 100 人以上。"师生同行"的实践模式有效避免了学生蜻蜓点水、走马观花式的实践，促进了学生实践学习的深度和广度，对工科学生了解专业所学在一线实际中的应用更是起到了良好效用。学生在学以致用方面的效果显著增强，在中国"互联网+"大学生创新创业大赛、"挑战杯"全国大学生课外学术科技作品竞赛、全国大学生创新创业年会等重大赛事中屡获佳绩，友美环保科技有限公司、南大境安环保科技有限公司等多项创业项目成功落地且效益良好。

2. 教学改革成果不断涌现

学院"师生四同"育人模式的探索，极大提升了专业教师参与实践育人工作的积极性，越来越多的教师选择指导学生开展教学实践、科研实践和创业实践，有效地推动了学院教育教学改革工作。"环境化学""水污染控制工程"入选首批国家级一流本科课程；"环境类融合创新卓越工程师人才培养体系构建与实践"获评国家教学成果二等奖、天津市教学成果奖特等奖；多名教师和团队获评天津市级和南开大学校级教学团队和教学名师。

3. 育人氛围更加彰显

近年来，学院专业教师担任本科生班导师、成长导师热情不断高涨，由每年的 20 余人增长到 50 余人，每位专业导师指导 1—2 名本科生，使每个本科生入学就能享受到研究生式的待遇；每年随队参与"师生同行"社会实践的教师人数达到 20 人以上，社会实践项目中专业类实践占比从 30% 提高到 70%；参与创新创业活动的项目团队也在学校位列前茅。专业教师参与育人工作热情的提升，充分体现了"师生四同"育人模式"教育者先受教育"的理念和落实效果。教师资源的不断提升，也让学生在学习实践中的获得感更强。

总体而言，学院"师生四同"贯通课堂内外、校内校外，师生在实际生产生活一线中良好互动、教学相长的育人模式，非常好地契合了培养新时代与时俱进的新工科人才的实际需要，符合学生成长发展的核心诉求，符合高校人才培养模式改革的内在需要，是国家新质生产力发展的必然要求。

作者：高世哲

作者单位：南开大学环境科学与工程学院

五、"师生四同"在计算机类创新人才实践教学改革中的实践与思考

（一）背景与工作思路

1. 为新质生产力发展提供人才支撑

2024 年政府工作报告指出，"大力推进现代化产业体系建设，加快发展新质生产力"[①]。高校计算机类专业学生是发展新质生产力、支撑高质量发展的重要力量，在新一代信息技术、生物技术、新能源、高端装备、新能源汽车等战略性新兴产业中发挥重要作用，特别是发展新质生产力的四个"新"，都对计算机类创新人才的培养提出了新要求。

《中国教育改革和发展纲要》指出，高等教育要加强实践环节的教学和训练，发展同社会实际工作部门的合作培养，促进教学、科研、生产三者结合。我校计算机类专业近些年来不断进行专业应用型人才工程能力培养的探索，以卓越工程师教育培养、工程教育专业认证等模式为主，贯彻"学生中心、产出导向、持续改进"的基本理念（OBE 理念），推进专业实践与课堂教学深度结合，而"师生四同"模式正是面向 OBE 理念的探索模式之一。

2. 为打破传统课堂及师生关系提供新思路

在传统课堂中，教师往往扮演知识传授者的角色，而学生则被动接受知识。这种单向的教学模式往往导致师生互动不足，学生缺乏主动探索和创新的能力。而"师生四同"通过"同学"让师生共同参与到知识的探索和学习过程中，相互启发、相互补充；通过"同研"让师生共同开展科研项目，深入探究学术问题，培养学生的科研能力和创新精神；通过"同讲"让师生互相交流学习心得和教学经验，促进教学相长；通过"同行"让师生共同参与到社会实践中服务社会，增强社会责任感，提升实践能力。

同时，在"师生四同"的互动之中，更互相理解、相互尊重的师生关系逐渐形成，在较为密集的指导、接触中，教师言传身教的魅力也得到进一步提升，

---

① 政府工作报告[EB/OL].（2024-03-12）[2024-03-13]. https://www.gov.cn/yaowen/liebiao/202403/content_6939153.htm.

这些都有助于增强师生之间的信任感，提高教学实效性。

（二）主要做法

1. 凝聚师生合力，服务案例教学

学院高度重视"师生四同"社会实践工作，将"师生四同"社会实践作为推动学院"三全育人"的重要抓手。学院领导班子、专业教师、辅导员等积极带队社会实践活动，每年有30多位教师悉心指导、参与实践，并将实践成果作为案例纳入课堂教学之中。

2023年暑期，由宫晓利教授带队课题组成、部分选课学生，赴山西推动新一代信息技术和能源融合发展，在华宁电子有限公司的产品一线，与实践队员开展能源领域数字化、智能化共性关键技术研究，落地人工智能赋能产业应用，完成科技产品落地。该次教学型场景被纳入教学案例，其从数据赋能视角讨论基于数据进行行业赋能的途径、价值与方法，利用数据进行技术和业务创新的方法，以及数据治理能力等知识点。该案例入选教育部学位与研究生教育发展中心"中国科创"2022年主题案例课题。

2. 精心落实落细，补充各学段课堂教学

学院针对不同学段学生的成长需求，有重点地设计不同实践项目。面向全体新生，学院开展了"我和我求学的城市"这类适应性实践活动，以团支部为单位开展实践活动，参观"中华百年看天津"主题展厅、天津自然博物馆、平津战役纪念馆等，学习革命历史，探索生命家园，弘扬科学精神。

面向大类分流后的全体本科生，学院开展企业访学这类就业观教育实践活动，连续两年分赴京津地区27家科技公司、机构，开展"卓英行动"企业参访实践活动，同时开设"实习实训"选修课，邀请360、奇安信等企业人员为本科生进行工程项目教学及训练。（见图3-12）

面向研究生群体，开展专业课题实践活动，在中央网信办指导下，与天融信科技集团、奇安信集团、蚂蚁集团等联合组织网络安全学院学生创新资助计划，申请立项20余项，在企业一线的工程实践中培育人才创新能力。

图 3-12   开展"卓英行动"企业参访实践活动

3. 加强思想引领，助力天津信创产业发展

学院教学科研与天津计算机、信创产业深度融合。（见图 3-13）媒体计算科研团队与华为天津公司、信息安全科研团队与中国汽车技术研究中心、大数据科研团队与国网天津公司，均联合承担了重要的科研项目，其组织学科比赛，开展实践教学。

图 3-13   参观先进计算与关键软件（信创）海河实验室

专业教师在"新生研讨课"中带领学生到先进计算与关键软件（信创）海河实验室参观，亲身感受天津信创产业的发展，全面了解天津市发展信创产业

的规划与布局；同时，学院还组织高年级研究生到信创海河实验室实习。

学院将教学科研与天津产业发展进行深度融合，从新生入学起就引导学生关心天津和天津相关产业的发展，培养学生将所学专业知识与天津产业发展结合起来的意识，增强学生服务天津地方经济社会发展的责任感。

（三）成效与创新

1. 推进"三全育人"工作格局建设，不断提升本科培养质量

学院坚持以实践育人为抓手，全面贯彻落实学校关于思想政治教育工作的相关文件要求，从各方面推进"三全育人"，统筹教育教学各环节、人才培养各方面的资源，构建科学高效的协同管理体制，加强师生互动、科教协同、校企合作的实践育人格局，完善提高人才培养质量的保障机制。为落实高校立德树人的根本任务，推动形成校内校外、课内课外、线上线下全方位、多渠道支持教育教学改革的良好氛围。

学院以专业认证和一流本科专业建设为核心力量，以"师生四同"实践育人为补充，提升本科培养质量，获天津市级教学成果奖特等奖 3 项、一等奖 1 项、二等奖 1 项。

2. 助力科研课题成果产出，并反哺于科研教学

学院所派出的研究生实践队，几乎均以课题思考为导向，在实践过程中，师生共同完成了包括教育部学位与研究生教育发展中心"中国科创"主题案例立项、获天津市科技进步二等奖、发表论文、申请专利或软件著作权等在内的若干成果，并发布国家标准 5 项。

3. 就业观教育成效显著，留津率逐年提升

近三年来，学院毕业生留津比例逐年提高。同时，学院每年 60%以上的毕业生前往国家重点行业就业，其中 50%以上从事信息通讯与互联网行业。留津就业的学生从事重点行业的比例也处于较高水平，为支持天津市科技创新、信创产业发展贡献了力量,在天津发展新质生产力事业中展现了南开大学的风采。

作者：薛颖

作者单位：南开大学计算机学院，南开大学网络空间安全学院

第四章

"师生四同"助力"大思政课"创新

一、数字技术传递南开精神，视觉设计演绎中国故事

（一）背景与工作思路

当前，我国经济发展进入速度变化、结构优化和动力转换的新时代，新一轮科技革命和产业革命扑面而来，高等教育也随之面临机遇和挑战。"计算机表现"这一课程作为艺术设计教育体系中不可缺少的重要组成部分，是视觉传达设计专业的核心必修课程，其涵盖了专业理论、实践应用和技术前沿等多个方面，自 2003 年起已开设 21 轮次。在教学中我们发现：学生缺乏对社会热点、对周围事物的关注，相较于社会议题、国家大事，学生更关注个人技能的提升，社会责任意识较为淡薄，甚至对一些重要的社会问题表现出冷漠态度；学生习惯于被动式学习，有依赖心理，缺乏主动思考问题、主动解决问题的能力，个人时间管理与自律能力不足；学生对社会责任的理解不够深入，对公共事务的关注和参与程度不够，传统的第一课堂已无法满足教学需要。

针对教学中的"痛点"问题，南开大学文学院教学团队紧跟时代发展，不断深化改革，通过"专业+实验+实践+竞赛"的教学模式，以思政型任务设计驱

动学生掌握数字图像处理的工具；通过思政教学案例库，提升学生从思维创意到视觉创意呈现的表现能力；通过课程实践与暑期社会实践，师生共同深入甘肃省庄浪县进行文化帮扶；通过指导学生开展创新创业大赛和学科竞赛，鼓励学生将专业所学与时代发展相结合。课程引导学生积极关注社会热点问题、国家大事、数字技术如何赋能中华传统文化，培养学生成为有创造力、有社会责任感的设计师。

该课程项目依托南开大学课程思政建设，以"师生四同"助力"大思政课"创新，将学习与服务社会的实践紧密连接，曾入选南开大学 2023 年课程思政优秀典型，曾获 2022—2023 年全国融媒体课程教学成果评选活动优秀教学成果一等奖，2022 年高等教育（本科）天津市教学成果奖二等奖，第四届全国高校教师教学创新大赛南开大学二等奖。

（二）主要做法

课程团队秉承"思政引领、实验多维、思维创新、服务中国"的思想，在新文科实验教学中，将思政引领与专业教育相融合，通识课程与实验、实践、竞赛相贯通。课程项目以通识课程打通专业壁垒，以实验训练加强科学素质，以实践应用提升解决复杂问题能力，以竞赛创新带动科研与高阶性学习，最终计划形成体系化且可持续发展的新文科 GEPC 实验实践教学模式，尝试解决具有"新文科"思维和能力的高水平综合性专业人才的培养问题。

1. 深入开展服务学习课程思政教学内容改革

课程团队积极参与服务学习课程思政教学内容改革，将课程的教学目标设定为知识目标、能力目标和素养目标。课程项目以思政型任务驱动专业技能学习，开展线上线下混合式教学，将数字技术融合中华优秀传统文化有效融入思政学习中，进行"通识+实验+实践+竞赛"的 GEPC 实验教学模式探索。以线上线下混合式实验为切入点和平台，进行知识、能力、素质的协同培养，为学生提供更多数字素养教育的机会。（见图 4-1）

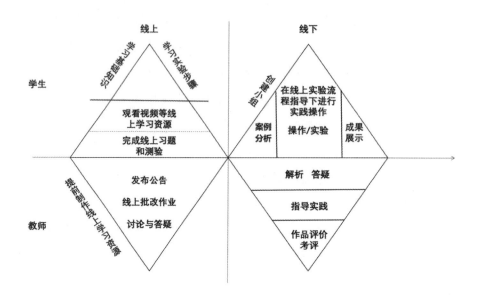

图 4-1　课程思政混合式教学模式

（1）培养学生"思政+服务+反思"的思政服务学习课程模式

课程团队按照"实践发现问题—项目式课程设计—科研解决问题—成果服务社会—反思总结提升"的模式，将有意义的社区服务与教育相结合，将学生在学校所要学习的学术性课程与社区服务整合为一个教学单元，强调知识传授与成果应用的紧密结合。

（2）形成复合应用场景下的新文科 GEPC 实验实践教学模式

课程团队以数字应用、数字创造、数字竞争能力为目标的大学生数字素养培育为实施主体，构建"通识+实验+实践+竞赛"的 GEPC 实验实践教学模式，形成实验中心、专业教研室、创新创业及各教育主体的多方合作机制，为学生能够学会"解决实际问题"提供多层次多手段和多语境的学习成长链。

（3）构建数字时代"能力导向式"数字素养教育框架

课程团队从数字素养的教育目标、能力培养、内容构成、评估标准和应用领域等五个方面，将课程群划分为通识素养课程、创新素养课程、跨学科素养课程三类，学科交叉，文理交融，专业与通识相互渗透。课程团队积极构建思政案例教学库，深化同学们对数字媒体基础知识的理解，掌握数字媒体设计的基础原理和方法。

（4）探索多元化、全过程的课程考核评价体系

课程关注过程化考核与作品评价相结合，重点培养学生解决复杂问题的综合能力，通过思政型任务、思政型项目，加强线上线下、课前课后过程评价，客观反映学生的真实成绩。此外，在线学习、课外作业、课前测验、学生互评等过程性考核借助"雨课堂""智慧树"平台实现量化、完整、精准记录。

2. 持续推进"师生同行"社会实践项目落地执行

课程教学团队连续 5 年深入甘肃庄浪乡村开展数字文化创新社会实践。（见图 4-2）结合专业学习，团队积极申报"师生同行"暑期项目，并成立不同课程实践项目组。5 年来，成员走访近 20 个村社，调研和采访农民、基层干部、乡村教师、中小学生、非遗传承人、南开大学扶贫干部和研究生支教团超 500 人；通过访谈、照片、视频、无人机航拍等方式，积累了一大批丰富的视频和文字资料，影像素材近 3TB，数码照片超 4 万张。

图 4-2 团队师生连续 5 年深入甘肃庄浪乡村开展在地设计实践

（1）构建"知行合一"服务学习课程体系

课程团队设计"在学习中服务，在服务中学习"实践类课程，将专业与社

会实践相结合，构建具有南开特色的服务中国课程体系；构建跨学院、跨学科的服务学习校级虚拟教研室，统筹规划全校服务学习课程框架，指导服务学习课程教学规范。

（2）打造"师生四同"社会实践金课模式

课程团队师生"同行、同学、同研、同讲"，依托跨学科项目式实践课程，实现思政教育、专业教育和服务社会的有机结合，打造社会实践金课建设模式，课程贯彻以学习者为中心的教育理念，按照一流金课标准深化课堂教学改革，完善服务学习课程再设计与师生共建课程教学团队建设。

（3）搭建"校地联动"开放共享育人平台

文学院推动与地方政府、行业部门、企业共建若干优质的服务学习实践教育基地，搭建开放共享的实践育人平台。项目构建了庄浪县服务学习社会实践基地，保证了项目落地，保证师生团队能够拥有稳定、持续有效的实践场所。

3. 用心指导学生参加创新创业大赛和学科竞赛

课程团队将课程思政与创新创业大赛及学科竞赛工作结合，课程建设取得优异成效，学生创新创业能力得到有效提升。团队教师指导学生打磨课程作业，以课程作业为作品，参加专业学科竞赛，学生共获得国家级学科竞赛金奖 1 项，一等奖 3 项，二等奖 2 项，铜奖 1 项；获得省部级创新创业大赛特等奖 1 项，一等奖 6 项，二等奖 8 项，三等奖 6 项；获得国创项目创新创业训练项目 6 项，市创项目创新创业项目 4 项。（见图 4-3）

（1）培养学生创新意识与创新能力

课程团队引导学生认识中国优秀传统文化所具有的强大生命力，培养他们热爱专业，忠诚职业，立志为文化创意行业的发展贡献自己的力量，培养学生成为中华优秀传统文化的传承者和守护者。例如，"数字重生"项目组通过技术手段对庄浪石窟和文物进行数字采集并进行创新应用，使更多人了解庄浪丰富的历史文化资源以及千年石窟的魅力。

（2）培养学生职业道德精神和法治意识

课程项目作为艺术与科技结合的实践项目，离不开严谨的科学态度与职业道德精神。在设计教学中，课程团队注重加强对学生开展设计的原创性和知识产权的保护意识教育，强调设计人员的职业道德和责任，倡导"尊法、守法、用法"的正确价值观。

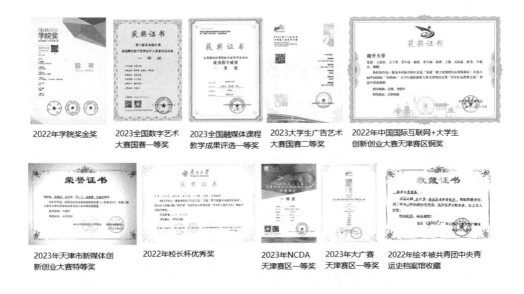

图 4-3 部分获奖荣誉

（3）培养学生团队协作精神和社会服务意识

课程团队通过学科竞赛和社会实践项目培养学生团队协作精神和社会服务意识。引导学生关心周围人与事物，关心国家和民族的发展，将小我融入大我，为国家繁荣贡献自己的力量。例如，项目组学生用专业所学解决庄浪实际问题，针对庄浪美术教育人才缺失的难题，启动"云美术"公益线上教育平台项目，该项目获得"挑战杯"全国大学生创新创业计划铜奖。

（三）成效与创新

1. 育人成效

（1）主动觉醒意识

项目组学生主动关注国家大事、社会热点问题，认识到中国在国际舞台上的地位，能够将作品选题关注到个人与社会的发展、社会公益话题、中华优秀传统文化传承等方向，做到小我融入大我，明显提升社会责任感。近年来课程团队参加社会实践活动的数量明显增多，专业竞赛的选题质量有很大提升，如疫情期间主动关注职业奉献主题的公益海报和 IP 盲盒设计，主动关注乡村振兴事业的国家级非遗庄浪高抬活态化设计（见图 4-4），主动关注最新科技发展的石窟数字采集与修复的数字重生项目选题等。学生将课程作业与创新创业大赛结合，"服务乡村振兴的庄浪非遗数字化资源整理与应用资源库"项目聚焦西部脱贫地区乡村振兴事业，帮助庄浪地区建立非遗资源库，带动当地文化产业发展。（见图 4-5）该项目获得了 2022 年第八届中国国际"互联网+"大学生创新创业大赛天津赛区"青年红色筑梦之旅"赛道铜奖。

图 4-4　陈雨露校长参观课程实践作品《庄浪高抬 IP 形象设计》AR 演示

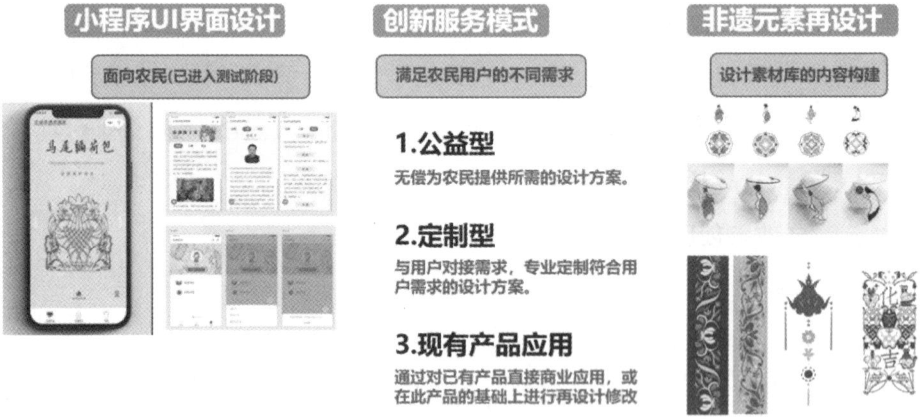

图 4-5　服务乡村振兴的庄浪县非遗数字化整理及应用资源库

（2）主动成长意识

学生具备积极主动追求个人成长和发展的意识，能够将个人兴趣与社会需求、国家战略相结合，设定合理的学习与发展目标；能够主动寻找学习资源、制定学习路径、积极探索知识和技能；能够主动向老师、同学寻求反馈和建议；能够积极融入集体，自主组队，制定课题研究方向，与团队协同成长。课程学生作品在全国设计专业学科竞赛中获得国家级、省部级金奖、一等奖多项，充分验证了主动成长意识对个人成长发展的巨大作用。

（3）主动服务意识

能够将个人的力量主动融入到国家发展战略中，主动为社会服务。南开大学计算机表现课程师生团队，连续5年跟随文学院庄浪社会实践团，深入甘肃省庄浪县进行暑期社会实践。团队通过田野调查，与当地居民交流互动，了解他们的需求和困难，并结合自身专业知识和技能，对其提供相应帮扶。（见图4-5）庄浪共创儿童绘本实践项目关注农村留守儿童，通过共创绘本的方式，主动服务国家乡村振兴战略，助力美育教育与科教启蒙，提升庄浪妇女儿童的文化自信。（见图4-6）以艺术教育为目标的壁画修复体验设计研究项目，面对中小学生，通过"传文承画壁画修复创意"活动，传播壁画修复、壁画绘画的步骤与意义。学生通过参与暑期社会实践，积极融入乡村振兴，课程社会实践成果丰硕，这也获得了中央媒体关注报道。（见图4-7）

图4-6 《苹果的故事》入选中国青年运动历史展览，并被共青团中央青运史档案馆收藏

图 4-7　三篇报道被人民日报转载

2. 创新点

（1）数字技术传承中华优秀传统文化，思政教学引领青年学生使命担当

课程注重价值引领，培养学生自觉弘扬中华优秀传统文化、践行社会主义核心价值观，引导学生树立正确的世界观。课堂内外教学、思辨与体验相结合，教师通过课堂教学与实践活动，带领学生一同体验中华优秀传统文化的魅力，引导学生感受体会工匠精神之实，思考中华优秀传统文化在现代社会的传承、创新与发展。提升当代青年的社会责任感，让他们成为运用数字技术的文化遗产保护者和非遗文化传承的担当者和引领者。

（2）创新多元教学方式，提升实践育人水平

以赛促教、以赛促练，课程注重创新创业大赛、专业学科竞赛在育人过程中发挥的实践作用。通过理论讲解、案例分析、小组讨论等方式，结合大广赛、全国数字艺术大赛、科技美术设计大赛、学院奖等多种竞赛活动，教师将从作品创作初期到成品展示的全过程进行现场示范，结合学生的动手实践和团队协作创新，实现"做中学"的教学目标。该课程秉承课程思政体系化方法，利用社会激励机制提升学习者的成就感，鼓励学生参加专业比赛，了解当前社会需求与学科前沿动态，紧跟时代发展趋势。

（3）结合新文科多学科知识，拓宽学生视野与艺术创造力

课程结合多学科的知识特点，如计算机科学、艺术、设计、文学等，将这

些学科知识融合到课程中，拓展学生的知识视野，培养学生的综合素质。结合最新 AIGC 人工智能语言大模型，将其融入课堂教学中，鼓励学生大胆使用最新技术辅助文案创意与视觉设计表现。通过引导学生进行创新性的实践和探索，激发学生的创造力和想象力，培养学生的创新意识和创新能力。

作者：刘俊玲，翟洋洋，郝钰

作者单位：南开大学文学院

二、寓哲学智慧于政治教育打造铸魂育人课程，"师生四同"助力"大思政课"创新的哲学实践

（一）背景与工作思路

思想政治理论课（以下简称思政课）是落实立德树人根本任务的关键课程。习近平总书记指出，"'大思政课'我们要善用之，一定要跟现实结合起来"，"思政课不仅应该在课堂上讲，也应该在生活中来讲"①。习近平总书记的讲话从党和国家事业发展的全局出发，深刻阐述了办好思政课的重大意义，为摆脱传统照本宣科、千篇一律的传授模式，办好新时代思政课指明了方向，也为做好新时代学校思想政治工作、培养担当民族复兴大任的时代新人提供了重要遵循。

南开大学哲学院始终牢记习近平总书记嘱托，把思政工作摆在人才培养的首要位置。学院秉持"知中国，服务中国"的南开传统，积极探索"师生四同"南开"大思政课"育人模式的哲学实践，把"大思政课"贯穿立德树人全过程，推动思政教育与学科发展、专业教育、实践教育等协同融合。5 年来，哲学院发挥协同效应，凝聚育人合力，以大局思维、系统思维指导铸魂育人工作，把哲学智慧有机融入"大思政课"教育，开设哲学特色鲜明的思政课程，加强思政育人师资队伍建设，搭建实践育人资源平台，构建起"寓哲于教，全面育人"的思政育人工作体系，积极展现南开哲学作为、诠释南开哲学担当，为强国建

---

① 杜尚泽."'大思政课'我们要善用之"（微镜头·习近平总书记两会"下团组"·两会现场观察）[N]. 人民日报，2021-03-07（01）.

设、复兴伟业培育一批又一批堪当民族复兴大任的时代新人。

（二）主要做法

1. 从"一门课程"变成"一套课程体系"，上好"大思政课"

哲学院聚焦"大思政课"的"课程"属性，用好课堂教学主渠道，打造以"哲学概论"课程为龙头与示范，集思想性、政治性、理论性和实践性于一体的思政课程体系，着力构建科学、准确、系统、规范、专门的思政育人新模式。

在"师生四同"项目推动过程中，学院项目组围绕课程思政模块备课，突出课程思政特色授课，强化课程思政效果考核。在备课方面，专业教师团队精细化打磨课程内容，课程内容坚持以马克思哲学基本原理为根本，与时代关切紧密结合，把理论灌输与实践内化契合。在授课方面，授课教师团队转移教学重心，探究马克思主义基本原理的起源史，回应时代课题。在考核方面，团队结合当代大学生思维方式，使用开放式教学、专题讨论、课堂辩论等方式，将马克思主义原理与中国现实、社会实践结合。教学团队成员均参与"哲学概论"的授课工作，充分展示团队的广泛参与和多样化教学。自 2023 年起，项目组同时承担全校本科生公选课"哲学导论"的教学任务，将学院思政育人课程推广至南开大学，课程吸引度高达 90%。

此外，项目组积极构建课程思政与思政课程协同育人的课程体系，坚持知识传授、价值塑造和能力培养"三位一体"的课程思政建设理念，不断推进"三全育人"。项目组成员高度重视重要时间节点的思想政治工作，充分利用开学、毕业典礼等重要节点的育人功能。在开学第一课，引导学生坚定理想信念、树立远大目标、培养家国情怀，争做时代新人；参与毕业生座谈会，结合学生发展实际开展廉洁文化教育，促进青年学生夯实清正廉洁思想根基、厚植廉洁奉公文化基础、培养廉洁自律道德操守。

2. 善用"大资源"汇聚"大合力"，讲好"大思政课"

学院注重建强思政教师队伍，聚合"师生四同"思政教学合力。以"哲学概论"课程为龙头的思政教学队伍拥有丰富的研究基础，课程教学团队成员累计近 20 人，目前团队成员共 9 人，其中教授 4 名、副教授 2 名，9 人均拥有博士学位，7 人为 50 岁以下的青年教师。教学团队以资深教授牵头，青年教师为主体，人才梯队合理，知识结构完善，具有很强的教学和科研能力。

思政课程建设拥有阵容强大、实力雄厚、涵盖不同学科方向的教学团队，包括：天津市级教学名师、课程的教改带头人阎孟伟教授；"全国模范教师"、哲学院英才教授王南湜教授；中国哲学教研室的卢兴教授；马克思主义教研室的莫雷教授、赵亚琼副教授、王亚娟副教授、周宏胤博士、夏钊博士；等等。教学团队成员共主持 4 项校级教育教学改革项目，包括：2023 年申报的"哲学概论"课程思政体系建设，2020 年申报的"马克思主义哲学系列课程的整合与提升路径研究"项目、"手机 App 在互动教学中的应用和意义——以学习通为例"，2018 年申报的"《马克思主义哲学》混合式教学的研究与实践"。教学团队积极指导各类教学实践活动，其中省级项目 4 项，校级项目 5 项。省级项目 1 项结项优秀；1 项校级项目获得 2022 年校级优秀实践团队标兵荣誉称号。

项目组荣获校级教学类奖励 4 项："哲学概论"入选南开大学 2022 年"课程思政"优秀典型；王亚娟副教授荣获第三届全国高校教师教学创新大赛南开大学校赛三等奖；王亚娟副教授获得 2020 年校级青年教师教学竞赛二等奖（见图 4-8）；团队讲师牛子牛荣获南开大学第三届主题微团课大赛优胜作品。项目组统编教材《哲学概论》，组织或参与教学研讨活动数十次，编制数十万字课程报告，获得省级科研奖励 3 项，其他校级奖励多项。

图 4-8　王亚娟副教授荣获 2020 年校级青年教师教学竞赛二等奖

3. 打通思政小课堂与社会大课堂，学好"大思政课"

用学术讲政治，做好政治理论的青年化阐释。政治理论要学进去，更要讲出来，"师生四同"要调动学生内发潜能，项目组教师鼓励学生用青年话语学理化宣传阐释党的创新理论，建立哲"YOUNG"谈宣讲团，面向天津南营门街社区等单位宣讲14期；抓"关键少数"，组织少数民族学生成立"民族团结进步青年宣讲团"，把党的最新理论传递到雪域高原、西南腹地；调动学生普及专业热情，启动36期"点亮哲学"传播哲学文化，让哲学走出"哲学门"。发挥党员团员示范带动作用录制14期二十大接力讲、百余次理论学习导学，打造15期精品党课，助力学生行走在大中小学思政课一体化的最前沿。图4-9为哲学院"师生四同"社会实践团队。

图 4-9 哲学队"师生四同"社会实践团队

打造社会实践矩阵，把论文写在祖国大地上。依托课程思政理论探索，哲学院团委积极引导师生以项目方式开展教学与实践，倡导"用哲学的方式为新时代服务"，鼓励专业教师带队，师生"同学、同研、同讲、同行"。5年来，哲学院共派出256支"师生四同"实践队、500名哲学师生奔赴全国27省百余地开展社会实践，累计社会实践时长达4万余小时，先后建设新疆、湖南、天津、北京、江西等 5 个红色育人实践基地，建成 6 个党建共建单位。2023 年暑期，哲学院再次凝聚两个项目组师生力量，积极响应学校号召，在贵州雷山、浙江泰顺建设 2 个中国式现代化乡村工作站，将思政教育成果转化为发展动能，开辟实践育人新篇章。

提高师生队伍实践效能，常态化开展基层治理服务。在思政课程的理论指引下，哲学院注重理论实践的转化，探索开展了一批常态化青年志愿服务项目，围绕高校党建服务基层治理广泛调动资源，实施"党建引领基层治理行动"，推动构建高校与街道基层党组织党建联建机制。立足重点群体，学院师生志愿服务队伍面向社区"一老一小"开展社区关爱活动。（见图 4-10）同时，学院注重将居民需求与学科特色相结合，依托课后服务场所、社区活动中心等社团群组，弘扬爱国情怀，帮助孩子拓展课外知识，帮助老年人感受节日的热闹氛围，因地制宜打造"小而美""小而专"且常态化的特色服务项目。

图 4-10 "师生四同"社会实践团队

（三）成效与创新

1. 成效

"师生四同"项目组成果突出。"哲学概论"课程先后形成两本教材：《哲学概论》和《哲学概论（精编版）》作为课程教材，已被沈阳师范大学等高校采用为"哲学概论"课的基本教材。《哲学概论》课程数字资源收看、收听次数破十万次，被"超星数字图书馆"录为视频公开课，课程关联视频《像哲学家一样生活》等相关数字资源已发布在喜马拉雅、哔哩哔哩、南开大学丽泽读书公众号等平台上。

教师团队学术成果丰硕。"哲学院哲学概论教学团队"在阎孟伟老师的带领下，获得南开大学校级教学团队。团队成员曾荣获"全国模范教师"、天津市教学名师、天津市师德先进个人等称号；团员成员学术成果先后多次荣获天津市社科优秀成果奖、教育部人文社会科学优秀成果二等奖、高等教育天津市级优秀教学成果奖一等奖、南开大学社会科学研究优秀成果奖、天津市社会科学优秀成果奖一等奖等。

学院思政育人工作成效显著。5 年来，哲学院思政育人工作成效显著：硕士生第一党支部荣获教育部首批高校"百个研究生样板党支部"、首批新时代天津市学校党建"领航工程"创建培育单位、南开大学红旗党组织等 30 余项荣誉。学院团委及支部荣获"天津市五四红旗团委""天津市学校系统优秀团支部""天津市先进学生集体""南开大学周恩来班"等荣誉。参与实践项目的学生荣获天津市优秀学生干部、天津市优秀学生、天津市优秀共青团员、南开大学"周恩来奖学金"、南开大学青年五四奖章、南开大学"师生同行"社会实践"校级优秀个人标兵"等荣誉。

2. 创新

以课程思政引领教学活动。结合学校办学定位，"哲学概论"课程建设重点在于把时代关切和哲学的基本问题相结合，教育学生以马克思主义的基本原理为出发点认识世界，引导学生运用马克思主义哲学的智慧解决问题，做社会主义事业的合格建设者和可靠接班人。

创新教育教学方式。为实现"寓哲于课，思政育人"的目标，课程教学方法从单一讲授法，革新为 PBL（Problem-based-learning）教学法。授课以学生为中心，让问题从学生中来、内容面向学生、方法适用学生、评测依据学生。项目团队采取开放式教学、数字化教学、思想实验、课堂辩论等先进课堂方式，使课程体现趣味性、学术性、思想性和时代性，压实课程思政建设目标。

以社会大课堂反哺课程思政。哲学院始终坚持引导学生把论文写在祖国大地上，将学业课题研究与时代关切结合、与社会需求对接，加强"大思政课"建设的顶层设计，推动思政课和实践课的有机结合，将"大思政课"讲得有温度、有力度、有效度，引导学生把人生抱负落实到脚踏实地的实际行动中，把学习奋斗的具体目标同实现中华民族伟大复兴的目标相结合，在"着力构建中国特色哲学社会科学"的实践中，回答人民之问、时代之问。

作者：董宇璇，李高扬

作者单位：南开大学哲学院

三、改革物理实验教学体系，打通实践创新育人路径

（一）背景与工作思路

2019 年，习近平总书记在调研南开大学时作出重要指示："学校是立德树人的地方。爱国主义是中华民族的民族心、民族魂，培养社会主义建设者和接班人，首先要培养学生的爱国情怀。"[1] 2020 年，教育部《高等学校课程思政建设指导纲要》要求"围绕全面提高人才培养能力这一核心点"，"把思想政治教育贯穿人才培养体系，全面推进高校课程思政建设，发挥好每门课的育人作用"。[2]同年，南开大学出台《南开大学课程思政建设实施方案》，要求"以全面提高人才培养能力为核心，以爱国主义教育为主线，坚持学校、学院、基层教学组织、教师'四维并进'推动课程思政建设"。这表明高等教育课程思政教育与高质量创新人才培养相融合的新时代已经到来。

物理学是自然科学的支柱学科之一，科学技术的增长点往往以物理学为基础。物理又是一门重视实验科学的学科，物理实验教学在理工科人才培养中具有无法替代的作用。因此，以基础性、综合性、技术性和研究性见长的物理实验课程就成为培养理工科高水平人才的重要课程之一。

---

[1] 努力培养社会主义建设者和接班人——深入学习贯彻习近平总书记关于学校思想政治工作的重要论述[EB/OL].（2019-05-07）[2019-05-07]. http://theory.people.com.cn/n1/2019/0507/c40531-31071740.html.

[2] 教育部关于印发《高等学校课程思政建设指导纲要的通知》[EB/OL].（2020-06-01）[2020-06-03]. https://moe.gov.cn/srcsite/A08/S7056/202006/t20200603-462437.html.

面对新时代下物理相关专业高水平人才"提质与创新"的培养需求，南开大学物理科学学院和国家级基础物理实验教学示范中心（南开大学）对系列实验课程开展改革。学院以育人目标为导向，反向设计——确定学生知识培养目标、能力培养目标和价值观培养目标，正向实施——开展实验教学活动和实践创新活动，形成教学实践与思政育人深度融合的整体化实验教学模式，将实验教学与前沿科技和实际生产结合，将能力培养与国家需求和创新发展融通。教师作为实验研究的引导者，学生作为实验研究的主导者，两者联动，培养学生物理综合素养。同时，教师作为课程思政的播种者，学生作为课程思政的吸收者，两者联动，养育学生思想品格情操，在真实的研究情境中达到全面培养"品德优、基础实、能力强、素质高"的物理高水平人才目标。

（二）主要做法

1. "以学生发展为中心"的实验课程体系建设

基于实验教学理论与实践结合紧密的特点，学院设计贴近科学研究的研究课题，提出并开展任务驱动式教学模式。①实验教学整体化设计全过程、全方位、全员育人思路，深度挖掘实验教学内容中的思政内涵，形成课程思政与实验教学紧密衔接、深度融合的教学体系。在这样的教学设计中，学生作为主体，教师作为引导，紧紧围绕某个具体物理课题任务开展学习，在解决问题动机的驱动下，学生通过任务学习和目标的达成，将课题关联的各学科知识、技术进行逻辑重组，以获得深刻理解和灵活应用，提升综合实验能力，养成严谨的科学思维习惯和创新精神，同时培养学生的爱国精神、团队精神、沟通交流和自我管理等精神素养。

（1）任务驱动式教学模式

课程坚持南开大学物理实验教学"自制、自拟、自组、开放"的指导思想，在夯实物理实验能力基础上，将南开大学优秀科研成果转化为实验教学内容。（见图 4-11）教师引导学生自主完成实验课题研究任务，激励学生自主探究和内驱式成长。教学全程渗透课程思政内涵，重点突出具有南开特色的思政育人

---

① 陈靖，孔勇发，徐音，等. 新工科背景下近代物理实验教学改革与实践[J]. 实验室研究与探索，2024（43）：174-179.

要素：国家自信、南开自信和科学自信，学生获得掌握知识的满足感、应用知识的成就感和思想升华的幸福感。主要思政内涵包括如下几点。

①以学生为主体的任务驱动式实验实践，体现学思结合、知行合一和思辨创新等科学研究方法。

②以学生发现并解决具体问题的学习过程，践行科学伦理、精益求精和科研自信等科学精神。

③以南开科研成果讲授融入爱校荣校、南开自信、团队奉献等南开精神，以及国家自信、科研报国、勇攀科技高峰等爱国精神。

（a）国家自然科学二等奖：光折变新效应、机理与器件的研究-许京军

（b）天津市科学技术进步一等奖：系列实用高温度稳定性电光调Q激光系统的开发与应用-孙军

（c）南开大学自主研发生长铌酸锂晶体

（d）铌酸锂超构表面制备的南开百年校庆纪念徽

（e）攻克多项关键技术，培育成功"青莲紫"宝石

图 4-11　南开大学在晶体生长和研发方面取得的部分成就

（2）师生联动的教学方法

实验课程建设师生联动的研究环境，依靠微课、在线课程平台等信息化教学手段，解决理论课与实验课脱节的问题，调动教师教学热情和学生学习积极性；借助虚拟仿真实验、信息化软件开展核物理、原子物理、微纳光学等极端环境、极端条件下的实验学习研究；扩大师生比达到1：3，提供充分的师生研讨环境。

在教师的指导和帮助下，学生通过小组研讨、同伴学习等方法完成实验方案拟定。实验课程借助现代化信息手段，将实际实验操作与虚拟仿真实验相互融合，以保障充分的实验学习研究。教师在教学过程中鼓励学生利用不同方法、不同手段开展实验设计，实现一致的学习目标。在最后的研究报告中，不同团队报告各自的解决方案和获得的研究成果。各团队之间就研究方法和实验方案开展讨论，比较各研究方案的优劣。这种具有竞争意味的比较式学习，有助于学生深入理解实验蕴含的各学科知识，促进其对物理知识、专业知识、实验技能的重组与融合，激发学生的创新意识和研究兴趣。

综上，在"以学生发展为中心"的实验课程体系中，采用任务驱动式教学方法，为学生提供真实的实验情境，在完成具有实际应用意义的实验任务的同时，通过显性的实验实践全过程体现隐性的爱国精神、奉献精神、科学精神、科学思维、科学伦理等价值观的养育塑造，达成物理教学育人目标。

2."以学生提质为目标"的创新实践活动建设

在传统课堂教学基础上，南开大学基础物理实验教学中心还积极拓展实验教学维度，开展各类物理实践创新活动，如中国大学生物理学术竞赛（CUPT）、全国大学生物理实验竞赛（CUPEC）、本科生创新科研计划等实践创新活动等。引进、指导和实施这些活动，有助于激发学生的科研兴趣，提升物理创新人才培养质量。[1]

以 CUPT 为例，该活动由南开大学发起，迄今已经开展了长达 14 年的创新育人实践。在南开大学，累计有物理、生物、化学等专业背景的千余名学生参与过此项活动。在长达一年的备赛中，在教师的启发和指导下，学生从面对研究课题的不知所措，到懂得查阅文献借鉴前人工作，再到能够自主设计研究方案，理性分析实验成败，优化解决方案，最终揭开问题的物理本质面纱。教师与学生同学、同研、同讲、同行。师生一起在实验室中摸索钻研，在智慧教室里汇报辩论，在全国赛场上展示交流。（见图 4-12）CUPT 这样一个充分体现科研全过程的实践活动，形成了对学生创新能力培养的闭环，使学生从解题走

---

① 陈靖，李川勇，陈宗强，等. 基于 OBE 理念的物理学术竞赛教育模式[J]. 物理与工程，2022（32）：80-86.

向科研，并取得累累硕果，为他们今后学习深造打下良好基础。在创新活动驱动下，教师引导学生们主动学习，收获知识，提升能力。同时，教师还注重让学生们挖掘蕴藏在研究实践之中的世界观、方法论和价值观；在活动中，锤炼学生爱国荣校精神、勇攀高峰的科学精神、团结协作的团队精神和精益求精的工匠精神。

图 4-12 南开大学师生参加 2023 年 CUPT，获特等奖第一名

（三）成效与创新

1. 育人成效

在任务驱动式教学理念的指导下，实验教学体系的重构与实施，极大地促进了学生的主动学习兴趣。教师循序渐进推进学生团队完成具有高阶性、创新性和挑战度的实验任务和实践活动。实验实践教学着眼于学生科学研究方法的训练，以实验的调研、设计、研究和总结，体现科学研究方法的过程；在学习过程中培养学生实事求是、刻苦钻研和踏实细致的科学作风；通过具有南开研究特色实验的学习、模仿、实践与创新，完成学生的科学价值观和社会价值观养育，增强学生的爱国精神、奉献精神和探索精神；通过具有两性一度的实践创新活动，师生同学、同研、同讲、同行，践行科学思维、科学方法，体会和

升华社会主义核心价值观。实验实践教学取得了丰硕的育人成果。

学院建设大学物理实验、近代物理实验、专业物理实验等辐射本科和研究生的实验课程体系，获得良好教学评价，学生也连续多年对其教学评价为优秀。"基础物理实验"获评国家级一流本科线下课程，"伽马射线综合实验虚拟仿真实验"获评国家级一流仿真实验教学课程，"近代物理实验"获评天津市级一流本科线下课程，"近代物理实验"中的《晶体光折变与光学存储实验》《超分辨光学成像》实验入选教育部大学物理教指委课程思政优秀案例。

通过实验实践训练，学生在历年 CUPT、CUPEC 等创新活动中屡获佳绩。特别是在 2023 年的 CUPT 中，我校师生经过一年的精心备赛，在来自北京大学、南京大学、浙江大学、南开大学等 63 所高校的 64 支代表队中成功突围，以决赛总分第一的成绩获得特等奖，时隔 7 年再次摘得 CUPT 桂冠。基于上述实践创新活动，教师指导学生发表论文 50 余篇。

通过开展教研活动，教师的教学能力和水平也得到显著提升。基础物理实验教学中心累计主持各级教学改革项目 100 余项，发表教学论文 60 余篇；基于教学改革实践，获评国家级教学成果二等奖 2 项，获评天津市教学成果特等奖1 项、一等奖 3 项，获评校级教学成果奖一等奖 10 余项；教学团队获评国家实验教学团队。团队重视对教师能力的培养，先后多名教师获得包括全国高等学校物理基础课程青年教师讲课比赛一等奖、校级教学名师、校级教学育人先进个人在内的多项荣誉。"基础物理实验"团队、"近代物理实验"团队入选"101计划"物理实验教材编写工作组。教学团队多次受邀在全国教学研讨会作主题汇报，受到兄弟院校的广泛关注和认可。

2. 创新特色

（1）具有南开特色的整体化实验教学模式

学院在经典实验教学体系中适当引进南开大学的优秀科研成果，复现科学研究过程，使学生浸润式体验科学研究的方法，在物理知识夯实、实验技能提升、综合素养提高的同时，将社会主义核心价值观融入实验教学的全过程。

（2）具有两性一度的内驱式创新实践方案

学院以培养国家需要的创新型、应用型基础学科人才为最终目标，实施具有高阶性、创新性和挑战度的实验实践方案，以真实课题为驱动，师生同学、同研、同讲、同行，使学生亲身体会科学意识和科学精神，实现内驱式成长。

作者：陈靖，孔勇发，韩榕
作者单位：南开大学物理科学学院

四、中外"师生四同"大实践构建中华文化课程思政"大格局"

（一）背景与工作思路

为落实"立德树人"根本任务，培养堪当民族复兴大任的时代新人，南开大学赓续百年爱国报国的优良传统，秉承"知中国，服务中国"的办学理念，创建了具有南开特色的"师生四同"实践育人模式，师生"同学"课上课下的理论知识、"同研"课堂内外的实际问题、"同讲"校内校外的一堂好课、"同行"国内国外的实践道路，力促第一、第二课堂相融合，在实践中将人才培养、学科建设和服务国家战略紧密结合。

南开大学汉语言文化学院成立于 1993 年，是全国最早建立的、以培养汉语国际教育师资、从事中华文化传播及国际交流方面的中外人才为主的专业学院之一，形成了"以汉语国际教育为中心，以语言学及应用语言学和跨文化研究为两翼"的办学与科研特色。习近平文化思想强调要坚立文化自信，即对中华优秀传统文化精髓的自信。学院全面贯彻党的教育方针，全面推进课程思政建设，依托学科特色和优势，深度挖掘提炼专业知识体系中所蕴含的思想价值和精神内涵，根据人才培养特点和专业能力素质要求，融入思政元素。同时，学院依托专业课程和学科建设，建立中外"师生四同"的"大实践"育人体系，包括依托科研课题的立项实践致力语言文化研究保护传承推广、依托专业课程的教学实践助力学科建设、"读懂中国"的留学生实践将国情教育和课堂教学深度融合、《爱国三问》话剧巡演唱响百年校史传递爱国之情、国际中文教育海外志愿服务团队发出中国声音弘扬传统文化等，形成了"课程+实践"的融合模式，力求"科科有实践"促进"课课有思政"，培养中外友好交流的使者，使其投身

汉语推广与中华文化传播的伟大事业，为建设人类命运共同体而努力奋斗。

（二）主要做法

1. 构建大实践育人体系，实现学科建设、专业课程与思政元素的深度融合

根据汉语言文化学院学科专业的特色和优势，学院深度挖掘提炼专业知识体系中所蕴含的思想价值和精神内涵。在学生科研创新、专业课程教学和专业能力培养等方面，学院用好"大实践"育人平台，构建双课堂互补的育人模式，根据汉语国际教育人才培养特点和专业能力素质要求，科学合理融入思政元素，帮助学生深刻理解习近平新时代中国特色社会主义思想，自觉弘扬中国特色社会主义文化。学院建立一批课程思政试点课程，如"中华文化经典导读""中外文化比较""中国概况""汉语简史""汉语词汇与中国文化""感受京剧"等，师生同学同研，设计宣讲课件、录制宣讲视频、课堂反转进行实践演练。（见图4-13）

图 4-13　用多国语言自编汉语推广教材

学院坚持"脚踏实地"做科研，专业教师指导的大学生创新项目积极申报"师生四同"暑期社会实践，刘佳、温宝莹、梁磊、夏全胜、郭利霞等多位老师带领实践队前往西安、太原、重庆、南京、上海等地开展调查，在祖国大地上汲取养分，发挥专业优势助力中华语言和文化的研究、保护与传承、推广。导

师与学生同行同研，将论文、课题写在祖国大地，如白宏钟老师带队前往江浙沪地区开展中国国情教育资源调查，整理出江浙沪地区最适宜进行中国国情教育的教学资源，最终形成对留学生必修课程"中国概况"教材的有效补充。

学院利用学科优势，将教学实践拓展到更广阔的海外讲台。学院教师在国外高校或南开大学海外孔子学院均有任教经历。学院充分用好教师队伍的"主力军"，同时每年推荐选拔约 20 名研究生，在由专业教师担任的中方院长的带领指导下，同赴美国、哥伦比亚、葡萄牙等 8 个国家的孔子学院，担任国际中文教育的组织者和志愿者，用多国语言自编汉语推广教材，站稳"课程建设"的主战场，师生同学同研汉语知识，同行共赴海外，同讲中国文化，扩充课堂教学实践"主渠道"。（见图 4-14）

图 4-14　葡萄牙第二届"汉语桥"小学生中文秀

2. 依托乡村工作站平台，实现留学生国情教育与实践教学的深度融合

学院十分重视面向留学生的国情教育，开设"中国概况"等必修课程，辅以丰富的校园文化和教学实践活动，引导学生将课堂所学与课外实践相结合。另外，学院将我校中国式现代化乡村工作站建设为留学生实践教学基地，扩展留学生校内外实践渠道。一方面引导留学生深度体验中华优秀传统文化，以"美美与共"培育其大胸怀；另一方面以"读懂中国"系列实践活动带领留学生走

进当代中国，使其理解新时代中国发展智慧。

学院组织"汉语节"系列活动，在中国重要的传统节日节气，如春节、元宵节、清明节、端午节、中秋节、重阳节等，带领学生开展文化体验，让留学生了解中国传统文化习俗。2024年春节，学院组织留学生赴蓟州区穿芳峪镇乡村工作站开展"遇见美好"春节文化体验活动，这既是进一步深化中国式现代化乡村工作站建设，又是带领留学生感知中国、读懂中国的一次立体生动的实践。

在校外实践活动中，学院深入挖掘中国式现代化乡村工作站的国情教育资源，建设留学生实践教学基地，实现国情教育和实践教学的深度融合。2023年，10月，因疫情中断的"留学进修生教学实践"重启后的第一站便来到穿芳峪乡村工作站，留学进修生实地调研了中国生态文明保护工作，深入了解中国风土人情，理解了中国人民"绿水青山就是金山银山"的理念。（见图4-15）

图4-15　开展"助力乡村振兴 踏寻红色足迹"专题实践活动

3. 依托京剧传承基地，实现美育与实践育人的深度融合

为了实现以美育人，以文化人，汉语言文化学院积极推进教学改革，突破单一讲授模式，将课堂变成从事艺术实践与文化交流活动的天地。学院利用好

南开大学京剧传承基地的文化资源优势，院长刘佳教授领衔创作的校史京剧《爱国三问》获得国家艺术基金资助，团队曾前往江苏省盐城中学、四川自贡蜀光中学、重庆南开中学、天津耀华中学等地巡演，获得广泛赞誉。（见图4-16）

图4-16　院长刘佳教授领衔创作的校史京剧《爱国三问》

在课程建设的基础上，学院充分发挥美育作用，打造环境、文化、实践活动的全方位浸润式育人模式。京剧艺术课程开始于2012年，并以2018年南开大学京剧传承基地入选教育部首批中华优秀传统文化传承基地为契机，努力通过美育促进课程思政建设，构建具有高校特色的中华优秀传统文化传承发展体系。学院通过环境育人，为学生创造沉浸式体验和参与实习实践的氛围，历时3年打造"文化走廊"、"智慧走廊"、文化体验教室、智慧教室、艺术工作坊，并将思政元素巧妙融于其间。在实践教学、中外文化交流、心理健康教育方面，学院充分发挥艺术对于沟通心灵、启智润心、增强综合素质上的独特优势，为学生搭建广阔的实习实践平台，目前已有来自16个国家的学生与中国学生共同学习。

（三）成效与创新

根据汉语国际教育学科的发展规律、专业人才培养特点和能力素质要求，学院通过打造"师生四同"的"大实践"育人体系，全面贯通了第一、第二课堂，强化教师的立德树人意识，把课程思政融入专业建设、课堂教学，初步构建了"学科+思政"的"三全育人""大思政"格局。

1. 力求"科科有实践"促进"课课有思政"，师生"人人能思政"，海内外课堂"处处讲思政"，探索汉院课程思政建设新路径

学院立足"公能"特色，将课程思政融入学科建设、课堂教学，在重点推进通识教育课程思政和全面推进专业教育课程思政的过程中，力求"科科有实践"，如"中华文化经典导读"课程开展模拟课堂教学、《服务学习：中文公能实践》开展中外青年课堂交流和校外实践、《汉语演讲》系列课程融入人类命运共同体理念、带领学生参加各类中英文演讲大赛等，促进了"课课有思政"，探索出学院具有学科特色的课程思政建设新路径。学院形成了具有南开特色的海外孔子学院志愿者团队，拓展了一批海外教学实践基地，努力向世界发出中国声音，展现中国智慧和中国力量，将"学科+思政"的组合拳打向海外。

2. 贯通课堂上下、校园内外，开展留学生"在中国—读中国—爱中国"的国情教育，反哺来华留学教育课堂

学院重视留学生的课程思政建设，设立并批准 5 项课程思政培育项目，旨在建设一批突出专业特点、满足学生和社会需要，将知识传授、价值引领和思想政治教育有机融合的高水平、高质量的示范课程。

留学生通过走进中国社会的实践活动，进一步融入中国社会，明晰中国语言文化的特质，了解中国人思想和精神的内核，进而主动讲好中国故事、传播好中国声音，向世界展现真实、立体、全面的中国，从而提高我国的文化软实力和中华文化影响力，为中国的发展创造有利的国际环境，为共同创建"人类命运共同体"提供支持与动力。尼日利亚留学生韩懋宇在读期间获得"汉教英雄会"全国总冠军，多次代表南开大学参与中央电视台纪录片录制；塔吉克斯坦籍留学生侯子墨、德国留学生周静雅分别获得 2021 年、2023 年甲骨文杯国际学生"我与汉字"演讲大赛冠军，巴基斯坦留学生张天毅获最佳创意奖，侯

子墨受邀参与团中央 2022 年"中外大学生社会实践周"交流活动，并作《我眼中可信可爱可敬的中国》发言；南开"取经人"、埃及留学生凌骁和十余名来自埃及、叙利亚、约旦等国的朋友共同筹资建立了中国文化的阿拉伯语网络平台，让更多阿拉伯人能够真切地接触到中国文化，了解真实的中国。

南开来华留学教育涌现出诸多优秀的学生代表，在全国舞台上述说他们对中国的理解和热爱，主动讲述中国故事，将中国精彩传播海外。

3. 讲好一门课程、深耕一门艺术、打造一部爱国主义校史京剧

学院京剧艺术课程开始于 2012 年，教学团队在中外本科生、研究生通识选修课、专业选修课中进行"京剧艺术课程群"建设，每学年开设相关课程 10 门左右。教学团队承担相关的教改与科研立项 15 项，获得各级各项奖励 10 余项；其开设的课程入选天津市本科一流课程、天津市高校课程思政示范课程；出版教材和专著 7 部，发表相关论文数十篇。此外，学院以 2018 年南开大学京剧传承基地入选教育部首批中华优秀传统文化传承基地为契机，不断创新理念与形式，至今已举办特色活动 300 余场，艺术党课、体验式艺术讲座+演出、展览+现场教学、京剧 MV、模拟文化市集等活动形式在全国具有开创性意义。课程团队创作的校史京剧《爱国三问》，以"师生四同"模式曾赴国内 30 余家单位进行巡演实践，推进大中小学一体化育人工作。同时，学院还创办了"中华美育课程思政协同创新中心"，努力通过美育实践促进课程思政建设，弘扬南开精神，赓续红色血脉，落实"爱国三问"精神。

作者：袁芳，邢北辰

作者单位：南开大学国际教育学院，南开大学汉语言文化学院

五、专业教育与思政教育相结合，构建"师生四同"课程思政新体系

（一）背景与工作思路

在高等教育中，实践育人工作一直被视为是提升人才培养质量的关键环节。

南开大学化学学院作为国内化学教育领域的佼佼者，始终致力于探索和实践具有创新性的育人方法。其中，"师生四同"理念——同行、同学、同研、同讲，已成为学院实践育人工作的鲜明特色。

"师生四同"理念强调师生间的深度互动与合作，不仅有助于提升学生的实践能力，更能促进师生间的情感交流，形成和谐的教学氛围。在化学这样一门注重实验和创新的学科中，实施"师生四同"理念显得尤为重要。通过课程思政实践，学院能够将专业教育与思政教育相结合，培养学生的综合素质，为国家输送更多具有南开特色具有爱国主义情怀的优秀人才。

（二）主要做法

1. 构建"师生四同"课程思政体系

南开大学化学学院在课程思政实践中，以"师生四同"理念为核心，构建了一套完整的课程体系。学院注重将思政教育内容融入化学专业课程中，通过课堂教学、专题讲座等形式，将理论知识与实践经验相结合，引导学生掌握专业知识和技能。学院设计具有思政元素的课程内容，引导学生在学习专业知识的同时，鼓励学生主动参与学习过程，通过小组讨论、案例研究等方式，与教师共同构建知识共同体，形成教学相长的良好氛围，深入思考社会责任、科研理论等问题。学院还开设跨学科课程，拓宽学生的知识视野，培养学生的综合素质。

2. 实施"师生四同"实践教学活动

实践是检验真理的唯一标准。在"师生四同"实践育人理念下，师生共同参与实践活动是至关重要的一种形式。在实践教学方面，学院积极推行"师生四同"理念，鼓励师生共同参与实践活动。通过化学实验、社会实践、科研项目等多种形式，师生共同探索化学世界的奥秘，让学生在实践中深化对理论知识的认识和理解，解决实际问题。在这个过程中，教师积极参与，以身作则，为学生树立榜样，二者相互学习、相互启发，不仅提高了学生的实践能力，而且还促进了教师的专业成长。

3. 加强"师生四同"科研合作

学院鼓励师生共同开展科研项目，通过合作研究，共同探索学术前沿，推动学术进步和实践创新。教师结合自己的研究方向和专长，引导学生选择研究课题，指导学生进行文献查阅、实验设计、数据分析等工作；同时，鼓励学生发挥主动性和创造性，提出新的观点和见解，与教师共同推动学术研究的深入发展。学院为师生提供了良好的科研环境和资源支持，帮助师生解决科研过程中遇到的问题。这种科研合作的方式不仅提升了师生的科研能力，还增强了师生之间的凝聚力和团队精神。

（三）成效与创新

1. 人才培养质量显著提升

通过实施"师生四同"理念引领下的课程思政实践，南开大学化学学院的人才培养质量得到显著提升，学生的综合素质和实践能力也得到明显提高，他们在化学实验、社会实践和科研项目等方面都取得了优异的成绩。近年来，化学学院多支实践队获得校级先进实践队、优秀实践队荣誉称号，还有多名学生获得校级先进个人、优秀个人荣誉称号。同时，学生的创新精神和团队协作能力也得到了充分锻炼和提升。以我院徐大振教师为例，其已独立指导本科生获各级别创新奖励45项，其中省部级以上获奖19项，他指导的"大学生创新创业"项目连续5年入选教育部双创年会优秀项目，其中有2次作为南开大学唯一入选的科研论文参赛。另外，他还连续4年结题获得特等奖。

2. 课程思政实践成果丰硕

南开大学化学学院将思政教育与专业教育紧密结合，形成了独特的课程思政模式。这一模式强调在专业课程中融入思政元素，使学生在学习专业知识的同时，也能接受到思政教育。例如在"化学原理""实验技术""化学与社会""化学伦理与职业道德"等课程中，教师结合课程内容，不仅让学生深入了解化学知识在社会中的应用，还引导学生思考科学研究与社会责任的关系，从而培养学生的综合素质和社会责任感。以化学学院李华斌教师所授"有机化学实验2-1"课程为例，其成功入选南开大学2023年课程思政优秀典型评选活动，李华斌老师在学院一定范围内积极分享在课程思政教学方面的典型经验，以点带面，发挥出一定的示范引领作用。学院也同时加强课程思政优秀典型课程的宣传，认真总结好经验、好做法，系统开展专业课程思政教学改革创新，推动课程思政案例库建设，持续提升"三全育人"成效。

3. 形成了具有特色的实践育人模式

通过多年的实践探索，南开大学化学学院形成了具有特色的实践育人模式。首先学院对学生全面摸底，再紧贴"南开 40 条"探索本科"拔尖"人才培养方式，最后逐年、逐级增加科研难度。目前，学院已经有完全由本科生完成的工作成果发表在国际顶尖期刊，并且所有成果均发表在国际 TOP 期刊，其中多篇影响因子大于 10。毕业生主要集中国内外一流的高校和科研院所深造。获得这些成果的秘诀是"同行"，只要学生在实验室，教师就在实验室，学生有问题可以得到及时解决。这样教师不仅能够深入了解学生，同时也挖掘了自身潜力。化学学院科研任务重，部分教师利用自己可控的假期时间，坚持带领学生一同进行社会实践，开展科研创新活动。学院以"师生四同"理念为核心，注重将专业教育与思政教育相结合，通过构建完整的课程体系、实施实践教学活动和加强科研合作等多种方式，教师不仅关注到了学生的知识学习和技能提升，还注重培养学生的品德修养，全面提升学生的综合素质和实践能力。同时，教师也会从与学生的互动中汲取新的教学灵感和经验，不断提升自己的教学水平和育人能力，形成师生之间的相互学习、相互启发，实现全面育人的目标。这种模式不仅为学院的发展注入了新的活力，而且也为我国高等教育实践育人工作提供了有益的启示和借鉴。

作者：麦尔旦，周冰玉

作者单位：南开大学化学学院

第五章

"师生四同"促进教师团队发展

一、以"师生四同"实践项目为载体 持续强化教师思想政治工作

（一）背景与工作思路

2019 年 1 月 17 日，习近平总书记视察南开大学时指出："要把建设政治素质过硬、业务能力精湛、育人水平高超的高素质教师队伍作为大学建设的基础性工作，始终抓紧抓好。"[①]

为深入学习贯彻习近平总书记关于教育的重要论述和关于教师队伍建设的重要指示批示精神，落实好《中共中央 国务院关于全面深化新时代教师队伍建设改革的意见》、教育部等七部门《关于加强和改进新时代师德师风建设的意见》、教育部党组《关于完善高校教师思想政治和师德师风建设工作体制机制》《普通高等学校教师党建和思想政治工作质量标准》等文件精神，南开大学 2018 年启动"师生四同"实践项目，让社会实践成为师生"受教育、长才干、作贡献"的互动平台，让教育者先受教育，推动教师更好地担当起学生健康成长指导者和引路人的责任。

---

① 百年南开：牢记嘱托 立德树人[EB/OL].（2019-01-20）[2019-01-20]. http://v.china.com.cn/news/2019-01/20/content_74391774.htm.

项目实施 6 年以来，学校党委始终高度重视，校团委、党委教师工作部、工会等部门认真组织，全校教师积极参与，目前已形成党政齐抓共管、多部门协同推进、全校共同参与的"师生四同"合力。该项目已经成为开展教师思想政治教育、师德师风建设的有效抓手，并逐步成为促进教师专业发展、提升育人能力的推动器。

（二）主要做法

1. 完善制度建设，强化党委统筹协调推进

学校制定出台《中共南开大学委员会关于全面提升思想政治工作质量构建"三全育人"体系的实施方案》《南开大学关于全面深化新时代教师队伍建设改革的实施意见》，从制度层面明确把"师生四同"作为推进教师思想政治工作的重要举措。学校设立校院两级"师生四同"工作室，每年将"师生四同"工作同时纳入学校年度工作要点、年度党建工作要点、年度宣传思想文化工作要点、年度教师思想政治工作要点等，坚持高位部署、一盘棋整体推进，构建立体化全覆盖的工作矩阵，全方位推动教师广泛参与"师生四同"实践项目。同时，学校将"师生四同"实践项目作为教师国情研修的重要形式之一，作为面向教师群体开展党史学习教育、新时代爱国主义教育、党的创新理论学习的有效途径之一，作为学校深化"双一流"学科建设、推动定点帮扶工作、融入中国式现代化建设大局的举措之一。

2. 坚持政治引领，严格带队教师遴选培训

学校在项目实施过程中，注重把握"师生四同"社会实践项目带队教师队伍建设关键点，针对带队教师报名和选拔发布专项通知，积极引导全体专任教师、专业技术人员、辅导员和管理干部参与报名。形成带队教师审查机制，明确要求各二级单位党委要对教师的思想政治、师德师风等方面进行严格审核和综合评判，确保带队教师在实践中更好地发挥对学生的思想引领作用。建立带队教师行前培训制度，学院党委书记围绕"同学"学什么、"同研"怎么研、"同讲"怎样讲、"同行"如何行开展指导，帮助教师提升课题研究、成果转化、社会服务和教书育人等方面的能力。学校对"师生同行"带队教师从专业化指导、活动组织开展、安全保障、规范纪律等方面提出明确要求，提升带队教师应具

备的领队意识和强烈责任感，帮助教师找准实践育人的切入点，保证在实践中提供有针对性、实效性的指导。加强带队教师队伍建设，不仅是项目要求使然，更是以点带面、常态长效引导教师提升政治素养，自觉发扬吃苦耐劳、身体力行、率先垂范等优良品质的良好契机。

3. 优化选题设置，传承"知中国，服务中国"宗旨

"好课题"是"师生四同"实践项目得以实施的前提，选题应坚持正确的政治方向和学术导向，具有时代性、实践性，体现学科特色。为引导师生开展以专业课题研究为导向的实践，2020年起，学校实行"师生同行"项目实践课题征集前置，即先征集、发布教师的课题研究方向，再组织学生报名、组建团队，为后续实践夯实基础。由校团委、党委教师工作部、教务部等相关部门和上届"师生四同"项目优秀指导教师开展集体备课，聚焦面向世界科技前沿、面向经济主战场、面向国家重大需求、面向人民生命健康，共同围绕选题提纲进行深入研讨，明确当年重点选题方向。由教师登录系统确定实践选题方向，填写项目主题和具体实践计划，所属二级单位党委对申报选题进行初审，通过后，课题自动发布，学生围绕教师课题自主报名。该模式不仅有效调动了带队教师的参与积极性，充分发挥资源、学科及专业优势，同时保证了选题质量和项目实施水平，将教师思想政治工作成效体现在精准对接国家重大战略需求、服务经济社会高质量发展需要上来。

4. 强化激励保障机制，激发教师队伍活力

校院两级每年开展系列表彰、总结活动（见图5-1），选树先进典型，引导教师见贤思齐，及时总结优秀成果，激发教师参与热情，营造"师生四同"实践项目创先争优的氛围，深化不同学科间交流合作。各学院通过举办实践育人成果报告会、分享会、座谈会，制作社会实践项目精选集，微信公众号专题专栏宣传报道等形式，讲述"扎根中国大地"的过程中"坚定中国信仰""牢树中国自信"的故事。形成带队教师评优工作机制，学校每年评选"十佳指导教师""优秀指导教师"，隆重组织召开总结表彰大会，学院代表、师生代表上台分享实践育人工作经验、工作思路、特色举措等，推广可复制的典型做法，促进项目良性循环。探索保障激励机制，学校积极倡导，部分学院将教师参与"师生

四同"实践项目纳入年度考核工作量计算。

图 5-1 "师生四同"表彰大会

（三）成效与创新

自 2021 年以来至今，我校教师累计报名"师生四同"实践项目 3346 人次（校团委提供数据），广大教师在"师生四同"实践项目的大平台上、在社会实践的"大熔炉"中筑牢思想根基，不断提升政治素养，牢固树立为党育人、为国育才的初心使命，发挥南开学科优势，对接国家发展重大战略和民生需要。

广大教师投身"课堂教学、校园文化、社会实践"三位一体人才培养工作，走出校园第一课堂，带领学生走向社会第二课堂，在与学生同学同行同研同讲过程中，深入了解世情党情国情社情民情，不断强化爱国情怀、教育情怀，强化"四个服务"意识，将教学科研工作与实践选题、成果产出紧密结合，用实际行动彰显南开教师"为党育人 为国育才"的使命担当。

作者：朱晓妍

作者单位：南开大学党委教师工作部

二、"师生四同"：促进实践育人走深走实

（一）背景与工作思路

党的二十大报告提出："从现在起，中国共产党的中心任务就是团结带领全国各族人民全面建成社会主义现代化强国、实现第二个百年奋斗目标，以中国式现代化全面推进中华民族伟大复兴。"

面对新时代新的中心任务，高等教育也需要进行相应变革。推动高等教育与时代方针相适应发展，落实立德树人的根本任务，加强思政课和课程思政的建设；要求高等教育推动学科建设与新业态、新技术、新产业相适应，培养适应国家需要的创新型人才；要求高等教育注重创新人才的培养，兼顾实用型与理论型人才的综合发展。[①]

推动高等教育时代化发展，要求高校深入贯彻实践育人，探索实践育人新路径，寻找培养"担当民族复兴的时代新人"的有效方法。南开大学于 2018 年开启"师生四同"实践项目，以师生"同学、同研、同讲、同学"的实践育人新模式推进高等教育有效变革和育人观念的革新，注重"知行合一"；整合育人资源，发挥学校、学院、教师、学生的协同作用，将专业教师与思政工作队伍结合，整合学校、实践基地、志愿服务基地多个平台；创新育人形式，改变教师角色，形成以学生为重心的课堂模式，创新课外实践方式。[②]"教学相长"，教师团队建设对于高等教育发展、"师生四同"项目开展意义重大，而教师团队也是"师生四同"模式的受益者。

南开大学外国语学院坚持贯彻党的教育方针，落实立德树人根本任务，担当为党育人、为国育才使命，积极推动"师生四同"项目的发展，鼓励教师参与学生实践，发挥其引领作用，推进教师团队的建设；同时，学院建设高质量课程思政模式，进行"教师思政"，并将理论与实践相结合。学院教师团队建设水平在"师生四同"模式的推进中不断提高，向着拥有极高专业和思政素养、

---

① 王向明. 学习贯彻党的二十大精神——聚焦中国式现代化推动高等教育高质量发展[J]. 北京教育（高教），2022（11）：4.

② 任莹辉. "四个注重"提升新时代高校实践育人质量[EB/OL].（2023-05-25）[2024-04-06]. https://theory.gmw.cn/2023-05/25/content_36599780.htm.

具备使命担当精神与强大社会服务能力的教师团队发展。

（二）主要做法

1. 课程思政与实践相结合

外国语学院积极开展课程思政建设，将专业知识与思政教育融合，发挥教师的纽带作用，并将课程思政成果与实践相结合，提升教师对专业知识以及其中蕴含的社会价值的理解，使其在课程教授过程中提升自我综合素养，在实践中锻炼专业知识成果转化能力并发挥思政教育的现实效力。

（1）开展课程思政建设

学院深入挖掘外语课程中的思政元素，发挥学院、老师、学生的协同作用，建设高水平外语思政课程。

外国语学院率先推动俄语口译课思政建设，以中国对外交往的新闻报道作为素材，通过第一课堂录播模式，建立"外语思政金课库"。

学院致力于探究外文戏剧教学与实践双轨结合的有效课程模式，深耕"师生四同"，探索第一、第二课堂贯通的外语人才培养新模式，努力走出一条课程思政的育人新路径。学院成功建设外文戏剧课程，培养学生主动讲述爱国故事，打造爱国主义精品话剧，课程思政效果显著。①

（2）师生共同参与思政实践

第一，专业教师讲团课。学院致力于培养教师的思政意识与思政教育能力，通过线上线下结合、集体学习与个体学习相结合等形式，依托"党员先学—支部讲学—党课导学"机制，通过专业教师讲团课及时传达党的精神。在专业教师讲团课的基础上，将师生共学成果转化为实践，依托暑期实践成立"知行"宣讲团，通过录制宣讲党课、线下支部宣讲等开展"决战决胜脱贫攻坚""乡村振兴衔接工程"主题宣讲。

第二，学术科研与国家重大战略相结合。专业教师指导学生创新创业项目，引导学生将"小我融入大我"，以科研项目回应国家所需。在教师的指导下，学生以"意大利语版《习近平谈治国理政》翻译批评"为题申报百创工程，以"中

---

① 贺文霞. 新时代高校实践育人创新探索[M]. 天津：南开大学出版社，2022：102-107.

俄文化互识研究"为题申报天津市创新计划。

第三，专业知识实践转化——师生共撰校史读本。外国语学院紧抓"校史育人"关键，组织师生投身学校改革发展事业，合作出版校史读本；动员英语系教师参与南开校史故事整理、翻译工作，出版《译说南开，不忘初心——致百年的你（中英双语）》校史读本一书，并上线南开大学迎新网站；合作组建英文校史宣讲团，师生共学共译。

2. 专业教师参与学生实践

专业教师积极参与实践，发挥引领作用，在创新创业项目中提供专业指导，参与志愿服务活动与学生共讲公益课。该种方式提高了教师专业知识与现实结合能力，推进了科研与实地调研相结合，提升了教师发展方向与国家策略及现实需要的契合度。

（1）专业教师参与学生社会实践活动

学院大力支持师生共同参与实践，完善保障措施，为随队教师提供充足物质保障，鼓励教师积极外出实地调研；开展"荣耀外院"实践标兵表彰活动，激发教师参与实践热情。

学院教师参与学生实践的数量持续增加，教师团队学术科研成效与服务社会能力不断提升。2023 年，学院三分之一以上的暑期社会实践队伍都依托"师生四同"课题开展。

学院辅导员、专业教师带领党支部在习近平总书记视察南开大学后赴雄安新区调研京津冀一体化发展，在改革开放 40 周年之际赴浙江探索外向型经济发展战略，在脱贫攻坚关键之年赴四川巴中调研精准扶贫。

日语系王凯老师多次指导学生社会实践活动，2022 年指导"濮水南至，赋能振兴"实践活动，2023 年指导"寻迹华侨历史文化，共促侨界经济发展——探访闽南华侨企业，弘扬华侨精神"与"通过比较本地特色和外来入驻茶饮探究茶饮店等公共空间在塑造天津国际形象中的作用"两个实践活动。意大利语系倪杨老师带领由意大利语系本科生组成的社会实践队远赴海外，进行主题为"意语话南开，西行颂中华"的师生同行社会实践。

（2）专业教师指导学生创新创业项目开展

专业教师提供专业指导，赋能创新实践。《青年对话——跨越百年时空，重走红色之旅》获第十七届"挑战杯"红色专项赛道国家级三等奖，"妙'语'中国——互动性、项目制公益英语课堂教学"志愿服务项目获第六届中国青年志愿服务大赛全国铜奖，《川陕革命老区新发展——探究四川省通江县和南江县红色文旅助推乡村振兴新路径》获南开大学第五届"校长杯"创新创业大赛创新赛优秀奖。

（3）专业教师参与学生志愿服务活动

教师团队夯实志愿服务基础，提升教师服务社会能力。疫情期间，外国语学院争做守卫国门的"翻译官"，组织师生组建"突击队"，集结了英语、俄语、意大利语、德语、法语五大语种 55 名成员，其中教师 10 名，学生 45 名。

妙"语"中国——互动性、项目制公益英语课堂教学志愿服务项目以师生为团队建设基础，专业教师为课程设计提供指导，学生进行讲解，共同促进文化传播。

（4）专业教师参与乡村工作站建设实践

专业教师与学生实践队先后赴河间进行乡村工作站建设，师生协同，助力提升教学质量。实践队以乡村工作站作为教师教学方法实践基地，促进教学研究成果实践性转化。

公共外语研究生教研室主任肖云多次前往河间，分享新时代课堂建设和发展的经验。李霞教授到河间进行教学培训，教授"有效教学"法，指出中小学教学中的不足分享改进方法，并在当地中学考察调研。南开大学寒假社会实践队在河间开展调研活动。张文忠教授携团队赴河间乡村工作站开展教学科研活动。

（三）成效与创新

长期以来，在外国语学院党委的殷切指导和团委的精心组织下，外国语学院形成了优良的实践育人传统和浓厚的实践文化氛围。外院师生在实践过程中，充分发挥南开"公能"精神、探索"师生四同"模式，奋勇争先、阔步前行，依托"师生四同"课题开展的实践项目以及专业教师带队人数逐年增加，在市、校两级实践评优活动中斩获众多奖项，如天津市重点实践团队、天津市社会实践先进个人、校级十佳团队等荣誉。

南开大学外国语学院教师团队也在"师生四同"模式下不断成长，以先进的教学观念与优秀的教学能力回应高等教育发展的需要，以"贯彻党的精神"的政治站位引领教学工作开展，以"促进中国式现代化建设"为重要任务，培养国家所需的先进人才，并展响应国家战略号召的科研创新。

1. 转变教师角色，创新育人理念

"师生四同"育人模式促使教师从传统的知识传授者和灌输者转变为学生的引导者、合作者和与学生共同探讨、解决问题的伙伴。这种角色的转变，使教师更加关注学生的个体差异和成长需求，从而深化教师的育人理念，使教育更加贴近学生的实际需求。

"师生四同"，重在"同"与实践，这将有利于强化以学生为重心与注重实践的教学观念。"师生四同"活动，以学生为主体，教师为辅助，是活动课堂与翻转课堂的课外延伸，为教师贯彻学生自主、学生中心的教学方式提供了现实依托。通过"师生四同"活动，教师能够更深切地感受到专业实践性转化的重要性，更加注重以实践为导向的教学观念。教师团队将以全新的育人观念，提供更符合时代需要的实用型人才与能将实际与理论相结合的理论型人才。

2. 创新教学科研方式，促进成果实际运用

"师生四同"模式对教师的教学提出了更高的要求，学生所需不再局限于理论知识的灌输而更需要用理论指导实践。这将促进专业教师调整知识结构，适应现实需求；创新教学方式，在教学中增加实际运用占比。

"师生四同"也为教师的学术科研创新提供了更大平台，为科研走出书斋、走向实际提供了机会。通过"师生四同"实践活动的开展，教师能够将科研阶段性成果投入实际运用，检验科研成果，及时弥补不足之处，促进科研发展。如外国语学院教师多次将"有效教学"带去河间工作站，该实践不仅让河间的教育教学得到了理论指导，向高水平教育模式发展，还使得"有效教学"拓宽了科研数据来源，有利于研究向新阶段发展。

3. 增强团队协作意识，促进"大师资"建设

"师生四同"育人模式是行政教师与专业教师共同为学生提供高质量高等教育协同合作的深刻实践，在"师生四同"模式下，加强交流的不仅是师生，教师之间的交流也会增多，通过处理实践中多方面的问题，行政老师与专业教师能够加深对彼此工作的了解，提升合作效率。

"师生四同"模式下课程思政与实践的结合推动了"大师资"团队的建设。教师在进行课程思政、讲授思政课、将思政知识与实践结合的过程中提升了自身思政能力；而辅导员、班导师也在实践中发挥了动员同学、做好学生思想工作的关键作用。该模式大大发挥了各级教师的协同作用，为"大思政课"的建设推进提供了强大的教师团队。①

4. 提升教师思政素养，增强使命担当意识

"师生四同"有利于教师持续学习党的最新决议，领悟党的精神，在实践的过程中深刻感受时代脉搏与感召，不断增强使命意识，以自身教学实践与科研创新回应中国式现代化建设的需要。

在课程思政与实践中，教师团队不断深化对党的精神的领悟，将党的精神与实践相结合，发挥其强大的指导作用。在参与学生实践的过程中，教师团队能够在发挥专业知识、服务社会的同时，加深对中国实际所需的了解，深入挖掘中国现代化建设所需，并以之为科研活动导向。

作者：樊明胜，涂嫣容，郑蓓潞
作者单位：南开大学外国语学院

三、突出三个"结合"，服务高素质教师队伍建设——电光学院以"师生四同"社会实践促教师队伍建设的工作模式

（一）背景与工作思路

教师是立教之本、兴教之源，教师队伍是建设教育强国的第一资源。习近

---

① 崔家新. 大师资："大思政课"建设的关键环节[J]. 青年学报，2023（3）：82-88.

平总书记高度重视教师队伍建设，曾多次作出重要指示，对广大教师提出殷切期望。

2018 年，习近平总书记在北京大学师生座谈会上指出："建设政治素质过硬、业务能力精湛、育人水平高超的高素质教师队伍是大学建设的基础性工作。"电子信息与光学工程学院深刻认识到教师队伍建设对于实现"立德树人"根本任务的重要意义，坚定不移地以习近平总书记对南开大学的殷切嘱托、对教师队伍的殷切嘱托为遵循，紧紧聚焦南开品格、中国特色、世界一流大学建设目标和学校内涵式高质量发展要求，以南开"师生四同"育人模式为抓手，在师生"同学、同研、同讲、同行"的步伐中突出三个"结合"，从锤炼政治素质、提升育人水平、锻造业务能力三个方面服务教师全方位成长，促进教师队伍建设，继而引导学生树立奉献祖国的态度，挖掘知行合一的深度，投射专业学科的亮度，为培养堪当民族复兴大任的时代新人作出应有的贡献。

（二）主要做法

1. 突出修身与铸魂相结合，锤炼政治素质，引导学生树立担当奉献的态度

教师思政与学生思政之间存在内涵统一性、目标一致性——二者不仅具有同向同行、互融共促的逻辑关系，并且从目的上统一于"立德树人"这一根本任务。立足教师思政和学生思政二者之间的双向同构性基础，电子信息与光学工程学院以"师生四同"社会实践为平台，将教师作为育人主体的"修身"与教师对育人对象的"铸魂"结合起来，一体化构建教师"自育"与"育人"的整体性协同发展机制，以此引导学生自觉把个人价值同党和国家前途命运紧密联系在一起，以担当奉献的态度融入时代。

习近平总书记在谈到教师思政时曾说："教师思想政治状况具有很强的示范性。要坚持教育者先受教育，让教师更好担当起学生健康成长指导者和引路人的责任。"电子信息与光学工程学院以多年来良好的教师思政建设基础为底气，动员学院教师积极参与"师生四同"社会实践。一方面要求教师在国情社情研修中锤炼政治素养、坚定理想信念、提升站位认识、心怀"国之大者"、紧扣"两个大局"，与学生共同参与理论学习、红色寻访、实地调研、志愿服务、理论宣讲、科研实验，和学生一起受教育、长才干、作贡献。另一方面鼓励教师将科

研、教学、行政管理的"大思政课"讲台延伸到祖国的大地上，并把实践中的所见所闻、所思所想带回到课堂上，实现社会实践与课程思政的融合互动。

电子信息与光学工程学院师生"同学、同研、同讲、同行"的实践历程已经持续 10 个年头。10 年间，每支实践队师生都始终秉持"知中国，服务中国"的南开传统，至少走访一个当地民生部门、一个当地产业、一处红色地标，坚持走访当地干部和老乡，并以自己的所见所闻所思为基础，广泛开展"理论资料+实践素材"的思政宣讲，用南开声音讲好党的故事，讲好中国故事。在这个过程中，不仅学生获益匪浅，带队的指导教师也实现了自身思想"修身"，补充了铸魂育人的"正能量"。多名带队教师获得共青团中央"镜头中的三下乡"优秀指导教师、天津市暑期社会实践优秀个人、天津市向上向善好青年、天津市青年五四奖章、天津市优秀共青团干部、南开大学"良师益友"等荣誉称号。

2. 突出言传和身教相结合，锻造育人水平，引导学生挖掘知行合一的深度

言传与身教相得益彰，构成了教书育人的有机整体。言传是通过言语讲授知识、传播思想，身教是通过行动践行理论、作出示范。相比传统的固定课堂，师生"同学、同研、同讲、同行"的"四同"实践更突出地表现出言传与身教相统一的特点，师生在实践步伐上的同频共振让言传更响入耳，让身教更生动，更让言传和身教的有机融合越发紧密。电子信息与光学工程学院立足于"师生四同"社会实践的以上优势，通过行前培训、过程中指导、事后复盘三步走形成"认知—行动—反思"的循环式提升模式，帮助教师掌握科学的实践育人方法，提升教师个人素养和育人水平，进而引导学生在"知行合一"的旅程中有所获得、有所成长。

在每年的"师生四同"社会实践正式启动前，电子信息与光学工程学院会在面向教工的专题辅导、教学沙龙、培训锻炼中纳入师德师风教育、教师思政课、社会实践经验分享内容，形成长期、固定的行前培训机制，引导教师涵育良好情操，提升育人水平，为带队教师在实践过程中的言传身教做好铺垫、打好基础。自社会实践项目开始酝酿起，学院团委便安排专人对接联络实践队，学院主要领导在关键性问题上充分提供建议与帮助，学院科研骨干、辅导员、行政管理干部提供必要的支持，让实践过程中的言传身教更有底气、更有力量。

在社会实践收队后，带队教师与实践学生共同总结、复盘，细数收获的同时也发现不足，为带队教师改进育人方式、提升言传身教水平提供支撑和参考。

电子信息与光学工程学院专任教师王海自 2021 年起就尝试围绕弘扬航天精神和科普航天科技这两大主题在京津开展"师生四同"社会实践，2022 年、2023 年分别前往海南省、青海省开展社会实践。3 年时间里，在学院的引导、支持下，带队教师王海对社会实践的设计越来越丰富和深入，实践队的核心活动从 2021 年的参观、访谈、调研发展到 2022 年的实地记录大国重器"问天实验舱"发射，再发展到 2023 年前往青海省多地面向中小学生开展航天精神和航天科普宣讲。整个过程中，王海始终坚持身体力行，充分发挥自己的爱好特长，用自己热情洋溢、积极向上的精神面貌带动学生，参访、拍摄、宣讲处处都有他的身影，实践队的学生总是围绕在他的身边。王海个人获得校级"五四青年奖章"提名、暑期社会实践优秀指导教师标兵等荣誉称号，2023 年 11 月，实践队的事迹还登上了天津电视台教育频道，形成了广泛的影响力。在他言传身教式的示范下，参与实践队的学生们也在不同的领域发光发亮，在第五届智能体育大会无人机足球赛、京津冀公民科学素质大赛、天津市大学生天文摄影大赛等赛事中获得 20 余项荣誉。

3. 突出灌输和启发相结合，提升业务能力，引导学生投射学科专业的亮度

灌输和启发是教师必须要用到，也必须要用好的"两把刷子"，二者是辩证统一的，共同服务于教书育人这个主题。所谓灌输，强调的是教育者面向对象所做的系统化理论传授；所谓启发，强调的是教育者引导受教育对象通过主动学习和独立思考，继而推动受教育对象提升自主领悟、做出行动。从人类知识传递的角度来看，灌输是启发的基础，启发是灌输的延伸，教师对二者的掌握程度以及将二者相结合情况代表了教师的基本业务能力水平。

电子信息与光学工程学院作为理工类学科，有着突出的学科特色和专业亮点。作为一门应用性较强、主要成果直接服务于国家重大战略需求的学科，学生们对于课堂理论知识的应用和落地尤为关心，也尤其感兴趣。在电子信息与光学工程学院优质的课堂教学和实验教学之外，"师生四同"社会实践为教师提供了一个充分用好灌输和启发两把"刷子"，进一步提升业务能力的路径，同时也为学生们提供了广阔的平台，让他们可以在这个平台上通过自主学习思考把课堂理论落实成服务"国之大者"的实际行动。

电子信息与光学工程学院孙桂玲教授多年来一直奋战在教学科研的一线，获得了"国家级金课""国家一流本科课程""南开大学卓越教学奖""南开大学良师益友"等荣誉，她坚持在课堂教学和科研导学的过程中把灌输和启发相结合，在夯实学生理论基础的同时激发他们的创造性和自主性。孙桂玲多年坚持"在实践中提升学生的创新能力和综合素质"的理念，连续多年带队"师生同行"暑期社会实践队，先后前往天津蓟州、山西武乡、山西襄垣等地围绕智慧农业和科技助农开展实践，将灌输与启发相结合的教育课堂开设到耕地、农田中去。孙桂玲在实践筹备阶段围绕物联网、传感器、智慧农业等关键词面向实践团队的学生传授理论知识，为实践打下基础。实践过程中，依托她率领的课题组自主研发的农业环境数据监测传感器，学生针对实践地农户、种植户信息化现代化手段不足、种植技术管理落后、过度使用化肥、生产质量不均等问题展开创新性思考研究，并将思考研究的成果落实到大棚、农田、作物上去，真正实现了以学科专业知识服务社会和人民。与此同时，学生实践过程中所采集的数据，对实验室科研成果形成了有效性验证；实践队师生在科研成果实地转化应用中的新发现、新思路，对实验室技术完善和优化形成反哺。

（三）成效与创新

电子信息与光学工程学院在"师生四同"理念的引领下，突出修身与铸魂相结合、言传与身教相结合、灌输和启发相结合，帮助教师锤炼政治素质、锻造育人水平、提升业务能力，教师以师生"同学、同研、同讲、同行"的社会实践为平台，引导学生树立担当奉献的态度、挖掘知行合一的深度、投射专业学科的亮度。

在上述模式的带动下，电子信息与光学工程学院"师生四同"社会实践积累了丰富的经验案例，获得了丰硕的实践成果。自 2013 年建院以来，学院每年都有党政领导干部参与实践带队工作，全院近 200 人次教工带队，每年 300 余名学生奔赴甘肃庄浪、海南三沙、山西襄垣等多地开展实践，循着习近平总书记"小我融入大我"的嘱托，脚步走遍祖国山河，不断赓续"爱国奋斗，公能日新"的南开基因，学院获得中宣部、团中央、教育部以及天津市等多家单位颁发的实践奖项近 100 项。电子信息与光学工程学院通过宣讲分享、事迹报道、线上专栏等方式推广先进经验，越来越多的科研骨干、专业教师、行政干部关注到"师生四同"育人平台的育人价值和育人效用，更加主动地加入"师生四同"的队伍；同时，也有越来越多的教师把"师生四同"社会实践作为自己受教育、长才干、作贡献的平台。教师在脚踏实地的与学生"同学、同研、同讲、同行"的过程中实现了自身能力和素质的提升，学院以此为基础推进了教师队伍的建设，最终以教师队伍建设的成果服务于南开品格、中国特色、世界一流大学建设目标和学校内涵式高质量发展要求，服务于"立德树人"的根本任务。

作者：郝丛艺，梁雨馨

作者单位：南开大学电子信息与光学工程学院

四、教学相长促发展，思政育人显实效——构建党建引领下的金融特色"师生四同"实践育人模式

（一）背景与工作思路

1. 构建"大思政课"育人格局的要求

2019 年 3 月 18 日，习近平总书记主持召开学校思想政治理论课教师座谈会并发表重要讲话。5 年来，金融学院在立德树人过程中，始终贯彻落实习近平总书记重要讲话精神和教育部等部门印发的《全面推进"大思政课"建设的工作方案》，在《南开大学高质量推进"大思政课"建设全面推动"三进"工作实施方案》的指导下，立足专业特色，强化问题意识，突出实践导向，以"师生四同"模式不断深化"大思政课"育人格局，充分发挥铸魂育人功能，努力

建设"大课堂"，搭建"大平台"，建好"大师资"。

2. 学院"三全育人"的优秀育人传统

金融学院于建院之初就提出了"六导六心"的育人模式，将学院领导、研究生导师、班导师、辅导员、教务老师全部纳入本科生和研究生培养的各个环节，并提出明确要求。9 年来学院始终重视以"师生四同"的方式深化"三全育人"，组织开展各类实践教育活动。2017 年学院启动"师生同行"上海金融夏令营，2019 年推行"大学生责任行"暑期社会调研训练项目（每年的暑期社会实践均有教师带队指导）。我校"师生四同"社会实践项目自 2018 年启动以来，金融学院党委高度重视，充分发挥政治核心作用，加强顶层设计、推进部门协同，动员青年骨干教师以课题立项的方式，组织学生开展"同学、同研、同讲、同行"实践活动；挖掘校友资源，搭建实践平台，拓展"师生四同"项目类型；加强党建引领，在支部建设中推行"师生四同"模式，逐渐形成了金融特色的"师生四同"实践育人模式。

（二）主要做法

1. 强化党委统筹，完善协同育人机制

金融学院党委的高度重视和支持是推动"师生四同"项目持续发展的根本保证。每年在项目立项启动阶段，学院党委都会召开专题部署会，对"师生四同"项目的开展进行顶层设计，从指导教师推荐、专业课题立项、专项经费支持方面加强协同，同时在教师绩效考评、班导师工作条例等文件中加强对专业教师在"师生四同"社会实践指导中的考查指标，形成金融学院"师生四同"的坚强组织保障。此外，学院还积极联络对接合作企业、优秀校友，充分发挥校外导师在"师生四同"社会实践中的育人作用。在党建引领推动协同育人机制下，学院内形成了党委委员、教师党支部书记、系所负责人带头，专业骨干教师、优秀校友纷纷参与的良好局面。

2023 年"师生四同"社会实践，实现了学院党委对全部实践队伍的全程组织和指导。立项前由金融学院院长范小云教授统筹指导，学院发布"金融服务乡村振兴成效调研"等专项调研课题，并召开说明会对立项主题和方向进行把握，保证全部立项队伍的高质量；立项后学院召开专题研讨会，组织各实践队进行立项汇报，学院党委副书记、副院长亲自指导，对实践调研内容、实践联络和指导需求进行调研与评估，学院领导统筹联络各专业教师指导学生队伍，统筹联系校外单位、直接推荐实践基地；实践中学院领导全部带队，充分依托各方资源和力量，为学生社会实践打通难点、解决痛点，帮助学生实现社会实践预期目标，全面提升实践质量；实践结束后，学院领导、专业教师对各实践队结项成果进行指导，形成高质量调研报告，从学院层面为各实践队提供经费支持。

近 3 年，学院共派出"师生四同"实践队伍 60 余支，其中学院领导、党委委员、系所负责人及教师党支部书记共 20 余人次、专业教师骨干 14 人次、辅导员和行政干部 10 人次随实践队同行，另有专业教师 22 人次担任实践队伍指导教师，带领学生赴近 60 个省市开展"师生四同"实践活动。

2. 深化课题研究，突显金融学科特色

（1）以科研促实践，开展长期性社会实践项目

学院自 2019 年开始推行"金融学院大学生责任行"暑期社会调研训练项目，如今已开展四届。每年均由金融学院原副院长刘玮教授组织，金融和保险专业教师共同带队，聚焦"乡村振兴"大主题，从"农业现代化""绿色金融与绿色保险""金融科技与保险科技"等专业热点前沿问题入手，前往甘肃、江西、福建、黑龙江等地开展专项调研，调研结束后形成高质量调研报告累计十万余字并出版。（见图 5-2）此项目依托专业课题研究，学生全程在专业教师指导下完成，并形成长期性品牌活动，激励学生了解和解决目前行业发展实践及存在的现实问题，在进行创新性训练的过程中明晰个人未来的发展道路，并进一步加强专业学习服务国家战略的社会责任感与使命感，培养新时代"不忘初心、牢记使命""知中国，服务中国"的优秀人才。实践队获评 2023 年天津市"三下乡"社会实践活动优秀团队。

金融学院副院长李泽广教授连续两年带领学生团队，依托海南自由贸易港建设发展课题，聚焦"蓝色经济与蓝色金融""金融风险防控体系调研"等主题，开展"师生四同"社会实践活动。实践队走进海南大学经济学院，与海大师生共同讨论海南自贸港金融发展的相关情况；来到中国热带农业科学研究院参观

学习，就海南当地农业发展情况、进出口状况、期货交易现状等议题和研究院的专家们进行了深入交流。在江东新区展览中心，实践队观看了《扬帆起航自贸港》短片、探索了解新区政策与规划蓝图；在海南省银保监局，了解海南自由贸易港的发展情况，深刻认识到金融风险防控在自贸港建设中至关重要的历史性地位以及贸易自由、投资自由对国家发展的重要战略性意义。实践队获评2022年全国大学生暑期实践展示活动 Top 100。

图 5-2　前往黑龙江开展"金融学院大学生责任行"暑期社会调研训练项目

（2）以实践促科研，促进长效性金融服务实效

学院金融研究所所长李全教授依托与山西省大同市新荣区开展的合作课题，带领学生参与"师生四同"社会实践，并推动学院与当地共建南开大学中国式现代化乡村工作站。（见图 5-3）实践队前往山西大辰农业发展科技有限公司、大同市新荣区升腾养殖有限公司调研黄芪产品条线和家禽养殖业务条线，前往大同市新荣区西梅深加工仓储物流园、大同市新荣区宏远昌运科技有限公司鲜糯玉米加工产业链车间、斧创农业科技有限公司开展专题调研，并在破鲁堡乡、八墩村与基层工作人员深入调研交流，双方共同探索在产业发展、科研共建、实践教学、人才培养、基层治理等方面的合作。实践结束后，师生们合

作完成《大同市新荣区破鲁堡乡八墩村新农村发展规划（草案）》和《八墩村相关龙头企业的优化建议》，对当地新农村建设、企业股权架构和产业优化等问题提出政策建议，为当地经济发展提供南开方案、贡献南开智慧，引导师生们利用专业所学服务国家社会经济发展，这也为后续进一步维护南开大学中国式现代化乡村工作站提供了良好的合作基础。

图 5-3　新荣区政府、南开大学金融学院合作共建中国式现代化乡村工作座谈会暨签约帮扶协议、揭牌乡村工作站仪式

学院李学峰教授依托河南省政府立项的《河南自贸区金融创新路径研究》课题，开展"师生四同"社会实践项目，聚焦"金融服务效率"主题，带领学生历时一年，产出了《河南自贸试验区金融服务效率调研报告》以及《河南省自贸试验区金融创新路径研究》资政报告，为河南省自贸试验区金融创新路径的研究提供了模型方法和量化工具，并从国家战略、河南自贸区定位、河南自贸区优势相结合的视角提出了河南自贸区金融创新路径选择的政策建议，为打造具有河南特色的创新型高质量发展道路贡献力量。

3. 加强师生共建，创新行业实践路径

金融学院副院长、保险精算教师党支部书记陈璐教授多次带领学生党员赴康宁津园养老社区、泰康津园康养社区开展党日活动，带领学生党员多次与恒安标准人寿保险有限公司、天津市社保河西分中心、天津市长期护理保险综合服务中心和河东分中心开展实践调研，聚焦天津市社保政策、养老保险等话题，为天津民生发展献策献力。（见图5-4）金融学院保险精算教师党支部党员、精算学系主任张连增教授多年来带领学生深入北京和上海的保险机构，包括直保和再保、寿险与产险、中资与外资合资公司，从纵向看各自险企的发展沿革，从横向对比各家险企的创新，师生通过调研加深了对精算理论与实务的理解。金融学院本科生第一党支部书记、辅导员唐琳积极对接北上深校友会，带领学生开展"企航计划"企业与校友走访调研活动，聚焦"全面注册制改革""中国式现代化与金融高质量发展"等主题开展实践调研，在深入认识行业的基础上鼓励学生利用专业所学服务国家社会发展。

图5-4　师生赴泰康津园康养社区开展党日活动

（三）成效与创新

1."师生四同"促进了教师队伍思想政治水平提升，师德师风建设取得显著成效

党建引领下的"师生四同"实践育人模式，让师生们在"师生四同"的实践中不断深化思想政治教育，"金融学院大学生责任行"暑期社会调研训练项目的负责教师刘玮教授经培养加入中国共产党，1名青年海归教师递交入党申请

书，与学生党支部深化共建的教师党支部获评全国高校"两学一做"支部风采展示教工党支部特色工作案例，入选天津市高校党建"领航工程"培育项目并顺利结项。

2."师生四同"塑造了新型师生与导学关系，提高了教师参与实践育人的主动性和积极性

教师课题立项，学生报名参加；学生选择主题，教师参与指导。两种方式开启的"师生四同"项目，深化了师生"四同"理念，以新型师生关系与导学关系调动了师生共同参与实践育人的热情和获得感，从而构建课堂内外的师生发展共同体。近年来，专业教师们积极参加导师有约、学术沙龙、行研大赛等活动，帮助学生提升科研创新能力。多名教师指导和参与学生科研或实践活动，指导学生获大商所首届大学生衍生品实践大赛特等奖、"中金所杯"全国大学生财商辩论邀请赛亚军、全国大学生知识竞赛亚军、全国大学生保险创新创意大赛一等奖、中国大学生保险责任行调研数据分析大赛全国一等奖等，指导 2 支队伍获"挑战杯"全国大学生课外学术科技作品竞赛天津市一等奖，1 支队伍获第七届中国国际"互联网+"大学生创新创业大赛天津赛区铜奖。

3."师生四同"深化了课程思政建设再上新台阶，"大思政课"育人格局逐步建立

"师生四同"实践育人模式，使教师更能了解学生的成长短板和思想疑惑，获得丰富的思政育人经验，将育人经验反哺到第一课堂深化课程思政，从而做到真正的教学相长。刘玮教授以提高学生创新实践能力为目的，对"实践教学与创新创业"课程进行升级改造，创新实践教学模式，围绕学生的社会责任感和使命担当打造立德树人阵地。李全教授开设专业必修课"中国特色社会主义经济金融改革与发展"，从社会主义核心价值观培育出发，以中国特色社会主义市场经济发展进程为载体，立足中国经济金融改革与发展实践，鼓励学生讲好中国故事。专业选修课"专业学习与职业生涯规划"，由学院领导亲自指导、辅导员担任课程负责人，协调专业教师、校友等多方力量，探索"政策解读+行业分享+职业规划"三位一体的授课模式。目前学院共有 10 余门示范课程获批南开大学课程思政建设立项，1 本教材入选天津市课程思政示范教材，新增 4 个

与金融、保险行业企业合作建设的创新实践教学基地。

4."师生四同"提升了教师的学术科研能力，主动服务国家战略与社会经济发展

在参与"师生四同"的实践过程中，教师也进一步了解了国家战略发展和社会所需，为金融服务实体经济、调整教学与科研带来新的思路。近3年参与"师生四同"的教师在国内外重要学术期刊发表论文100余篇，获国家、省部级科研成果奖30余项，学院获评天津市优秀教学团队，多项成果获天津市和校级教学奖励及教改立项。学院教师承担国家社科基金重大项目和重大研究专项各1项，入选青年长江和教育部新世纪优秀人才计划各1人，4人入选南开"百青"计划。教师主动对接国家战略和经济社会发展需求，大力推动智库建设，开展政策咨询和对策研究。多位教授的研究成果受到党和国家主要领导、国家部委和天津市主要领导的肯定批示，多项成果被天津市相关部门采纳，国家财政部、医疗保障局多次致信感谢学院教师为政策研究作出的重要贡献，1名教授的提案获全国政协优秀提案表彰，1名教授受聘财政部研究专家工作室专家，4名教授入选天津市政府重大行政决策咨询论证专家库。

作者：唐琳，高珊，杨奇
作者单位：南开大学金融学院

五、以"师生四同"社会实践赋能教师队伍高质量发展

（一）背景与工作思路

党的二十大报告强调，教育、科技、人才是全面建设社会主义现代化国家的基础性、战略性支撑，要"深入实施科教兴国战略、人才强国战略、创新驱动发展战略""加快建设教育强国、科技强国、人才强国"。教师是教育高质量发展的第一资源，是科技自立自强的关键支撑，是人才队伍建设的重要保障，贯彻落实党的二十大精神需要打造新时代高质量教师队伍。

为全面落实党的教育方针，实现立德树人根本任务，推动思想政治教育、

专业教育与社会服务相结合，近年来，学校强化顶层设计，出台了《关于全面提升思想政治工作质量构建"三全育人"体系的实施方案》《南开大学高质量推进"大思政课"建设全面推动"三进"工作实施方案》等，大力推行"全员、全方位、全过程"育人，明确提出要建设"大课堂"、搭建"大平台"、建好"大师资"，扎实推动实践育人，让社会实践成为师生"受教育、长才干、作贡献"的互动平台。在长期探索的过程中，南开大学形成了"同学""同研""同讲""同行"的"师生四同"社会实践模式。

以"师生四同"社会实践赋能教师队伍高质量发展，是贯彻落实党的二十大精神，构建"大思政"格局，促进教育高质量发展的重要举措，对于高校落实立德树人根本任务，加快教育强国、科技强国、人才强国建设具有十分重要的意义。

长期以来，生命科学学院以"师生四同"社会实践为载体，广泛动员师生参与，结合生物学科特点，发挥学科优势，开展多样化的社会实践活动，着力构建"大思政"格局，以"师生四同"社会实践赋能教师队伍高质量发展，并取得显著成效。

（二）主要做法

1. 强化顶层设计，培养教师"大视野"

学院高度重视"师生四同"实践育人工作，学院党委从全局出发统筹部署，用全局观念、系统思维审视社会实践的重要作用，将"师生四同"社会实践作为推动教师队伍建设的重要抓手。为调动学院师生参与"师生四同"社会实践活动的积极性，学院在顶层设计方面发力，将专业教师随队参与社会实践活动作为职称评定与晋升、绩效考核的重要指标，激励教师积极参与，引导教师在"师生四同"社会实践中对自身职责、角色进行重新定位，培养教师"大视野"。

教师职责的重新定位。传统意义上，教师的主要职责是提升自身学科能力与知识素养，更倾向于单向度的培养学生传授知识技能，而"师生四同"社会实践则要求教师在实践过程中力图实现对学生的价值塑造、知识传授和能力培养的有机统一，这就要求教师要以更大视野审视自身作为教师的职责定位，对人才培养形成更加完整的认识。在实践过程中，教师不仅要传授知识，更要对学生进行价值塑造和能力培养，自然而然就需要教师提升自身思想政治素养，恪守师德师风规范，更要深度挖掘社会实践的思政要素，教育引导学生秉承"公能"精神，将"读万卷书"与"行万里路"相结合，扎根中国大地了解国情民情，知中国服务中国。

教师角色的重新定位。传统意义上，教师在教学过程中是知识的传递者和教学过程的主导者，而"师生同行"社会实践则不仅有教师、学生，还可能涉及校友、企业、政府组织等更多主体的复杂关系，需要教师打开视野，在其中发挥关键枢纽作用。在实践过程中，教师从作为专家学者单向度的"传道授业"转变为帮助学生提升综合能力的设计者、引导者、支持者、协调者。在"师生四同"社会实践中，师生教学相长，教师的综合素质能力也不断提高。

2. 强化过程支持，提升教师"大能力"

学院高度重视对"师生四同"社会实践的过程支持，通过完善机构设置、统筹多方力量，为教师参与"师生四同"社会实践提供保障，不断提升教师在"师生四同"社会实践过程中开展科研创新、协同教学育人的统整性"大能力"，使教师在面临社会实践的真实场景、复杂任务时，能够在复杂问题的解决过程中实现能力的整体性提升和发展。

在完善机构设置方面，学院形成"学院党委—学院团委—学生组织"三级管理体系。学院党委统筹谋划，学院团委挖掘项目、组织申报，学生组织——"青年志愿服务与社会实践中心"负责社会实践工作的具体开展，如实践开展过程中的服务与监督联络、优秀实践项目宣传展示、实践时长录入等工作。组织体系完善，职能分工明确，工作渠道畅通。

在统筹多方力量方面，学院统筹协调专业教师、辅导员、学生、校友多方育人主体力量，在社会实践"启动—开展—总结"的全过程分工合作，发挥指导、支持作用。辅导员作为"联络枢纽"，在社会实践启动前发布通知、深入开展实践项目挖掘工作，主动与相关专业教师联系，动员其作为实践团队的指导老师；专业教师是"掌舵人"，对于一些学科特色的实践活动，专业教师在实践中统筹考虑"如何与实践地取得联系""如何开展科研工作""样品如何收集""后续开展哪些实验""最终形成什么样的成果"等；学生是实践的"主人翁"，在实践活动开展前、开展中、开展后，充分发挥他们发展实践活动的安排、进程推动、总结汇报的主观能动性；校友是"支持者"，实践经费的短缺、与地方政府的对接，校友都发挥了重要的作用。

教师在参加"师生四同"社会实践时，常常面临多方主体，需要解决一些整合性的"大任务"，不但要传授知识，更要在过程中加强学生思政教育、提高人才培养质量、促进科研成果转化。这个仅需要教师具备学科素养，掌握学科知识，更需要教师提升人际沟通与组织能力、教学模式创新变革能力、创造性的课程思政设计能力、推动科研成果转化落地能力等。"师生四同"社会实践为教师打破原有的思维定式、拓展能力边界、提升统整性"大能力"提供了平台和载体。

3. 强化模式提炼，拓展教师"大思维"

学院积极探索提炼"师生四同"社会实践赋能教师队伍发展新模式，通过"师生四同"社会实践促进教师发展目标、教学方式、实践范式的重构，拓展教师自身发展、立德树人、服务社会"大思维"。

在工作格局上，突出"全员+全过程+全方位"的"三全育人"模式。一是促进全员参与，凝聚育人主体合力。由学院领导、专业教师、辅导员等担任社会实践指导教师，对接优秀校友支持，打造精品实践项目。二是全过程覆盖，建立贯穿式育人链条。指导教师参与学生选题、立项、实践、总结的全流程，提升实践质量与深度。三是全方位渗透，协同构建育人大格局。打通"课内+课外""院内+院外""校内+校外"通道，拓宽渠道，将专业教育和实践锻炼有效串联。

在队伍建设上，聚焦"一个中心+多向推动"多主体协同模式。以学生发展为中心，汇集专业教师、辅导员、朋辈导师、校友、实践地等多个主体力量，多向推动、促进"师生四同"社会实践的顺利开展。人员配齐配强，学院为每一位想要参与的专业教师组建学生实践队伍，为每一支社会实践队配备指导教师；发挥朋辈力量，邀请学长学姐开办优秀实践项目、优秀实践个人展讲微课堂，讲授实践经验；拓展校地合作，长期对接9所中小学、3个社区，设立中国式现代化乡村工作站和多个社会实践基地，为学生常态化实践提供广阔平台；

挖掘实践资源，建立优秀实践项目库，为后续有针对性地培育实践项目提供坚实基础。

在时空条件上，探索"寒暑假+学期中""实验室+校外"的全时空实践模式。除假期社会实践外，学院还倡导学期中开展社会实践。学院在学期中联络专业教师，组织多场"师生四同"社会实践和志愿服务活动，曾赴河北省阜平县黑崖沟村、山西大学、天津大黄堡湿地等开展实践调研，并对接天津动物园、日新中学、第六埠村、南开区老年公寓等志愿服务和社会实践基地，开展常态化社会实践活动。此外，学院大力推动师生申报"师生四同"实践课题立项，除校外实践外，还鼓励师生依托实验室拓展实践内容。

通过"三全育人"实践模式，重构教师发展目标。"师生四同"社会实践有助于教师拓展自我的发展边界，成长为更加"理想"的教师。高校教师除了做好科研工作、为学生传授知识外，还要走出实验室，在广阔天地中、在实践中发展自身，不断发现现实问题和需求，并反哺科研教学工作，将自身发展与学生的思政教育、专业教育以及服务社会紧密结合。

通过"多主体"实践模式，重构教师教学方式。在社会实践过程中，教师要从"师→生"的单向度教学方式中脱嵌，努力建构多主体、多要素之间灵活协作、和谐发展的生态关系。发挥多元力量，引领学生开展创造性学习，切实培养学生专业兴趣，提升人才培养质量，加快科研创新和成果转化，发挥专业服务社会效能。

通过"全时空"实践模式，重构教师发展的实践范式。从教师自身专业发展的角度来讲，"师生四同"社会实践使得教师从"理论→实践"的单向知识积累路径转变为"理论↔实践"的知行融合双向循环路径。"课题+实践"有助于强化社会实践的学术支撑，促进成果转化落地，形成以专业理论指导实践，在实践中加深理论理解的良性循环，力图实现教师发展的实践范式转换。

（三）成效与创新

1. 为教师发展赋能，激发内在动力

"师生四同"社会实践活动为教师发展赋能，通过顶层设计、过程支持、模式提炼激发教师内在驱动力，培养教师"大视野""大能力""大思维"。教师的思想政治素质、科研水平、教学能力、综合素养在社会实践中不断进步。学院社会实践工作在教师的积极参与和推动下，广度、深度均有显著提升，专业化、技术化水平也不断提高。"师生四同"社会实践在推动科研成果转化落地、促进当地经济发展、助力乡村振兴等方面发挥的实效性不断增强。

2. 为学生培养蓄力，涵养公能品格

"师生四同"社会实践是南开公能素质教育的重要组成部分，学院教师在参与"师生四同"社会实践的过程中，注重引导学生厚植爱国主义情怀、培养创新意识、锻炼研究思维，引导学生发挥专业特长，将书本知识转化为实践，用脚步丈量祖国大地，用内心感应时代脉搏，以专业所学服务于国家建设与发展，涵养公能品格。

一方面，学院教师立足专业特色，依托先进的生物技术，引领学生培育了一批科技含量高的"师生四同"社会实践项目，如"自然卫士——以虫治虫的绿色生物防控技术"项目、"中药材新种质创制、新品种培育及推广种植示范"项目、"从'根'源入手，助力乡村振兴"根际微生物项目等；另一方面，学院教师带领实践团队在科学知识普及上做了诸多尝试，如"向阳计划"科普支教社会实践项目，研发8大主题课程150节，培养讲师150余名，覆盖多所中小学、社区、少年宫，受众2000余人，获得了学生、家长、各合作单位和校内外媒体的一致好评。

3. 为服务大局担当，提升社会贡献

在服务大局提升社会贡献度方面，学院教师挺膺担当，注重发挥学科特长，产出了一系列高质量学术成果，助力社会发展和乡村振兴。近3年来，相关实践团队发表论文20余篇，申请专利5项，建立了全国最大的线虫资源库，打造庄浪丹参种植示范区，推广大豆种植技术至1000余亩试验田，助力农业发展农民增收。"向阳计划"公益支教项目筹资近17万元，打造实践基地5个，科普教室3间，搭建维护南开书屋5间，助力乡村教育振兴。

近3年来，学院教师带队，斩获第七届中国国际"互联网+"创新创业大赛红旅赛道金奖1项，打造全国"三下乡"优秀社会实践团队1支，天津市"新时代·实践行"先进集体标兵2支，天津市"优秀志愿服务项目"1个，天津市"三下乡"社会实践优秀团队 3 支、优秀个人 3 名，校级卓越团队 1 支，十佳团队 2 支，校"师生四同"十佳课题 2 个；同时，"向阳计划"入选全国大学生科技志愿服务示范团队、中国科协"翱翔之翼"大学生科技志愿服务项目和团中央"七彩假期"示范团队，学院团委连续两年被评为南开大学优秀社会实践指导单位，并于 2023 年获评天津市"三下乡"社会实践活动先进单位。相关工作被教育部、人民网、央广网、《中国教育报》、中国扶贫网、《中国青年报》等媒体报道数十次。

作者：李鹏琳，王一涵

作者单位：南开大学生命科学学院

六、"师生四同"，构建以"用"为导向的科技创新人才培养体系

（一）背景与工作思路

1. "三全育人"工作机制充分发挥教师对学生成长成才的指引作用

经过多年的探索实践，南开大学逐步形成了以"同学、同研、同讲、同行"的"师生四同"育人新模式和机制，旨在发挥教师主导和学生主体的协同作用。南开大学人工智能学院深入学习贯彻习近平新时代中国特色社会主义思想，落实全国高校思想政治工作会议及全国教育大会精神，制定《南开大学人工智能学院关于深化"三全育人"格局下教师全面参与学生培养工作的实施办法》。通过鼓励教师全面参与学生培养工作，提升教师的职业素养、专业能力和引领效能，加强师德师风建设，使教师做到有理想信念、有道德情操、有扎实学识、有仁爱之心，以此在学生理想信念、思想品德、学业规划、专业学习、创新能力培养等多领域发挥思想政治教育骨干力量，培育一批科学文化水平与思想道德水平"双高超"的优秀学子。

2. 科技创新与人才培养为新质生产力强基赋能

着眼于新一轮科技革命和产业变革、大国竞争加剧以及我国经济发展方式转型形成的历史性交汇对生产力发展水平提出的新要求，习近平总书记创造性

地提出了"新质生产力"这一全新概念。[①]习近平总书记主持召开新时代推动中部地区崛起座谈会时强调："要以科技创新引领产业创新，积极培育和发展新质生产力。"[②]同时，加快形成新质生产力，关键在于通过教育的创新来培养更多具有创新性的人才。[③]

人工智能是发展新质生产力的重要引擎，为新质生产力的发展注入活力。南卉大学人工智能学院深耕内涵发展，瞄准世界科技前沿，坚持教师和学生同向同行，以建设新一代人工智能领域国际一流的人才培养基地和研究团队为目标，推动人工智能学院在学科建设、人才培养、理论创新、技术突破、应用示范等方面全方位发展，为我国人工智能领域的人才培养和科技创新起到重要的引领和示范作用。

（二）主要做法

1. 党建引领，协同育人，疏通思想"堵点"

在学院党委指导下，人工智能学院坚持"全员协同"，联动师生支部，组织全体力量，发挥骨干作用，疏通思想"堵点"，强化教师队伍的政治建设和能力提升。学院整合各类资源，广泛开展各类主题教育，突出理想信念养成，形成"集体研学—专家导学—干部领学—党员自学"的"四学"联动机制，采用接地气、贴人心的方式，做到"从思想上高度认同，从行为上高度实践"。

学院党委统筹师生两大主体，促进师生交流，使师生在共情和共鸣中引发共识，在尊重和理解中增强感情。师生支部和党团支部联动进行课程思政调研，开展听课数据分析，优化思政课程建设；学生党支部联合学校机关党委开展主题党课暨支部座谈，对创新党员教育活动形式进行有益探索；师生支部共建交流"如何有效开展科研、如何处理好导学关系等"，充分发挥导师在研究生学术诚信中的指导作用。

① 周文，许凌云. 论新质生产力：内涵特征与重要着力点[J]. 改革，2023（10）：1-13.

② 一以贯之抓好党中央推动中部地区崛起一系列政策举措的贯彻落实——习近平总书记在新时代推动中部地区崛起座谈会上重要讲话鼓舞人心，催人奋进[EB/OL].（2024-03-22）[2024-03-23]. http://paper.people.com.cn/rmrbwap/html/2024-03/22/nw.D110000renmrb_20240322-1-02.htm.

③ 姜朝晖，金紫薇. 教育赋能新质生产力：理论逻辑与实践路径[J]. 重庆高教研究，2024，12（01）：108-117.

2. "同学同研"，以"学科交流"为侧重点，深耕专业培养

学院坚持"三全育人"工作机制，根据学生成长发展需要，设立班导师、思想引领导师、新生引领导师、学业发展导师、创新发展导师五类"协同育人"辅导员岗位，推动教师全面参与学生培养工作。

学院积极搭建师生交流平台，发挥教师在学业指导、科研提升、就业指导等各环节的育人效能。院长带新生走进实验室，上好新生开学第一课；开设"导师答疑坊"，50 多名低年级本科生通过预约实现与专业教授面对面、个性化咨询；50 名教工党员，实现对学业困难学生一对一指导帮扶；依托"导师有约"、学术研讨会等师生交流平台，鼓励教师针对性指导学生开展学业科研活动。

学院以问题为导向，组织申报 10 项"师生四同"课题，使师生在"同学同研"中达到理论认识和科研实践上的同频共振；开放国家级虚拟仿真实验室和罗克韦尔智能制造协同创新实训中心，为学生搭建学习实践平台，通过"实验室开放日""科技文化节"，师生一同学习宣介科研项目和科学知识。在创新科研的各个环节，师生同学共进，切身参与，让创新发展的种子萌芽生长。

3. "同讲同行"，以"社会服务"为落脚点，贯通学思践悟

学院鼓励师生同行开展科研实践，赴潍坊调试设备，去成都科研合作，到长沙成果转化，深入 8358 所项目制实习实践，前往西藏落地国家重点课题，奔赴多地机场检验跑道机器人，上百人次在师生"同讲同行"中开展产学交流。很多参与到科研创新实践的学生，往往能独当一面，成为科研攻关主力军。

学院聚焦中国式现代化的国家战略以及乡村振兴战略，在河北省邯郸市大名县、河北省乐亭县汤家河镇挂牌成立 2 个南开大学中国式现代化乡村工作站，组建专项工作组制定服务学科研究、助力当地乡村振兴发展的细化方案。乡村工作站建立以来，学院定期组建"师生四同"社会实践队前往工作站所在地开展实践活动，在推动当地乡村振兴的同时有力提升教师与学生的社会服务意识和能力。

学院还邀请专业教师、党团干部积极参与到寒暑期"师生四同"社会实践中。2021 年以来，学院聚焦红色文化育人、服务国家发展战略、中国式现代化建设等主题，派驻 33 支实践队分别前往革命老区西柏坡、合作交流单位环湖医

院、定点扶贫地区唐山乐亭等地开展实践调研活动，取得了一些成果：1 人获南开大学暑期社会实践十佳个人，4 人获校级优秀个人标兵，5 人获校级优秀个人；6 支团队获南开大学暑期社会实践校级优秀团队标兵，8 支团队获校级优秀团队；4 人获南开大学暑期社会实践校级优秀指导教师标兵，6 人获校级优秀指导教师。

（三）成效与创新

1. 因材施教，师生共促成长

用心教书育人，用初心践行使命。学院教师鼓励学生将个人发展同国家战略所需相结合，积极指导学生申报学术课题，从"面向生态监测与灾害搜救的水陆空多栖仿生机器人平台设计与控制研究"到"穿孔全细胞膜片钳自动化记录研究"，科学研究与教学实践融合，促进学生科研能力提升；在基础课程设置方面，学院老师结合学生真正需求，以实际应用为切入点，激发学生学习动力；提议开设实验课程，倡导"边学边做"；带领学生深入企业现场，打通课堂、实验室、企业资源，避免"工科不工、纸上谈兵"。

潜心科研育人，带领学生用毅力勇攀高峰。学院教师注重引导学生厚植家国情怀，结合国家重大需求，为研究生量身选题、因材施教，聚焦智能机器人技术，海陆空同步发展，倡导"三位一体"助力新工科人才培养。由南开大学、南开大学深圳研究院、天津市农业科学研究院联合研发的"活体细胞精准操作机器人技术及系统"入选"2023 中国智能制造十大科技进展"。该项目旨在利用机器人代替人工实现自动化活体细胞操作，对解决农业育种"卡脖子"问题具有重要意义，目前已在生物医药、脑科学研究等 14 家单位开展了示范应用。

教学相长，在教育教学过程中，教师与学生相互促进，共同成长。学院段峰教授以其在脑科学、机器人技术领域作出的持续探索和突出贡献当选"年度科创力人物"。张雪波教授坚持育人为本、德育为先，在十余年教书育人过程中，秉承"以学生为中心"的育人理念，教学与科研硕果累累，受到师生一致好评。孙宁教授加入天津市优秀创新创业导师人才库，为学生指点迷津，以"立德树人培育人才，产学结合服务国家"获评南开大学第十届"良师益友"十佳奖。2021 届毕业生吴易鸣在接受采访时说道："我想成为像孙老师一样的好教师。

他在科研上科学严谨，在培养学生上认真负责。"

2. 科教融合，人才培养硕果累累

通过资源整合，学院形成了以科协、航模社团和"智能基座"产教融合基地为基础的自主服务基地，以国家虚拟仿真实验室、罗克韦尔实验室、深圳研究院为基础的科研体验基地。学院团校"产学交流"已成为必修课程，曾到美的、华为、中兴等企业多次授课。学院与天津 8358 所和麒麟软件合作，"工程认识与实习"作为专业选修课已经落地，依托课程已选派 15 名本科生前往基地实习。特别是依托新近成立的深圳研究院，以及学院与在地企业的良好合作基础，学院派赴学生上百人次开展产学交流、科研实践和成果转化。很多参与到科研实践创新实践的研究生，往往能独当一面，成为项目对接、设备调试和合作洽谈的主力军。

学院在人才培养方面取得了累累硕果，在 2023 年中国国际大学生创新大赛上，由南开大学人工智能学院孙青林、郑月阳、孙明玮老师指导，孙昊副教授担任团队负责人的"'火星之眼'——御风飞行，星辰大海探索先驱"项目凭借出色的表现摘得产业赛道全国金奖，为南开大学收获该项赛事的产业赛道第一金。

由中国人工智能学会、科技部新一代人工智能发展研究中心联合主办的首届全国人工智能应用场景创新挑战赛全国总决赛在东莞松山湖科学城举行。我院韩建达教授、于宁波教授指导的"智疗-脑功能疾病诊疗智能辅助系统"项目和段峰教授指导的"灵犀脑控智能康复机器人"项目获得全国总决赛一等奖。2023 年 RoboCup 机器人世界杯在法国波尔多落下帷幕。南开大学两支本科生队伍在决赛中发挥出色，获得线上挑战赛冠军与"Best Paper"奖（唯一）。

作者：吴亚坤，王芊又
作者单位：南开大学人工智能学院，南开大学马克思主义学院

第六章

"师生四同"加速实践基地建设

一、"师生四同"理念下"一体化"实践育人路径的探索与实践——以南开大学医学院为例

（一）背景与工作思路

南开大学坚持学习宣传贯彻习近平新时代中国特色社会主义思想，牢记立德树人根本任务，持续深化实施师生"同学、同研、同讲、同行"实践育人模式。习近平总书记曾勉励青年，要"用脚步丈量祖国大地，用眼睛发现中国精神，用耳朵倾听人民呼声，用内心感应时代脉搏，把对祖国血浓于水、与人民同呼吸共命运的情感贯穿学业全过程、融汇在事业追求中"①。南开大学坚持扎根中国大地办教育，深化"第二课堂"建设，在"师生四同"实践过程中，推动"思政小课堂"与"社会大课堂"相结合，推进"三全育人"模式高质量内涵式发展。

习近平总书记的重要讲话，为新时代大学生上好社会实践"必修课"、努力成长为堪当民族复兴大任的时代新人提供了根本遵循。医学院深入学习贯彻习

---

① 一见·@广大青年，这份来自总书记的期望，请查收[EB/OL].（2022-04-28）[2022-04-29]. http://cpc. People.com.cn/n1/2022/0429/c444418-32412311.html.

近平总书记关于青年工作的重要论述，立足我国"健康中国"发展战略，将医学教育和国家发展要求相适应、同人民群众期待相契合，以服务社会、服务基层、服务民生、服务青年为主要内容，高度重视、精心筹划、组织实施"一体化"实践育人路径，结合不同学段学生特点，专研定制育人方案，打造实践育人南医品牌。医学院不断夯实实践基地建设，通过筑牢专业理论应用基础、深化校园文化浸润作用、打造"三全育人"特色品牌等方法，打通协同育人路径，形成教育合力，提升实践育人成效，真正做到以文化人、以德育人，用心用情培养国家需要、人民信任的高素质医学人才。

（二）主要做法

医学院全面推进"师生四同"育人模式，专业教师和辅导员积极指导并深度参与学生社会实践、志愿服务、创新创业等育人工作。鼓励学生以"返家乡"社会实践活动为依托，发挥专业所长，参与社区公益服务，在实践中了解社会实际，服务人民群众，勇担时代责任，践行青春使命。

1. 投身乡村振兴，助力健康发展

在学校党委的领导下，医学院成立南开大学中国式现代化乡村工作站专项工作小组，以两个乡村工作站为依托，在湖北省恩施州利川市汪营镇齐跃桥村、甘肃省庄浪县东门村深化"第二课堂"建设，以助力乡村医疗振兴为切入点，引领学生了解基层实际，扎实推进"公能"素质教育。医学院遴选政治素质过硬、基础知识扎实、有执业医师资格的各科室博士生，组建学生医疗卫生志愿服务队，实践队员均具备良好的科研素质和丰富的实践经验，由专业老师和辅导员带队，多次前往庄浪东门村开展医疗帮扶，充分发挥专业特长，帮助当地搭建智慧医疗预约系统，利用线上平台开展随诊服务，携手实现共建共研共学共享的工作模式。此外，医学院师生前往天津市西青区白滩寺村近 10 次，通过入户、集中义诊等方式为村民提供基础医疗检查、用药指导、健康宣讲、建立健康档案，助力基层医疗卫生体系建设，引导学生依托学科优势进一步知中国、服务中国。

2. 深耕社区服务，守护居民健康

医学院不断夯实社会实践基地、志愿服务基地建设，与天津市退休职工养老院、南开区学湖里社区、津南区新薇家园社区签署共驻共建协议，与津南区咸水沽镇新时代文明实践所达成友好合作，积极配合南开大学离退休处开展敬老服务系列活动。医学院加强纵向联系，做好横向沟通，将社会实践、志愿服务、服务学习课程有机融合，立足社区实际和居民需求，广泛开展专业鲜明、群众需要的特色活动，在党史学习教育、健康知识科普、助老志愿服务、社会实践活动等方面开展全面合作，不断拓宽"师生四同"实践育人路径，加强服务共建和教育共建，为同学们搭建学习思考、实践调研、素质拓展和交流合作的平台，鼓励师生将南开"公能日新"精神实践输送到社区一线，践行"把小我融入大我"的使命担当。（见图6-1）

图 6-1　医学院师生深入社区开展义诊服务

3. 搭建校园驿站，传递健康知识

医学院坚持党建引领、团建发力，组织与天津市口腔医院联合培养的硕士生、本科生在校内建立爱牙护齿先锋岗，硕博党支部多次开展健康义诊服务，多措并举建设"行走的医学课堂"。在一年一度的医学文化节中，医学院师生通过实景演示、理论宣讲、健康服务等形式的实践活动，面向社会大众展现医学魅力、传播医学文化、弘扬医学精神。此外，在连续多年深入社区、养老院、幼儿园等地开展健康科普宣讲活动的基础上，医学院建立健全宣讲制度，规范化梳理宣讲知识体系，整合"生命意义展厅"等教育基地育人资源，着力打造思源宣讲团精品课程，建立线上预约平台，提供"菜单式"志愿服务，开设习近平总书记关于健康中国重要论述、祖国医药卫生发展史等宣讲课程22个。医学院重视开展大中小学思政课一体化共同体建设，组织宣讲团结合"医学健康历"，长期面向中小学生、南开大学师生讲解健康知识，致力于宣传健康知识"入眼入耳入脑入心"，真正推动宣讲服务向基层、向城乡社区下沉。

4. 抓好临床技能操作"硬实力"与个人成才发展"软实力"

医学院牢牢把握人才培养规律，根据不同学段、不同年级学生特点，把握育人关键节点，专研定制育人方案，开展专业化见习与实习实践。临床技能是医学生赖以生存的根本，是临床医生职业发展的"生命线"。在校内，医学院双创中心举办"模拟腹腔镜比赛"，为医学生提供临床技能训练的"第二课堂"，为未来步入见习、实习阶段以及临床工作打下良好的基础。此外，医学院与京津等地教学医院、毕业生重点就业医院和医学类科研院所的合作互动，为同学们搭建了拓深专业学习的平台，在实操中提升学生的技能操作能力和基础临床素养，在实景体验中感受医学的意义和生命的价值。为更好地服务国家战略，精准对接社会需求，医学院常态化推进"访企拓岗和企业实践"相关活动，建立长效沟通机制。通过访谈交流、参观实习等方式加强校地校企互动，深化人才合作，充分整合资源，凝聚育人合力，让学生在实践中充分了解时代需要，提升创新创业能力，夯实求职竞争力，擘画职业发展之梦。

（三）成效与创新

医学院在"师生四同"育人理念下，结合多样化社会实践和志愿服务活动，以培育时代需要的医学人才为主线，不断拓宽"一体化"实践育人路径，打造医学青年服务社会"四个品牌"，以"四个融入"推动实践育人走深走实，全方位服务社会发展建设，多举措服务青年发展需要，取得良好成效。

1. 融入社会医疗体系，打造志愿服务品牌

医学院创新服务形式，建立长期有效的医疗健康服务机制，助力"健康中

国"战略建设。坚持"志愿健康服务,助力健康扶贫",立足学科特点,以党支部"结对共建"活动为载体,依托南开大学中国式现代化乡村工作站战略布局,探索"师生四同"实践育人下医学人才培育新路径。整合资源优势,发挥辐射带动作用,运用"互联网+"平台赋能,积极推动社会实践和志愿服务与医疗卫生服务体系建设相结合,积极对接优秀校友和专家资源,完善和扩充南开大学医疗卫生志愿服务队,鼓励医学专业志愿者与专业医生协调合作、功能互补,引领青年在提高人民健康水平、促进人民健康发展等方面担当奉献。

2. 融入社会服务需要,打造健康宣讲品牌

医学院贯彻落实习近平总书记在党的二十大报告中强调的"推进健康中国建设,发展壮大医疗卫生队伍,把工作重点放在农村和社区"的要求,充分发挥专业特长,通过前往乡村、社区、学校等地开展医疗卫生服务、健康知识讲解、医学文化宣传等活动,聚焦专业化、社会化、服务型、内涵新的"学雷锋"系列志愿服务,实现"多次进农村,一月一社区,随时进学校,宣讲入人心"的目标,聚合浸润式育人资源,让学生在"师生四同"的实践中把个人的理想追求融入党和国家事业之中,彰显当代医学青年的思考与担当。(见图6-2)

图6-2 南开大学医学院思源宣讲图进校园

3. 融入社会焦点问题，打造医学调研品牌

医学院聚焦社会难点与群众痛点问题，组织社会实践团队赴祖国各地开展医学相关问题的社会调研，借助学院专业教师和辅导员力量，指导学生在实践中发现问题、认识问题，培养学生解决问题的能力，积极推动学用转化，将调研内容与教学科研有机统一，从地方实际需求和问题中选择合适的课题立项并开展研究，建言献策，推进师生同学、同研、同讲、同行，专研长效机制，打造医学类专业社会调研品牌。

4. 融入时代发展需要，创新医学实践品牌

医学院坚持引领青年学生在实践中受教育、长才干、作贡献，积极投身祖国卫生健康事业的发展，在实践锻炼中成长成才。结合医学专业特色和医学教育发展规律，医学院连续多年组织学生赴南开大学附属医院开展导诊志愿服务活动，专业教师带领学生下沉社区开展服务学习实践。每年寒暑假，学院鼓励学生依托"返家乡"社会实践活动前往家乡医院、卫生所等机构开展返乡实践，参与当地疫情防控、社区服务、公益服务、健康宣传，增强服务人民、回报家乡的责任感和使命感。学院整合多方资源，让学生前往实验室、企业和实习基地交流学习，在实践体验中加强同学们的科研创新能力和实际操作技能，涵育医学人文素养，用心培养具有临床能力、科研水平和社会温度的医学生。

作者：郭唯嘉

作者单位：南开大学医学院

二、锚定"师生四同"，打造面向实践的"商学+"红色联盟

（一）背景与工作思路

习近平总书记在党的二十大报告中指出："广大青年要坚定不移听党话、跟党走，怀抱梦想又脚踏实地，敢想敢为又善作善成，立志做有理想、敢担当、能吃苦、肯奋斗的新时代好青年，让青春在全面建设社会主义现代化国家的火

热实践中绽放绚丽之花。"①

为深入学习贯彻习近平新时代中国特色社会主义思想，全面学习宣传贯彻党的二十大精神，引导青年用脚步丈量祖国大地、用眼睛发现中国精神、用耳朵倾听人民呼声、用内心感应时代脉搏，上好与现实相结合的"大思政课"，南开大学商学院锚定"师生四同"育人模式，连续5年组织师生1200余人次赴全国32个省、自治区和直辖市开展"师生四同"社会实践活动，打造"商学+"实践育人格局。学院与社区、乡镇、企业、事业单位等建立面向实践的"商学+"红色联盟，以支部共建带动开展理论宣讲、顶岗实习、五育融合、专业竞赛以及志愿服务等多板块育人工作，为青年成长成才提供订单式实践资源。

目前南开大学商学院已经与天津市西青区第六埠村、天津市河西区桃园街道广顺园社区、天津市北辰区税务局、天津市医疗服务评价和指导中心、中交智运有限公司等20家单位建立"商学+"红色联盟党建基地，开展常态化交流走访60余次，为共建单位输送百余名优秀的南开青年开展实习实践相关活动，实现青年受教育、长才干、作贡献"三位一体"高质量育人效果，让青春在祖国最需要的地方绽放绚丽之花。

（二）主要做法

1. 建立"强连接"，以"商学+高质量人才培养"为核心，让青年受教育

"师生四同"实践育人的核心是立德树人，解决好培养什么人，怎样培养人和为谁培养人这个根本问题。为此，学院在社会实践工作中，打破了以往社会实践等于简单的"一门课、两学分、寒暑假、低年级"的刻板印象，充分盘活校内校外资源，发挥党建引领和学院学科特色优势，实现一个党支部建立一个"商学+"红色联盟党建基地的"强链接"。

（1）在深广调研基础上，为青年所需构建资源"蓄水池"

学院面向学院全体青年开展调研，了解大家的急难愁盼问题，通过调研发现，同学们对于开展常态化社会实践、志愿服务，开展政务实习，去企业参观调研等诉求排在需求清单最前列。为此，学院在"师生四同"社会实践的过程

---

① 习近平. 高举中国特色社会主义伟大旗帜 为全面建设社会主义现代化国家而团结奋斗——在中国共产党第二十次全国代表大会上的报告[M]. 北京：人民出版社，2022.

中充分挖掘育人平台，通过党建共建带动理论宣讲、顶岗实习、五育融合、专业竞赛以及志愿服务等多个"连接点"的联动，将育人主体由校内专业教师、辅导员等延伸拓展到企业、乡村、社区等实践基地单位，多主体共同参与，呈现协同育人的局面。

（2）在做强实践基础上，为联盟共建单位提供"源动力"

学院在"商学+"红色联盟的建设过程中，牢牢把握"共建不是目的，育人才是根本"的主线，以充分把握"共享共建共治共赢"这一目标，发挥党员主观能动性和党支部战斗堡垒作用。通过"师生四同"社会实践开展面向实践基地，学院贯通本硕博学生的长期社会实践活动，最大限度聚拢和盘活资源，为青年成长聚势赋能，清晰勾勒出"商学+高质量人才培养"的"师生四同"商科孵化路径。

2. 实现"新发展"，以"商学+新质生产力提升"为纽带，让青年长才干

"师生四同"实践育人模式的根本是服务学科建设，商学院专业具有很强的社会应用性，如何在新时代讲好南开"商以富国"的内涵，是"师生四同"重要的命题。为此，学院将"商学+"红色联盟的共建单位作为发展案例进行课题研究，作为教学素材搬上第一课堂，为国家和区域经济发展提供"新动能"，提升"师生四同"的实效性。

（1）在品牌振兴上下功夫，项目化共建编制"课程图谱"

在"商学+"红色联盟的建设过程中，注重将专业学习和社会发展紧密结合，开展"老字号品牌振兴"专项"师生四同"社会实践活动，与"达仁堂""老美华""桂发祥"等企业建立"商学+"红色联盟，为"老字号"提质升级提供商科方案。其中，市场营销系教授许晖带领硕士研究生赴中医药老字号达仁堂开展实践教学，引导学生就"老字号"的变与不变、营销创新等问题进行深入探讨，形成的"四时本草——达仁国药文化校园行"共建成果在南开大学第二主教学楼展出，吸引百余名师生驻足观看，让"新国潮"的中国心在青年中"种草"。

（2）在文化传承上下功夫，体系化共建打造"商科标准"

学院深耕非物质文化遗产的传承与创新研究，连续多年派出"师生四同"暑期社会实践队建立"商学+"红色联盟基地，以杨柳青年画、晋剧、越调艺术

等非物质文化遗产的数字化传承为案例进行实践研究，打通非遗传承"中梗阻"，推进从"教学体系"向"信仰体系"转化，并形成调研报告 5 万余字，为非物质文化遗产的创新性保护建言献策，学院还收到了河南省越调艺术保护传承中心与山西省文旅厅回函感谢。实践活动使学生在实践调研中长才干，实现"商以富国"在新时代的创造性转化、创新性发展。

3. 打造"新高地"，以"商学+服务国家重大战略"为目标，加强成果转化，提升贡献度

"师生四同"实践育人模式的目标是"受教育、长才干、作贡献"。其中，"受教育""长才干"是社会实践的本体功能，而"作贡献"这个维度，是通过"师生四同"释放出难以估量的创造力，是创造价值的育人过程。学院通过建立"商学+"红色联盟，重视挖掘"师生四同"实践项目中的成果转化，打造实践育人标杆。

（1）聚焦服务区域发展，应用共建创新成果按下"快进键"

在"商学+"红色联盟的建设过程中，学院聚焦天津发展建设，围绕加强医疗健康服务，为民生工程贡献青年智慧。学院与科技创新型企业中源协和共建，开展医药行业案例分析大赛，讲好"生命教育"实践课；与天津医指中心共建，在课题攻关和医管人才联合培养中确立南开商科范式。学院连续 4 年开展互联网医疗专项"师生四同"社会实践，与天津市卫健委、社区医院联动，实现专业教育与心系民生融合，获评"挑战杯"全国大学生课外学术科技作品竞赛一等奖。

（2）聚焦国家重大战略，拓展共建服务半径实现"加速跑"

围绕数字中国建设，学院将专业研究与数字赋能紧密贴合，组织 4 支社会实践队前往上海、苏州、杭州和深圳，紧紧围绕智慧城市、数字档案馆、非遗传承三大主题，将课程学习延伸到服务国家重大战略中；同时，在杭州花开岭建立"商学+"红色联盟，以先进智能技术带动信息资源领域转型升级，为中国式现代化贡献青春力量，该举措获得苏州新闻专题报道。

（三）成效与创新

1. 注重"基地+机制"融合创新，构建科学工作体系

南开大学商学院牵住"党建"的"牛鼻子"，充分发挥党建引领作用，由学

院党委副书记、副院长牵头，各专业教师党支部和学生党支部联动，全面统筹各领域、各环节、各方面的资源和力量，依托"高新技术开发区、大学科技园、城市社区、农村乡镇、工矿企业、爱国主义教育场所"等，建立"商学+"红色联盟党建基地，以基地建设为中心盘活各项资源，实现聚合式服务青年发展模式。同时，学院学生党总支建立"商学+"红色联盟办公室负责项目对接整合，制定形成《商学院"商学+"红色联盟共建清单》，定期跟踪每一家共建单位活动情况，形成良性评价体系，调动基地活跃度，通过科学完善的体制机制，促进特色化实践基地充分发挥作用。

2. 注重"课程+平台"融合创新，深化"大思政"共同体

在"商学+"红色联盟建设过程中，学院充分发挥好课程的"主渠道"作用，深入推动第一、第二课堂相结合，让"走出去"成为专业课学习的常态化活动。通过"商学+"红色联盟的建设，学院将共建单位资源与课程资源联动，定期组织学生赴基地单位参观调研，夯实专业知识学习，形成沉浸式、体验式、互动式的课程体系建设模式。同时，学院积极为各共建单位打造沟通交流的平台，组织共建单位就学生社会实践、志愿服务、创新创业、实习就业等具体工作开展论坛交流，实现资源贯通融合。此外，学院组织共建单位负责人共同赴"商学+"红色联盟共建单位天津市西青区第六埠村开展"重走长征路"主题党日活动，并开展资源对接和合作，将更多的企事业单位资源带到乡村，服务天津乡村振兴建设，把党的伟大历程转化为优质社会实践资源。

3. 注重"特色+转化"融合创新，打造可推广育人品牌

通过"商学+"红色联盟的建设，师生既以专业所学应用于解决实际问题，又把最新科研成果带到产业前沿，推动产学研合作升级，实现了第一课堂与第二课堂、科研创新与社会实践、科研项目与社会应用的多层联结，也有力地推动学院"商学+"红色联盟基地建设成为创新创业实践基地、人才培养基地、重大项目合作基地等多元化特色平台。同时，学院加强基地项目成果转化，利用联盟资源优势，在丰富的商科实践案例和横向攻关课题中，提升学生创新实践思维与能力，做到一个基地、一个项目、一份报告、一项成果，充分运用好"商学+"方法，推动理论与实践的"知识旋转门"，在实践中引导广大青年关注服

务国家重大战略，让青年在"大有可为"的地方"大有作为"。

作者：曹莲娜

作者单位：南开大学商学院

三、南开大学药学院中国式现代化乡村工作站建设情况

（一）背景与工作思路

学院"师生四同"实践育人工作主要落实于中国式现代化乡村工作站的建设。

为了进一步贯彻习近平新时代中国特色社会主义思想，落实党的二十大的战略部署，发挥南开大学"知中国，服务中国"的传统，牢牢把握"四个服务"办学方向，利用药学学科优势带动地区经济发展，南开大学药学院与地方政府展开合作，助力乡村振兴，共同开展了乡村工作站建设工作。

南开大学药学院目前设有三个乡村工作站，分别位于甘肃省陇西县首阳镇禄家门村、甘肃省庄浪县韩店镇东门村和贵州省安顺市关岭自治县龙潭街道落叶村。三个乡村工作站均具有以下特点。

第一，地理位置比较偏僻。三处乡村工作站均处于偏远的省份中的农村地带，经济发展水平相对比较落后，在交通上有很大的不便和困难，在经济规模和构成上与发达地区差异较大，限制了当地的发展。

第二，人口规模比较小。三处乡村的主要劳动力来源于当地居民和村干部。外来新鲜劳动力不足，缺乏高知识、高技术人才，难以支撑起更为复杂的产业设计和经营。

第三，经济结构比较单一，产业链发展不够成熟。三处产业地多以当地特色产品（如黄芪、柴胡等中药材）的种植和销售为经济支撑，结构比较单一。虽然很多地方有了建立包括培育、种植、销售、加工等全部阶段的完整产业链的计划，但多数只停留在设想阶段，整个体系还不够成熟，难以应对复杂多变的市场环境和意外情况。

（二）主要做法

1. 完善建设三地的乡村工作站，作为联络与发展的基地

目前各地中国式现代化乡村工作站的建设已经通过学院的初步审批。其中，贵州省安顺市关岭自治县龙潭街道落叶新村和甘肃陇西县首阳镇禄家门村工作站已经经过了初步调研并形成书面文字材料。学院核实并确认了当地的具体实际情况，将与地方政府之前提供的信息结合，为之后的建设做初步的指导。乡村工作站将成为学院后续举行活动和调研的基地，在今后的发展过程中对实际的效果进行追踪和调研，及时反映出现的问题和不足之处，作为沟通的节点和桥梁。

2. 将学院对人才的培养和教育与当地的发展融合起来

中国式现代化乡村工作站建设的地区贯彻全面小康的建成目标，积极结合地区特色发展当地经济，具有初步成形且已经短时间发展过的产业，这是学院在教学阶段所缺失的。而当地虽然有了一定的经营经验，却缺乏比较明确的科学指导和稳定的高知识人才来源及高技术水平支持，整个产业的发展还比较稚嫩。因此，二者恰能互补结合。当地乡村工作站结合实际为药学院的学生提供经验和实际教学平台，促使药学院学生将理论和实际结合起来。药学院可以在教学过程中将乡村工作站的内容纳入教学体系中来，让学生走出教室，将实物作为教具，将实地作为课堂。将工作站所面对的一些问题融入教学中去，让学生运用自己的知识解决实际问题，使学生们真正动脑思考，利用新鲜血液的想法作为突破点，该举措既完善了专业思路、实现了教学目标，也为当地的发展提供了新的思路。

3. 依托"师生四同"，将社会实践和乡村工作站的具体建设结合起来

乡村工作站的建设为南开大学药学院提供了比较明确的平台。以往学院的社会实践多为依靠学校要求，由学生自主开展，存在活动重合较多、创新性不足的问题。而乡村工作站的建设成为解决该问题的契机。学院通过乡村工作站的建设建立起具有药学院特色的社会实践活动，组织学生前往乡村工作站参观当地的药企、药园等，与专业从业人员对话，为当地学生义务支教，为工作人员讲解专业的相关知识并在老师的指导下对药材的种植、识别等做出自己的判断和改进。该举措可以让社会实践和药学院专业更紧密地结合起来，创造出具有药学院特色的实践活动，更有利于提高药学院学生的参与度和积极性。学生在实践过程中可以进一步巩固所学的知识，还可以耳濡目染地感受到脱贫攻坚的工作过程以及药材产业的经营，丰富自身经历，了解市场现状和产业发展的境遇，为将来的就业发展做出初步准备。此外，在实践过程中，学生还可以感受到基层工作人员的不易，理解国家乡村振兴战略的必要性，将党的二十大精神切实贯彻到实际中去。

4. 发挥药学院学科优势，提升县域人才振兴帮扶水平

《汉书》有云："临渊羡鱼，不如退而结网。"为了贯彻乡村振兴战略，切实为当地树立起可持续的长久经济发展策略，单纯依靠短期的支援或者单纯的资金输送是不可行的，而建立一个成熟完整的经济体系则显得更为重要。在这一过程中，人才尤为重要。依托学校党委，学院对当地的工作人员进行包括中药材质量评估和研究开发的专业指导，通过对技术人员进行业务研讨、参观交流等形式的培训，将学院所具有的科研优势和知识优势变现，为当地输送先进知识。当地在接受学院提供的科研知识的同时，又可以与自身存在的经验相结合，实现自身的人才变现。这样既避免了偏僻落后地区对年轻人才吸引力不足的风险，又能最大程度地提高现有队伍自身能力，利用当前具有的资源发挥出最大的功效。

（三）成效与创新

1. 乡村工作站建设

乡村工作站的建设以当地省份校友为纽带，以国家发展战略和方针为指导，结合当地发展的实际情况，由药学院与地方合作完成。组成队伍主要包括校友站长、药学院站长和当地站长。

目前，学院已经前往当地进行了现代化乡村工作站的建设考察工作，参观了繁育基地等当地设施，与当地地区的工作人员进行了交流，双方就彼此关心的话题充分交换了意见。双方负责人对产业的发展做了宏观上的规划，学院老师也对中药材检测技术这种细致的层面做出了初步的指导，乡村工作站的建设意向已经明确并落实。

甘肃陇西县首阳镇禄家门村和贵州省安顺市关岭自治县龙潭街道落叶新村乡村工作站建设推进情况已经形成报告，并通过建设进一步了解了当地的人员、产业组成、经济结构、领导情况等。乡村工作站在今后的建设中将充分考虑校友、当地和学院三方的意见和建议，在实践中逐步推进。

2. 实施方式与发展方向

乡村工作站的建设将联合三方继续推动并完善下去。目前乡村工作站的基本工作虽然已经进行，但还存在着经验不足、细节不足、合作不充分的问题。未来学院会逐渐完善乡村工作站的工作机制，重视乡村工作站的实用性，尽快推动乡村工作站投入实际使用。

乡村工作站建设完成后，学院的发展方向在于更深层次的融合，这正是此次实践育人的创新点。在时间上，表现为更长久持续；在程度上，表现为更深层次；在形式上，表现为更丰富多样。

区别于从前的单向短期的建设，学院更重视乡村工作站对双方协同促进的作用，即不光是一方对另一方单方面的帮助和扶持，而是双方充分立足自己的实际，发挥自己的优势取长补短，起到"1+1>2"的作用。学院和当地在建设乡村工作站的过程中要着眼于双方的需求点，如当地为学院的学生提供学习和实践的平台，而学院为当地提供技术的支持和保障。这样长期互惠的合作更有利于关系的维持，也保证了实践育人工作的顺利开展，更有利于当地经济的长远发展。

不拘束于单纯的学科指导或者实践中的某一具体阶段，药学院准备结合当地发展的具体现状，做出更有利于当地的精准指导与整体规划，比如在完善中医药发展的产业链过程中，不广泛地针对某种中药材的筛选、加工和作用的理论基础，而是从整体出发，了解这条产业链建设中的不足，结合自身的优势和学科特色针对其中较为明显的不足加以处理，并从长远出发，对包括建立完善的基础设施等措施在内的其他方面的行动加以分析，对当地的发展做出有针对性的帮助。

目前乡村工作站的建设虽然已经提上日程，但还是处于合作的初级阶段。有很多工作都有待进行和进一步探究。学院虽然对此有了大致的规划，但很多细节方面的问题还存在研究不够深入的问题，这些都将在之后的实践过程中进一步推进。

作者：王子昊

作者单位：南开大学药学院

四、打造"大思政"育人平台，赋能高质量社会实践——以南开大学旅游与服务学院实践基地建设为例

（一）背景与工作思路

民族要复兴，乡村必振兴。习近平总书记在党的二十大报告中提出了"以中国式现代化全面推进中华民族伟大复兴"的奋斗目标，必须把推进中国式现代化作为最大的政治。习近平总书记在党的二十大报告中强调，全面建设社会主义现代化国家，最艰巨最繁重的任务仍然在农村。报告同时指出，全面推进乡村振兴，坚持农业农村优先发展，巩固拓展脱贫攻坚成果，加快建设农业强国，扎实推动乡村产业、人才、文化、生态、组织振兴。①这既表明了乡村振兴工作的重要性和艰巨性，同时也为乡村发展指明了具体路径。

2023 年 5 月，南开大学印发《南开大学中国式现代化乡村工作站建设方案》，旨在发挥南开大学"知中国，服务中国"的传统和综合性学科优势，更好服务中国式现代化建设，将学校发展与国家发展的现实目标和未来方向紧密联系起来，将满足国家战略需要、引领国际学术前沿、解决地方经济社会现实问题和落实立德树人根本任务统一于中国式现代化乡村工作站工作，将乡村工作站作为学校对接落实国家乡村振兴战略的重要阵地，推动学校在人才培养、科学研究、社会服务、文化传承创新方面均衡发展，实现高质量发展和成果新突破。中国式现代化乡村工作站建设，为基层学院开展教学、科研、人才培养、社会服务等工作提供了更加广阔的思路和丰富的载体。

随着党的二十大报告中提出要"坚持以文塑旅、以旅彰文，推进文化和旅游

---

① 习近平. 高举中国特色社会主义伟大旗帜，为全面建设社会主义现代化国家而团结奋斗——在中国共产党第二十次全国代表大会上的报告[M]. 北京：人民出版社，2022.

深度融合发展"，文化和旅游融合进程加快推进，文化产业、旅游产业与国民经济相关领域有机融合。《全国乡村产业发展规划（2020—2025 年）》提出"以一二三产业融合发展为路径"，把"拓展乡村特色产业、优化乡村休闲旅游业"作为重点任务。[①]这使得许多乡村将大力发展乡村旅游作为推进乡村振兴的重要举措。

近年来，旅游与服务学院始终坚持"立德树人"根本任务，坚定践行新发展理念，着眼服务国家战略需求推进学院人才培养。[②]立足旅游学科的专业优势，学院高度重视、积极响应、深入调研、创新推进"师生四同"实践育人工作，构建起"多层联动、多维协同、多角度育人"的思政铸魂育人合力体系，不断深化师生"同学、同研、同讲、同行"实践育人模式，着力打造"扎根大地，旅研中国"的"旅院品牌"，依托中国式现代化乡村工作站建设，积极拓展育人载体，搭建教学相长的师生共同体平台，在乡村旅游、旅游产业融合、红色旅游等多个领域助力乡村振兴。

（二）主要做法

1. 聚焦国家需求，统筹布局，打造"大思政"育人载体

学院始终高度重视实践育人工作，并将其作为培养学生的重要载体，坚持"党委指导，团委执行，全员参与"的工作机制。特别是在学校出台《南开大学中国式现代化乡村工作站建设方案》后，学院党委统一指导，由院领导直接牵头，召开多轮专项工作会，协调各项资源，设置保证机制，制定鼓励政策，依托"师生四同"社会实践的开展，将中国式现代化乡村工作站建设与学院学科建设、课程设置、产业合作、教师和学生培养等各项工作统筹推进。2023 年暑假，多位院领导和学科带头人担任中国式现代化乡村工作站校内站长和社会实践随队指导教师，为学院高效开展实践育人"定调子""压担子"；学院团委发挥学生工作的经验优势，积极拓展资源，搭建服务平台，组建学生队伍，监管项目执行，为学院扎实落实实践育人工作"搭梯子""铺路子"；学院广泛发动全院师生参与，将学生参与社会实践情况纳入评奖评优考核细则及推免加分细

---

① 农业农村部. 农业农村部关于印发《全国乡村产业发展规划（2020—2025 年）》的通知[EB/OL].（2020-07-09）[2020-07-17]. https://www.gov.cn/zhengce/zhengceku/2020/07/17/content_5527720.htm.

② 在中国式现代化建设中贡献文旅力量 在文旅高质量发展中贡献南开力量[N]. 中国旅游报，2022-11-23（006）.

则，将教师担任中国式现代化乡村工作站站长和指导社会实践单列指标，纳入教师绩效考核奖励方案，促进学院实践育人"育苗子""结果子"。

为提升实践育人工作实效，学院将学生的思想引领与社会实践深度融合，重点聚焦乡村振兴、"农文旅"融合、传统文化传承等国家发展战略需求开展"师生四同"社会实践，着力提升实践育人工作的大局贡献度，力求让师生真正能够在"社会大课堂"中受教育、长见识、增才干、作贡献。学院探索出"1+2+N"的组织落实模式，以重点项目为抓手，带动整体工作提质增量。"1"即着力打造一个"品牌"项目，发挥专业优势，打造"扎根大地，旅研中国"实践育人品牌项目，将其作为学院实践育人专项计划，在基地建设、人员配置、资金支持、宣传报道等方面给与重点指导。"2"即用好两个"渠道"，一方面深度挖掘校友和企业资源，重点联络基层单位，主动走访对接，形成实践地资料库；另一方面积极发动专业教师参与，依托"莲子计划"对接教师课题或项目资源，形成可行的实践调研项目。"N"即形成多个不同类别、不同方向的实践项目，以"旅研中国"为样板，广泛征集学生实践意向，积极鼓励学生自主申报实践项目，形成学院实践育人工作广泛参与、多点开花的良好局面。2023年，依托"旅研中国"专项实践项目，学院成功建立了最早的三个中国式现代化乡村工作站，并建立了浙江省宁波市东门渔村和浙江省金华市双峰乡两个社会实践基地。（见图6-3）

图6-3 徐虹院长带领暑期社会实践队赴东门渔村调研并建立乡村工作站

2. 依托学科建设，贯通培养，搭建"链条式"育人平台

学院立足旅游学科应用型新文科的特点，以中国式现代化乡村工作站建设为契机，将学生实践融入课程教学、双创竞赛、第二课堂活动、实习就业等学生培养的全过程，依托各类实践基地的丰富资源和社会需求，将实践基地打造成学生贯通式培养和"全链条"育人的平台，在实践中丰富教学形式，转化科研成果，锻炼学生能力，服务成才报国。同时，实践取得的各类成果又能进一步推进学院学科建设，提供社会服务，形成"学以致用，以用促学"的良性循环。

图 6-4　学院"乡村振兴团队"在江西省赣州市过埠镇泮江村乡村工作站进行调研

依托中国式现代化乡村工作站建设，学院组建"乡村振兴团队"，扩充"文旅融合团队"，形成由专业教师、博士、硕士和本科生共同组成的梯队化实践队伍。（见图6-4）专业教师担任校内站长或乡村工作站校内联络人，依据自身研究方向，结合当地需求设定乡村工作站的主要研究方向；博士生和硕士生在学期中和寒暑假常态化赴乡村工作站开展课题研究，同时完成硕士培养的专业实习要求，从做"专"做"深"的角度，推进乡村工作站建设；本科生利用寒暑假社会实践，集中赴乡村工作站开展实践调研，结合国创百项课题、团校调研任务、思政课实践学分等项目，从做"大"做"广"的层面，扩宽乡村工作站

服务内容。除中国式现代化乡村工作站建设外,学院还依托学生实习实践基地和课程研学基地等平台建设,探索将学生专业学习与校内外实践活动有机结合,形成课程思政的强力辅助。学院安排本科生以专业为单位整建制前往国家会展中心、滨海新区中新生态城等多地开展专业实践,组织 MTA 专业硕士赴苏州、洛阳、张家界等地开展专项研学项目,深入了解行业发展(见图 6-5);组织学生志愿者参与"静象文旅"创业实践项目,通过文博场馆的沉浸式体验项目感受传统文化的创新性传承。

图 6-5 MTA 学生赴张家界景区开展研学实践

3. 挖掘各方资源,全员协同,开拓"共同体"育人渠道

学院持续完善"全员育人"工作机制,充分发挥专业教师在大学生学业发展和成长成才过程中的指导作用,强化专业教师对学生实践的指导,形成教学相长的"师生实践共同体"。通过选优配齐班导师队伍,学院为本科生各年级选聘 3—4 名专业教师作为班导师,在完成主要工作职责的基础上,班导师带领学生前往糖酒会、旅游产业博览会、滨海新区工业园等多地开展游学实践活动,

在"同学、同研、同讲、同行"的过程中帮助学生了解学科发展前沿动态，明确学习目的，不断提升专业认可度与满意度。通过加强专业教师对双创赛事的指导，学院凝炼出一条"以赛促学带研"特色培养路径，为学生参赛团队配备"专业教师+专职团干部"双导师，积极调动全院教师为学生参赛进行指导，切实做到"同学、同研"，促进学生实践项目向双创项目输出，推进实践成果为参赛成果积累。2023 年，学院李春晓副教授先后指导学生团队围绕参赛项目前往辽宁和山西开展多次实践调研，最终分获全国大学生红色旅游创意策划大赛特等奖及第十八届"挑战杯"全国特等奖，其个人获评南开大学青年五四奖章"青春领路人"。（见图 6-6）通过发挥党员带头作用，学院广泛发动专业教师参与实践育人，依托旅游管理系和会展系两个教师党支部，广泛发动教师党员参与指导学生实践，带队参加"师生同行"，近 3 年来，共有超过 20 位专业教师参与近 50 项"师生同行"暑期社会实践指导，形成了良好的示范效应。

图 6-6　李春晓老师指导学生团队获得第十三届全国大学生红色旅游创意策划大赛特等奖

此外，学院主动对接各地区、企业、校友资源，依托校友所在企业或单位共建校内外实践基地、培养基地。学院与山西省文化和旅游厅签订战略合作协议，连续多年向山西派出暑期社会实践队，就山西的文旅产业发展开展专项调研，为政府提供资政建议。2023 年，学院赴山西"重启'暂停键'：中国文旅产业供给侧转型升级路径与对策研究"专题社会实践队获评校级十佳实践队。同时，学院与国家会展中心、同程旅游、北京大地风景文旅集团、中国旅游集团、万豪酒店集团、北京北辰会展集团、上海迪士尼度假区等国内外知名企业在人才培养、实践基地、联合研究等方面保持着长期的合作，为满足学生的各类实习实践需求提供了丰富的平台资源。

（三）成效与创新

1. 依托基地建设扩充师生队伍，社会实践师生参与面扩大

2023 年，学院共组建 34 支暑期社会实践队奔赴祖国各地，学生 232 人次、专业教师 16 人次参与"师生同行"。在 2023 年度学校"师生四同"社会实践考评中，学院获评优秀指导单位，徐虹教授获评全国"三下乡"暑期实践先进个人和校级十佳指导教师，代美玲等 7 名专业教师获评优秀指导教师，多个团队和个人获得十佳团队、十佳个人、优秀团队标兵、优秀个人标兵等表彰，学院累计获得 24 项荣誉。此外，通过中国式现代化乡村工作站的常态化建设，40 余名硕博研究生首次参与到社会实践中，为学院开展社会实践工作提供了更强大的保障和新的力量。

2. 依托基地建设对接社会需求，实践项目社会贡献性增强

在服务中国式现代化建设进程中，学院把握乡村文旅发展特点，加快推进乡村工作站建设，截至目前已在山西、湖南、浙江、广西、河北、天津等 9 地 11 市申报设立 13 个乡村工作站。以中国式现代化乡村工作站建设为带动，学院积极鼓励学生立足国家发展需求开展实践，真正以南开智慧服务社会发展，把论文写在祖国的大地上。学院多支团队结合社会实践所见所思，撰写实践报告、资政报告以反哺社会，得到各地方的认可好评。例如，学院赴山西实践队撰写 4 本总字数超 30 万字的资政报告，报告得到山西忻州市、大同市主要领导的高度评价，该报告由山西文旅厅购入并在全省工作会议印发给所有参会人员学习，并被国家文旅部向全国推广。

3. 依托基地建设培育优质项目，实践成果专业含金量提高

学院引导实践团队将实践调研成果向高质量学术成果转化，形成多篇高水平论文，发表在 SSCI 国际顶刊等高水平期刊上。2023 年，"重启暂停键"团队在学院指导下，立足乡村文旅振兴，依托实践内容锐意创新，形成大量扎实的调研数据，依托实践申报的项目在第十八届"挑战杯"全国大学生课外学术科技作品竞赛取得全国特等奖的佳绩；学院研究生组成的团队依托对辽宁省的工业和军工双资源的调研项目设计红色旅游线路，获第十三届全国大学生红色旅游创意策划大赛特等奖。

作者：霍菲

作者单位：南开大学旅游与服务学院

五、以行促建，以建育人——经济学院"师生四同"实践与实践基地建设相互赋能的探索

（一）背景与工作思路

为落实党的二十大战略部署，积极响应习近平总书记在全国教育大会上指出的"要坚持扎根中国大地办教育"的重要指示，更好地服务中国式现代化建设，践行南开大学"知中国，服务中国"的办学宗旨，经济学院在全国范围内建立多个社会实践基地和中国式现代化乡村工作站，为师生搭建服务中国式现代化的广阔平台，引导师生准确把握国家重大战略需求，增强服务国家、服务社会、服务人民的主动性，扎根中国大地，不断推进知识创新、理论创新、方法创新，为以中国式现代化全面推进强国建设、民族复兴伟业贡献力量。

多年来，经济学院派出千余支社会实践队，经院师生把课题做在祖国的田间地头，与实践基地结对合作、参与治理，激活实践基地内生动力，推动实践基地全面发展，以专业知识服务于实践基地发展过程中的实际需求。利用实践基地上好"大思政课"，师生在同学、同研、同讲、同行中将课程思政、专业教育与社会服务三者有机融合，全员全程全方位育人的思政育人格局逐步形成，

为青年学子打好精神底色、夯实人生根基，助力其成长为担当民族复兴大任的时代新人。

（二）主要做法

1. 强化组织动员，人数多、范围广、维度多，拓展实践基地覆盖面

习近平总书记在视察南开大学时曾寄语南开师生"将小我融入大我，才会有海一样的胸怀，山一样的崇高"。

南开大学经济学院牢记习近平总书记嘱托，积极践行南开大学"知中国，服务中国"的办学宗旨，强化组织动员，每年派出近百支暑期社会实践队及超过 300 个寒假实践项目，前往祖国各地开展实践，拓展实践基地覆盖面。多年来，经济学院社会实践形成了人数多、范围广、维度多的特点。

仅 2023 年，经济学院学生实践时长累计 68708 小时，年度累计实践项目 577 项，1200 余名经济学院本硕博同学参与其中。实践队坚持专业老师、辅导员指导，依托国创百项、"师生四同"课题与"莲子计划"，与创新创业工作相衔接，孵化培育"互联网+"、挑战杯等项目。图 6-7 为学院实践队赴山西平顺开展农村电商发展调研。

图 6-7　经济学院实践队赴山西平顺开展农村电商发展调研

经济学院专职辅导员指导实践，积极推进"大思政课"建设，把中国式现代化的理论和实践融入学生实践，让学生在实践中接受爱国主义教育。专业老师指导学生在实践过程中，要以更专业的视角发现问题、梳理问题、解决问题，同时获得大量的一手数据，助力教师的科研成果输出。同时，这种实践活动既能提升学生亲手解决现实问题的能力和水平，更能激发学生主动学习基本理论的热情和动力。在实践过程中，学生进一步体验和感悟课堂中所学的知识，这既促进了学生对知识的内化，也激发了学生主动学习更多知识来解决实践中发现的问题的主动性。一位实践队员表示："不出象牙塔，不以知天下。通过走出校门的社会实践，我对社会上的一些现象的认识才变得有血有肉，这一趟，来得真值！"

2. 强化筛选培育，科研强、机制全、时间久，提升实践基地建设成效

习近平总书记曾多次强调："广大青年要如饥似渴、孜孜不倦学习，既多读有字之书，也多读无字之书。"①

南开大学经济学院深入学习习近平总书记相关指示精神，高度重视社会实践的育人功能，建立健全"三全育人"机制，提升学生培养实效。在"师生四同"过程中，强化筛选培育，依托教师科研课题，持续性开展实践，提升实践基地建设成效，形成科研强、机制全、时间久的特点。

自2013年起，经济学院经济学系推进师生同行社会实践工作，并使其成为经济学系的必修课程。经济学系暑期社会实践紧跟时代热点，紧扣国情民情，扎根中国大地，服务国家重大发展战略，推动专业课程与思政教育的同向同行。经过近10年的实践与探索，经济学院师生同行社会实践逐渐形成了党委领导、系所主推、项目载体、学生参与的多元主体协同参与的实践育人机制。

社会是学生的另一个课堂，而实践基地是为老师和学生搭建的一个课程研究的平台。实践绝不是走一走、看一看、听一听就行了，而是要学会从具体实践中找到一般性的规律，引导学生运用自己所学的理论框架，来分析和研究调研过程中遇到的具体问题。在10余年的实践中，经济学院选取课题依托紧密、

---

① 让青春在奉献中焕发绚丽的光彩——习近平总书记关于青年工作重要论述综述[EB/OL].（2021-05-03）[2022-05-07]. https://www.gov.cn/xinwen/2021-05/03/content_5604566.htm.

合作机制健全、实践时间久远的实践地，共建 37 个社会实践基地。（见图 6-8）经济学院教师利用实践基地开展课题研究，学生也通过社会实践、志愿服务、实习实训等活动，深入基层了解国情、学习先进、磨砺心志，夯实本领。

四川荣县作为经济学院社会实践基地之一，目前已开展多项实践活动。学院启动"南开启明星·一起向未来"云支教计划，利用同学们自身的专业知识和技能，将优质教育资源送到偏远地区的学生身边，帮助他们打破地域限制，拓宽知识视野，提高学习兴趣。经院学生高字轩两次前往荣县，下村走访 12 次，慰问困难儿童等特殊群体 7 人次，为东佳镇各类特色活动摄影摄像 13 次，撰写新闻稿 1 篇，策划并制作《枫桥经验》《美丽新乡村》《小果果"橙"就富民业》等各类宣传视频 5 个，相关作品在学习强国平台发布。

图 6-8　粮食增产、农民共富与农业全产业链发展的互促机制与实现路径——山东临邑县的调查研究实践队

3. 强化服务功能，定位高、成果实、辐射远，提升实践基地大局贡献度

习近平总书记从党和国家事业发展的战略全局出发，强调"推进中国式现代化，必须坚持不懈夯实农业基础，推进乡村全面振兴"，要求结合实际创造性开展工作，"有力有效推进乡村全面振兴，以加快农业农村现代化更好推进中国

式现代化建设"。[①]

南开大学经济学院积极践行习近平总书记相关指示精神，选取典型社会实践基地，建立中国式现代化乡村工作站，乡村工作站与专业教师课题紧密结合，课题聚焦乡村工作站需求，涉及乡村发展中的人才振兴、文旅产业、数字经济等多个方面。学院师生以调查研究、咨询服务、成果转化等多种形式为乡村工作站持续发展提供科技和智力支撑，为乡村经济发展蓄势赋能。

2023年，经济学院新建14个服务中国式现代化乡村工作站。经济学院积极联合乡村工作站所在地域政府、校友等多方力量参与乡村工作站规划发展和实际运营，助力乡村振兴的建设效果落到实处。乡村工作站的建立坚持多方参与，学院领导做校内站长，专业教师为主要联系人，地方校友做校友站长，最终对接当地站长。在乡村工作站建设过程中，经济学院充分发挥校友资源，任命对当地情况充分了解的校友站长。校友站长以当地高校教职工作人员以及基层政府员工为主，协助南开师生开展实践工作。以校友站长作为实践基地的联结人，实践地与学院之间交流沟通的桥梁，有效提升实践课题的价值与可行性。校友合作体系的建立体现出南开人合作共赢、服务国家战略的初心使命，也为未来实践成果的推广复制奠定坚实基础。（见图6-9）

图6-9   中国式现代化乡村工作站经济学院集中授牌仪式暨服务中国式现代化与乡村振兴
站长论坛

---

① 以加快农业农村现代化更好推进中国式现代化建设（两会时间）[N]. 人民日报 2024-03-05（09）.

经济学院致力于整合资源服务于基层乡村建设，紧密结合乡村振兴难点痛点，发挥大学服务中国式现代化的重要作用。学院统筹专业师资力量瞄准国家战略和社会所需征集实践课题，引导师生开展更高水平的实践，提升教师发布的实践课题的大局贡献性，推动教师通过实践形成高质量调研报告、高水平学术论文，发挥南开学科特色和专业优势，助力乡村工作站当地发展。在天津市蓟州区穿芳峪镇壕门村，李宝伟老师牵头的科研项目南开大学国情咨询调研课题"数字技术与金融科技支持乡村振兴的模式、机制与实证研究"已完成调研报告；在河南开封市兰考县东坝头镇张庄村和河南省安阳县白璧镇东街村，高雪莲老师主持的河南省教育厅人文社会科学研究项目"河南省产业集聚区问题研究"，就当地关于乡村数字经济发展与产业振兴，新农村建设与吸引人才等需求以及优势进行针对性分析，研究受到当地政府的高度重视。

（三）成效与创新

1. 营造良好"师生四同"氛围，建立多元实践基地

南开大学经济学院按照"类型多元、联合共建、常态运行、注重实效、协同育人"的原则扎实推进社会实践基地建设，目前已建并维护的社会实践基地37个，中国式现代化乡村工作站14个，基地类型多元。学院持续做好基地的跟踪维护和升级迭代建设，健全工作机制，推动社会实践基地建设科学化、规范化发展，最大限度发挥实践基地对实践活动的支持保障作用，营造良好的"师生四同"氛围。

2. 构建全年"师生四同"生态，形成"大实践"育人格局

经济学院突出实践的常态化与系统性，活动全年"不断线"，打破目前"师生四同"实践活动主要集中在寒暑假、线下实施的局限性，构建全年"师生四同"生态；推动实践活动与大学生创新创业大赛、实习实践相结合，构建"大实践"格局，形成参观寻访、宣传宣讲、考察调研、科技创新、公益服务等内容结合、线上线下空间结合的常态化实践模式，打造青年学生服务中国式现代化的社会实践培养体系。

3. 丰富"师生四同"工作内涵，打造"大思政"育人平台

经济学院注重实践成果的转化和利用，始终坚持以实际成果为导向，以服务社会发展为最终目标，发挥专业老师、辅导员、校友等引领作用，多举措丰富"师生四同"的工作内涵。专业老师依托科研课题帮助乡村解决组织协调工作，明确产业发展方向；辅导员坚持思想引领，立德树人，把爱国主义教育融入实践；充分发挥校友资源，组织专家团队帮助乡村一线干部打破工作障碍，形成研究成果服务于实践基地实际发展，并形成高水平资政建言成果。各方联动，打造"大思政"育人平台。

4. 发挥"师生四同"组织优势，探索乡村工作站建设范式

经济学院致力于整合资源服务于基层乡村建设，同时紧密结合乡村振兴难点痛点，发挥大学服务中国式现代化的重要作用。经济学院积极探索乡村工作站"三位一体"模式：专家教授做站长，地方校友做支撑，最终对接当地站长。学院积极发挥组织优势，牵头举办乡村工作站站长论坛，各地站长齐聚南开，讲述工作经历、分享工作心得、交流各地发展经验，求同存异，探索建设新模式，共谋乡村新发展。

作者：任娜娜，张佳庆，卢彤菲，赵陆洋

作者单位：南开大学经济学院

六、"师生四同"实践育人理念下的法学实践基地加速建设路径探索

（一）背景与工作思路

1. 回应当今社会法学教育的现实需求

法学教育是培养法律人才的重要途径，但随着社会的快速发展和法治建设的深入推进，传统的法学教育模式已经难以满足行业竞争激烈情况下学生的发展需求，法学教育需要更加注重实践应用、创新思维和职业素养的培养。在"师生四同"实践育人理念的指导下，南开大学法学院积极推进法学教育的改革，对传统的教学模式进行革新，强调师生在专业学习和实践中的"同学、同研、同讲、同行"，在社会实践调研、公益法律服务、专业学习实践等方面作出有益探索，以培养出更多具有实际操作能力和社会责任感的法律人才。

2. 拓展多维实践领域

在法学院党委的重视指导和团委的精心组织下，法学院长期以来形成了优良实践育人传统和浓厚实践文化氛围，学校"师生四同"模式对学院学生的教育成效日益彰显。学院注重发挥法学专业特色优势，开展特色鲜明的法治调研和普法宣讲，使学术研究与社会服务相辅相成，依托"师生四同"课题开展的实践项目逐年增加，专业教师带队人数逐年增加，学院实践队多次获"全国百强"优秀实践团队、天津市大中专学生志愿者暑期"三下乡"社会实践优秀活动等荣誉。南开法学师生用脚步丈量广袤祖国，用眼睛观察依法治国，用耳朵倾听人民呼声，用内心感应时代脉搏，以"把小我融入大我"的奋进之姿和实际行动将青春献给祖国。

除了在校内对实践项目进行探索，学院同时关注学生毕业后与职业的接轨情况。法学院始终高度重视学生就业工作，党政联席会多次细致推动，领导班子积极拜访校友律所、共建教学实践基地，校企合作协同育人，为学生提供充分的实践平台与就业机会。

（二）主要做法

1. 搭建社区学校服务基地，持续加大基层普法力度

党的十八大以来，以习近平同志为核心的党中央高度重视全民普法工作，强调坚持把全民普法和守法作为全面依法治国的长期基础性工作。南开大学法学院高度重视基层志愿服务工作，大力支持引导学生利用专业所学服务基层，助力城市治理水平的提高。

2020年5月29日，习近平在十九届中央政治局第二十次集体学习时谈道："民法典要实施好，就必须让民法典走到群众身边、走进群众心里。"南开大学法律援助协会及民法典精神学生宣讲团结合专业特色和社会需求，将宪法、民法典的普法宣传工作作为组织工作重点，以南开区嘉陵北里社区、津南区海棠街品尚花园、首创暖山等社区作为主要的常态化服务阵地，建立包括天津市第九十中学、静海区惠丰学校、海教园南开学校等中小学在内的数十个法治宣讲基地，在思政教师、专业教师的指导下，针对不同类型社区的居民特点和法律需求，学知识、学民情、学方法，广普法、答疑难、解纠纷。他们利用"身边

事"解读"大政策"，用"小故事"阐明"大道理"，以"探索者、奋斗者、践行者"的青年姿态，将法律知识送进社区学校，将法治理念洒向津沽大地。截至目前，南开大学法律援助协会及民法典精神学生宣讲团已接续赴社区、中小学开展普法志愿服务长达 20 年，与多所学校共建，开展思政一体化建设。

为了鼓励各年级同学积极参与到普法宣传的队伍中来，培养南开法学学子对于社会的责任感和对公益事业的热爱，法学院打通了"主讲人招募渠道"。2023 年秋，南开大学法学院团委与天津市妇女儿童发展基金会、碧凤蝶青少年公益发展中心达成合作协议，充分发挥学科专业优势，组织学院学生三次参与天津市第九十中学法治社团法律科普课堂项目，不定期面向法学院本硕博同学招募"法治课堂主讲人"志愿者，将"法治温度"送到青少年心中。

2. 拓展专业实习实践基地，促进学生理论联系实际

为深入学习贯彻落实党的二十大精神，落实党中央、国务院"稳就业""保就业"决策部署，法学院一直坚持结合天津市发展需要带来的人才新需求，找准新领域新风向，引导学生开拓就业思路，培养"多面手"型人才，扎实推动学生就业工作，贯彻落实学校就业工作要求，拓展实习就业资源平台，丰富实践类活动。

学院从法学就业角度出发，积极拓展实习实践基地，基本涵盖法学生就业全部领域，建立多层次多方面实习实践基地，为同学们提供丰富实习资源，将理论知识与实操紧密联系，使学生对于各种职业有初步了解，培养出能与社会接轨的法治人才。学院与全国人大常委会法工委小白楼街道基层立法联系点共建法学实践教学基地，将立法征询与法学实践教学深度融合，最大程度实现优势互补、合作共赢，不断提高育人和立法征询工作水平，为国家科学立法、民主立法贡献智慧和力量。

学院与天津津瑞律师事务所、天津金诺律师事务所、上海锦天城（天津）律师事务所、北京方安律师事务所共建教学实训基地。各律所通过担任南开大学法学院实践导师，参与南开大学法学院模拟法庭课程、参与律师工作坊等方式与南开大学法学院开展共建工作。学院与河西、津南、和平等多个基层法院签署合作协议；与天津市人民检察院、天津市河西区人民检察院、天津市津南

区人民检察院、天津市武清区人民检察院合作共建，以高校法学教育与司法检察实践为共同阵地与合作基础，提升检校合作的系统性、规范性，持续探索搭建"研究、办案、教学、应用"为一体的良性循环互动平台。

在专业领域，天津市知识产权局与南开大学共建"天津市知识产权理论研究与实践基地"，积极应对现实挑战，深化探索知识产权创新治理的务实之策。该做法对于提高天津市知识产权政策研究能力，推进知识产权工作法治化具有深远影响。学院与天津市人民检察院第二分院、天津市津南区人民检察院合作共建"网络法治检察研究基地"，三方进一步加强在网络治理领域司法保护及理论研究的实务合作，提升检校合作的系统性、规范性，共建网络法治检察研究高地，推动网络强国建设。学院与天津市人民检察院第三分院共建"天津市行政检察研究基地"，贯彻习近平法治思想，强调要坚持建设德才兼备的高素质法治工作队伍，这有利于实现法学教学、科研与实践的合作共赢，有利于促进高校与司法机关合作互补的发展进程。双方围绕基地在科研合作、专家咨询、人才培养、学生实习、挂职锻炼等多领域开展全面合作，共同致力于行政检察的理论研究和实践发展。学院还与天津市劳动人事争议仲裁院签署了共建法律教学实践基地协议，双方在案例教学、课题调研、学术研究、学生实习等领域开展广泛深入合作，共同探索调解仲裁领域与高校人才队伍合作共建新模式。

3. 建立乡村工作站，培养学生家国情怀

在中国式现代化的时代命题下，根据学校统一部署，南开大学法学院主动领题调研，2023 年暑期先后在福建泉州德化县，陕西榆林米脂县、天津蓟州杨津庄镇、东二营镇四地签约建立南开大学中国式现代化乡村工作站，法学院院长宋华琳教授亲自带队，三位资深教授、副教授专设调研课题，目前已初步完成调研报告，后续将持续就乡村法治治理现代化、乡规民约制定、传统村落文化保护、绿色低碳农业、生态治理与修复等方面展开深入调研，为基层治理注入"南开法智"，共同绘就乡村振兴"同心圆"。

（三）成效与创新

1. 成效

南开大学法律援助协会及民法典精神学生宣讲团充分利用与法学院联合共

建的实践基地，以研学、宣讲、援助为工作主线，以社区街道、大中小学、西部边疆等为辐射范围，在近年先后组织开展了"普法惠民意，南开嘉陵情""普法进社区，法治暖人心""普法惠基层，法治进万家"等具有法学特色的精品志愿服务、社会实践项目，开展"新时代·习近平法治思想实践行"系列活动 20 余场，开展普法宣讲的同时累计收取和解答疑难案件 100 余件，服务居民过千人。团队在实践活动中收获颇丰，获得了广泛的关注度和社会影响力，被人民网、新华网、中国青年网等多家主流媒体报道，并多次斩获全国、天津市级、校级重要荣誉。为繁荣校园文化、助力基层社区治理现代化、服务国家法治建设作出贡献。

在专业实习实践基地建设方面，法学院已经与全国人大常委会法工委小白楼街道基层立法联系点共建法学实践教学基地；与天津津瑞律师事务所、天津金诺律师事务所、上海锦天城（天津）律师事务所、北京方安律师事务所共建教学实训基地；与河西、津南、和平等多个基层法院签署合作协议；与天津市人民检察院、天津市河西区人民检察院、天津市津南区人民检察院、天津市武清区人民检察院合作共建。学院还建立了多个专业领域细分研究基地：与天津市知识产权局共建"天津市知识产权理论研究与实践基地"，与天津市人民检察院第二分院、天津市津南区人民检察院合作共建"网络法治检察研究基地"，与天津市人民检察院第三分院共建"天津市行政检察研究基地"，与天津市劳动人事争议仲裁院签署共建法律教学实践基地协议，有利于围绕基地在科研合作、专家咨询、人才培养、学生实习、挂职锻炼等多领域开展全面合作，共同致力于行政检察的理论研究和实践发展。

拓展实践领域，关心祖国边陲。学院与新疆具有良好合作共建关系。联合阿勒泰地区第二高级中学举办宪法精神主题宣讲活动、在新疆和田地区学校开展法治宣讲和法律服务活动，具体落实学习贯彻习近平新时代中国特色社会主义思想主题教育"重实践"要求，依托"师生四同"平台，有效搭建了津和两地学校在法治宣传教育方面的共建交流桥梁，有效促进了和田地区学生法治观念提升，为法治新疆、法治校园建设贡献了力量。2020 级本科生仇晨溢带领的队伍以"探智慧法院建设路，究诉源治理新格局——宁夏兴庆区法院实践调研"

为课题，赴宁夏银川市开展深度法治调研实践。团队通过与银川市兴庆区法院开展座谈，参访便民服务中心、访诉讼服务中心，参观了解导诉机器人工作机制等丰富活动，深刻感受智慧法院的创新发展，体悟以民为本的法院精神，对诉源治理、多元化解纠纷的专业所学在实践中的运用升华了理解体悟，其获评2023年南开大学"师生四同"社会实践校级优秀标兵团队。

在中国式现代化的时代命题下，学院于2023年暑期先后在福建泉州德化县，陕西榆林米脂县，天津蓟州杨津庄镇、东二营镇四地签约建立南开大学中国式现代化乡村工作站。

2. 创新

为了提高公益法律服务的辐射面，南开大学法律援助协会及民法典精神学生宣讲团畅通线上线下法律咨询渠道，向社区定点投放案件咨询专用邮箱、二维码，设置法律咨询服务点位，做好"即时回复需求，七日内出具法律咨询意见书"的特色"0+7"公益法律咨询平台。为了更加精准定位群众的法律需求，南开大学法律援助协会及民法典精神学生宣讲团以社区工作者为受访者，开展社区法治宣传情况调研；以社区居民为调查者，调研法律需求，以便具有针对性地开展普法宣讲活动。打通线上线下反馈渠道，持续提高法律援助精度。

学院打破原本重书本知识轻实践的传统法学教育模式，创新、完善法治教育体制机制、方式方法，整合社会法治教育资源，推进法治教育与法治实践相结合，构建学校、企业、社会"三位一体"的法治教育体系的重要途径和有效载体。学院借助法治实践基地平台，参与法治课题研究或研讨，并取得科研成果；总结推广法治实践基地建设经验；积极开展法治体检，查找法治实践中存在的问题；深入律所、乡村、街道开展法律实践活动，努力把法治实践基地打造成践行习近平法治思想、推动人力资源和社会保障事业高质量发展的"金字品牌"。

作者：周敬文，张星冉，张雨杨

作者单位：南开大学法学院

第三篇
南开大学"师生四同"
实践育人实践活动

第七章

"师生四同"服务乡村振兴

一、锁定建设农业强国目标，金融保险高质量发展服务乡村振兴

（一）背景与工作思路

1. 学院大学生责任行活动优秀传统

此次活动为金融学院第四届"'不忘初心、牢记使命'大学生责任行——暑期社会实践调研训练暨南开大学'师生同行'社会实践项目：黑龙江省金融保险业服务乡村振兴实践调研"。南开大学金融学院致力于深化本科生对金融、保险学科知识的理解，鼓励学生积极投身于探索当前行业发展中的现实问题与国家重大议题，使学生通过参与创新性训练活动，明确个人未来职业发展方向，并增强社会责任感与使命感，从而全面提升本科生的培养质量。自 2019 年起，学院每年面向大学二年级本科生推出"金融学院大学生责任行——暑期社会调研训练项目"，由师生共同组队，聚焦乡村振兴等国家重大战略，开展深入的调研活动。此次社会实践活动是金融学院继甘肃庄浪、天津蓟州、江西红色、福建专项等前三届调研后的第四届"大学生责任行"活动。

2. 乡村振兴工作重要意义

全面推进乡村振兴、加快建设农业强国，是党中央着眼全面建成社会主义

现代化强国作出的战略部署。近年来，以中国农业银行等为代表的国有银行和中国人保财险等具有行业引领地位的保险企业，锚定建设农业强国总目标，积极践行金融、保险服务乡村振兴国家战略，走出了一条金融保险服务保障乡村振兴的卓越发展之路。

基于此，此次社会实践师生前往中国的农业强省及粮食安全的坚决捍卫者——黑龙江省，调研其金融保险业服务乡村振兴的成效，并重点追踪金融保险业在桦川县巩固脱贫成果、推动乡村振兴的实践与成果。

（二）主要做法

此次实践活动由金融学院副院长刘玮和两名专业教师带领金融保险实践队赴哈尔滨、佳木斯、同江、抚远等地，从调研经济发展到接受爱国主义教育，从中心城市走到农业小县，从开展高层座谈到进行基层访问，从参与产业生产到进行金融保险帮扶，使同学们了解黑龙江省经济和农业发展脉络，感受爱国主义文化传统，增强"四个自信"和坚定跟党走的决心，传承优良革命传统。（见图 7-1）

图 7-1　南开大学金融学院师生开展第四届"不忘初心、牢记使命"大学生责任行——暑期社会实践调研训练暨南开大学"师生同行"社会实践项目

1. 与黑龙江省人保财险、省农业银行、省保险行业协会等金融保险机构座谈

金融学院的此次社会实践项目着重调研黑龙江省的经济、金融和保险业的

发展状况,以及黑龙江省保险机构与金融机构的代表——人保财险和农业银行,在推动农业发展和助力脱贫攻坚帮扶县振兴乡村方面的总体情况。(见图7-2)

图7-2 南开大学金融学院师生实地调研黑龙江省金融保险业服务乡村振兴情况

(1)黑龙江省农业银行调研

桦川县于2019年5月正式宣布脱贫摘帽,巩固脱贫攻坚成果、积极推动乡村振兴成为其主要任务。实践队通过座谈了解到,黑龙江省农行指导桦川支行从消费扶贫入手,并积极拓展涉农领域贷款业务规模,善用"鑫正"和"农担"担保政策和"农捷贷""创新物权"等信贷产品,结合地区特色和产业优势,积极开拓市场并大力发展优质客户资产业务,不断优化工作流程。

(2)黑龙江省人保财险调研

实践队通过座谈了解到,黑龙江省人保财险从推动保障粮食安全、推动养殖业绿色高质量发展、护航森林安全、增强科技能力等方面下功夫,向桦川县派出驻村干部并选拔优秀干部担任驻村县长。驻村干部们常年驻村,定期科普搞党建,深入了解乡村情况,农忙时田间劳作,灾害时冲锋一线,全心服务乡村振兴。同时,省人保财险积极开发乡村振兴保,全面覆盖居民风险;引导村民发展庭院经济，提升脱贫群众内生动力；捐赠信息化设备，助力打造农产品品牌；拓宽线上销路，全方位提升农民收入，推动乡村振兴进程。

（3）黑龙江省保险行业协会座谈

黑龙江省保险行业协会组织重点帮扶黑龙江省农村农业生产发展的头部保险机构（包括太平洋财险、阳光农业保险公司、平安财险、阳光财险）负责人，与社会实践队全体成员开展座谈。同学们听取这些机构开展相关实践的创新经验和所得成效，并就黑龙江保险业在服务民生、推动乡村振兴发展过程中的实际情况、所遇困难及问题进行了广泛交流。

2. 实地调研黑龙江人保财险重点帮扶桦川县脱贫攻坚，助力乡村振兴实践情况

（1）桦川县特色村庄走访座谈

实践队重点走访佳木斯桦川县和重点帮扶村，慰问人保财险驻村帮扶干部，实地了解中国人保财险驻村帮扶及建设情况，并与人保财险驻桦川县县长和驻桦川县同乐村村干部座谈，重点了解金融、保险机构重点扶贫帮扶县、村发展乡村特色农业，助力农业农村现代化发展的鲜活实践。

实践队走访佳木斯桦川县会龙村，参观会龙村张闻天"三下会龙山"旧址和党建教育基地，观摩中国人保依托红色村组织振兴帮扶建设桦川红色美丽乡村示范点的成果；到桦川县星火村参观新中国第一集体农庄诞生地等红色教育基地，以点带面见证我国农业创新经营模式变迁和振兴发展的心路历程，传承革命精神，坚定中国共产党领导下建设中国特色社会主义的决心和信心。

（2）桦川县金融保险机构座谈与成果调研

实践队与桦川县人保财险公司、桦川县农行相关人员进行座谈，重点调研黑龙江桦川县金融、保险机构帮扶当地县市巩固拓展脱贫攻坚成果，全面推进乡村振兴的发展实践和取得的成效，并做以下实地调研：到富锦市参观富锦万亩水稻田农场，领略北国粮仓现代农业风光和绿色稻苗"绘制"的壮美生态画卷；参观三江口原始生态湿地，了解体验黑龙江丰富的生态资源和良好的生态环境；参观赫哲族村庄，了解素有"鱼皮部落"之称的赫哲族村在不同时代发展沿革和乡村振兴阶段的生活变化。

（3）祖国东极爱国教育

实践队到祖国东极之端——东极，实地了解中俄边界人文地貌；参观黑龙江祖国东部边界——东方第一哨所，感悟中国人民解放军战士坚守保卫国土重任和"祖国利益高于一切"的伟大精神；到抚远三角洲，领略女真族文化、原俄罗斯军营旧址、回归交接纪念碑等，了解作为"中国东方之首"的黑瞎子岛漫漫回归历程，激发学生积极向上的爱国热情；实地了解黑龙江淡水鱼情况，了解以鲟鳇鱼为代表的淡水鱼保险在保障陆地"水上牧场"产业方面取得的发展成就。

（三）成效与创新

1. 师生专业素养提升

连续 4 天的调研座谈和实地走访，对实践队的每位同学而言，都是一次实践经历。从中心城市走到农业小县，从参与高层座谈到进行基层访问，从参与产业生产到进行金融保险帮扶，从调研乡村经济发展到接受爱国主义教育，同学们感受到了黑龙江的经济活力、农业进步和乡村变迁，体验了浓厚的爱国主义氛围，坚定了"四个自信"信念和跟党走的决心。同时，同学们深刻领会了"小我融入大我"的真谛，进一步明晰个人未来发展道路，增强了社会责任感与使命感，培养了创新创业的实践意识和能力。

通过参与以金融保险业服务国家战略为主题的社会实践项目，同学们真切了解了国家产业助农政策和金融、保险产业扶贫新模式，深刻认识到金融保险业在精准扶贫、农业强国建设和乡村振兴中的重要作用，更体会到理论与实践的紧密结合，实地考察与课堂知识相互印证，进一步加深了对金融保险业的认知与思考。

2. 与实践单位持续交流学习

实践队与黑龙江省桦川县人保财险、农业银行和同乐村等地建立了紧密联系，带队教师和同学不定期与调研单位就"黑龙江省洪涝暴雨中人保财险发挥的作用""冬季暴雪前省农行所作预防措施"等实践服务及前沿学术成果展开交流。此外，实践队代表南开大学金融学院向同乐村村委会捐赠了百余册党建、农业生产与农业科技图书，以期厚积厚培科技文化力量，赋智赋能乡村全面振兴，切实帮助解决农业种植中的技术难题。未来，金融学院将定期更新并捐赠书籍供村民阅读学习。

3. 所获荣誉与奖项

锁定建设农业强国目标，金融保险高质量服务乡村振兴项目规模庞大。由3位带队老师和11位本科生组成的实践队，在短短4天内走访了哈尔滨、佳木斯等5个城市，深入调研了桦川县的会龙、同乐、星火等典型乡村的先进经验，共开展6次座谈，收获满满。

实践队已完成约三万字的调研报告和实践报告，预计总字数将达十万，作为金融学院第四届大学生责任行实践报告的重要组成部分出版。此外，实践队接受了校团委社会实践和志愿服务督导中心的采访，采访内容在校团委公众号发布。项目荣获十佳团队和优秀课题荣誉，带队老师刘玮获评"十佳指导教师"，项目负责人龚建蕾荣获"校级优秀个人"称号。

作者：龚建蕾

作者单位：南开大学金融学院

二、千载丝路助农兴，青莲聚滇励知行——经济学院"'一带一路'背景下农业对外开放合作助推乡村振兴的经验与启示——以云南省为例"实践项目

（一）背景与工作思路

1. 实践背景

2023年是"一带一路"倡议提出的第十周年。习近平总书记在第三次"一带一路"建设座谈会上指出，要统筹考虑和谋划构建新发展格局，推动共建"一带一路"高质量发展，聚焦新发力点，塑造新结合点。当前，世界百年未有之大变局加速演进，我国经济社会发展依然面临复杂严峻考验。推动我国对外开放由商品、要素流动向以规则、制度开放为基础的新阶段转变，更好地利用"两个市场、两种资源"，对于实现高质量发展具有重要意义。

云南省作为我国面向南亚、东南亚和环印度洋地区开放的大通道和桥头堡，

是推进"一带一路"建设和高水平对外开放战略有机联动的重要平台。党的二十大以来，云南省委、省政府作出了发展壮大资源经济、园区经济、口岸经济"三大经济"的重大决策，明确了实现云南高质量发展的重要路径。着眼于共建"一带一路"的重大历史机遇，探究云南以高水平对外开放制度为例的创新的典型做法和经验，是深入理解跨境经济合作制度创新的理论和实践逻辑的重要一环。

近年来，南开大学主动对接国家战略发展需求，着眼于中国式现代化的本质要求，积极引导南开学子践行"知中国，服务中国"理念，持续谱写高质量内涵式发展新篇章。基于上述背景，实践队成员以"'一带一路'背景下农业对外开放合作助推乡村振兴的经验与启示——以云南省为例"为主题，以跨境经济合作制度创新为切入点，于 2023 年 7 月赴云南省昆明市和西双版纳傣族自治州开展深入调研。

2. 工作思路

实践采取"问题提炼—理论溯源—实践观察—对策总结"的工作思路，锚定中国式现代化对我国农业对外开放合作的新要求，结合实践队成员的经济学专业背景，从理论逻辑分析和实践经验归纳两条主线出发，综合运用文献研究、计量分析、实地走访、对象访谈等多种研究方法，旨在全面了解云南省在农业对外开放合作中的制度创新举措，重点深化对自贸试验区制度创新功能的认识，充分理解新发展阶段推进跨境经贸合作的重要意义，进而努力为调研地政府相关部门提供现实和学术支持，为我国自贸试验区发展提供政策建议。

（二）主要做法

调研期间，实践队先后赶赴云南省昆明市和西双版纳傣族自治州，在云南省农业农村厅、中国（云南）自由贸易试验区昆明片区、西双版纳州商务局、磨憨口岸等地参观学习。

1. 领悟战略谋划，理解农业开放合作"全景图"

7 月 24 日下午，实践队前往云南省农业农村厅调研农业对外开放合作现状及政策。调研中实践队了解到，近年来，云南省积极推进国际农业科技合作，通过加大招商引资力度、推进跨境技术合作、办好国际农业会展等方式，鼓励农业科技领域沟通交流和成果共享。目前，云南省的进口产品包括热带水果、粮食等，出口产品主要为温带蔬菜水果、咖啡、花卉等。随着《区域全面经济伙伴关系协定》（RCEP）的签署，大部分农产品还可享受零关税，市场前景广阔。

从云南省对重要农产品的安全保障举措看，替代种植是云南省重要的工作亮点。一批云南企业积极与老挝、缅甸等国家合作，在多部门合作引导下开展禁毒行动，帮助周边国家和地区在禁毒工作重点区域改种其他作物，如一些利润相对较高的经济作物等，也为我国农业企业走出去提供了重要平台。对于替代种植企业从海外进口至我国的作物，海关可予以免除其关税、替代关税和增值税等优惠，加之当地地租较低，使得替代种植企业具有较为可观的发展机遇。

在谈到云南省在国际合作中面临的问题时，工作人员表示，当前云南省还需要提升农业科技创新能力，特别是在农业机械、科技种业、化学肥料等领域掌握一批关键核心技术，改变"卡脖子"困局。为此，要坚持创新驱动发展战略，持续加大农业科技投入；同时，通过招商引资等方式，积极邀请、吸纳国外先进技术人才及团队，集聚农业科技发展的资金支持。此外，现代农业产业链离不开产学研深度合作，需要科技管理体制、人才评价体制等同步优化和完善，加强科研成果转化落地。图7-3为实践队与云南省农业农村厅访谈对象合影。

图7-3　实践队与云南省农业农村厅访谈对象合影

2. 立足改革前沿，明确制度先行先试"工程图"

7月25日，实践队在中国（云南）自由贸易试验区昆明片区调研。（见图7-4）在中铁联集昆明中心站，实践队调研了中心站运营情况、中老铁路货运货源和组货集货情况、场站内海关特殊监管区域运营情况及多式联运发展情况等，重点了解了昆明中心站自动化、信息化建设成果。在昆明片区综合服务中心，实践队详细了解了昆明片区建设发展情况、营商环境打造情况、人才服务相关情况等，并参观了行政审批、海关、市场监管、税务、人社等多个部门的政务服务窗口运行情况，感受昆明片区在推动政务服务智慧化、便利化方面的务实举措。在昆明片区人才公寓，实践队调研了人才引进、人才培育、人才政策相关情况，了解了人才公寓的户型设计、设施设备情况、多元化租住方案、"人才服务官"工作内容等，探讨全方位链条式打造区域性人才集聚高地的可行途径。

图7-4 实践队在昆明片区工作委员会参加座谈

当日下午，实践队与中共中国（云南）自由贸易试验区昆明片区工作委员会多部门进行了座谈。实践队了解到，昆明片区坚持"产业兴区、工业强区"，正在加快形成以高端制造、航空物流、数字经济、总部经济为重点产业，装备制造、生物医药、烟草及配套、光电子信息、现代物流、金融服务等产业集群为有力支撑的发展格局。科技创新方面，昆明片区持续推进人才链创新链产业链融合，通过搭建科技创新平台、加大研发投入、培育优质企业、完善创新服务载体等方式，积极吸纳各类创新要素。制度创新方面，昆明片区坚持用好先行先试这个"制胜法宝"，3 年来累计完成改革试验任务 134 项，R&D 经费投入强度位居全省前列。当前，昆明片区积极推动昆明片区、昆明经开区、昆明综合保税区、磨憨-磨丁经济合作区"四区"管理体制合一、政策兑现统一，破除市场主体跨区域流动障碍，努力为产业落地创造良好条件，推动实现产业衔接配套、审批互联互通、发展共建共享。

3. 瞄准经贸热点，把握跨境口岸建设"进度图"

7 月 26 日下午，实践队到达西双版纳傣族自治州商务局，与口岸管理科的工作人员进行座谈。据了解，农产品是口岸过路品的重要组成部分，但长期以来西双版纳的落地加工相对薄弱，农业经济附加值较低，产业链条较短，口岸经济尚未完成从"通道经济"向"落地经济"转型，发展任务较重。近年来，西双版纳傣族自治州商务局积极推动对外交流合作，以党建发展"融合化"、商务工作"法治化"、口岸建设"智慧化"、农业发展"现代化"、电商服务"多元化"为抓手，大力推进农业现代化发展，一体推进口岸功能提升、口岸经济发展、口岸城市建设，着力优化营商环境，取得了显著成效。未来，当地将积极打造新产业、新业态，紧抓重点工程，协调促进农业对外开放和乡村振兴，助力西双版纳经济焕发新活力。

4. 陶铸国际视野，展望助推双循环的"效果图"

7 月 27 日，实践队抵达磨憨口岸开展调研。（见图 7-5）在中国老挝磨憨-磨丁经济合作区智慧展示中心，实践队了解到，磨憨镇地处西双版纳州勐腊县，国境线长 174 公里，毗邻老挝琅南塔省、乌多姆塞省和丰沙里省，具有得天独厚的地理区位。近年来，云南省积极抢抓 RCEP 生效实施、中老铁路开通运营和昆明全面托管磨憨的历史机遇，着力将磨憨-磨丁合作区打造成为国家进口贸易促进创新示范区，对外开放合作水平得到显著提升。

在中国老挝磨憨-磨丁经济合作区，实践队了解了口岸的产业情况、重点产业和企业以及边境贸易发展现状。该合作区是我国与毗邻国家共建的第二个跨境经济合作区，是中国和老挝之间最大的国家级一类陆路口岸，也是中老泰三国陆路货物运输最便捷的通道，以及出入境旅游的中转站和集散地。目前，当地农业以反季节水果贸易为主，部分企业赴老挝开展替代种植，发展潜力巨大。

图 7-5 实践队在磨憨口岸合影

在勐腊县磨憨镇口岸社区居民委员会，实践队与村支书进行了座谈。磨憨口岸现有 6 个村委会、2 个社区，人口约 2.2 万人。磨憨具有土地资源丰富的优势，目前正大力推进招商引资，积极深化沪滇合作，未来有望吸引更多优质产能。此外，村支书还就肉牛进口产业情况、老挝农业种植情况、围网区建设等问题进行了介绍。

在磨憨边民互市场，实践队实地了解了边民互市情况。该市场是昆明托管磨憨镇后首个建成并投入运营的项目，是为边民互市贸易货物及车辆提供申报交易、结算服务，开展边民互市进出口商品报关清关、检疫处理等作业的服务场所。目前，互市模式主要为整车进口、边民拼单、委托集中申报，边民可享有每人每天 8000 元以内免征关税和进口增值税的政策，真正做到留利于边、留利于民。

（三）成效与创新

1. 实践成效

一是形成了系列实践成果。实践活动以团队 2022 年调研成果为基础，延续"全博士生"的成员配置接续开展，前后累计形成实践报告、调研报告等成果 6 篇 10 万字，丰富了社会实践的成果序列。其中，报告《沿海沿边自贸试验区推进跨境经济合作的制度创新举措研究》认为，我国跨境经济合作制度创新呈现新的时代特点，建议对标国际高标准经贸规则，推进规则规制开放；提升示范引领，发挥双循环引领效能；助力培育新兴业态，开展前瞻性制度创新；打破创新障碍，形成创新循环；优化流通功能，提升资源配置效率。相关成果是经院学子践行"知中国，服务中国"理念的生动体现。

二是发挥了咨政建言功能。实践队坚持以科研专长对接社会所需，在服务地方经济社会发展中汇聚青年智慧、发出南开声音。在梳理、整合实践经验基础上，团队形成了《关于一体推进"三大经济"，促进云南省经济高质量发展的政策建议》的报告，并通过云南省发改委报送上级。该报告建议一体推进"三大经济"，将高端产业作为贯通"三大经济"的主线，以制度创新为关键动力，坚持资源经济高级化、园区经济高新化、口岸经济高效化三大主攻方向，推动"三大经济"由"物理组合"向"化学融合"转变。

三是得到了中央媒体关注。实践队在调研期间受到《人民日报》"一带一路"专题采访，共话推进"一带一路"建设和乡村振兴战略有机联动的实践路径，彰显了新时代博士生使命担当。此外，实践队多次得到南开大学新闻网、南开大学经院 e 学工等重要媒体平台的报道，产生了良好反响。

四是荣获了若干奖项荣誉。实践队成员曾于 2022 年获评团中央全国暑期"三下乡"重点实践团队、天津市暑期"三下乡"优秀实践团队等荣誉，并在中国青年报举办的"第八届全国大学生暑期实践展示活动"中成为经济学院唯一获推参评的项目类团队（全校共 5 支），从 200 多支校级队伍中脱颖而出，与全国 500 多支优秀队伍进行最终角逐。2023 年实践队继续力争上游，参评中国青年报举办的"2023 大学生社会实践成果'千校千项'网络展示活动"，展现南开学子昂扬风采。

2. 创新经验

一是以国之大者为"切入点",紧扣重大时代课题设计实践方案。实践活动以党的二十大精神为指引,以共建"一带一路"倡议提出十周年为重要背景,着眼云南省这一推进"一带一路"建设和高水平对外开放战略有机联动的重要平台,从实现云南高质量发展、奋力谱写中国式现代化云南篇章的基本定位出发,将高水平对外开放背景下的制度创新作为关键研究对象,着重把握农业对外开放合作这一特色领域的鲜活实践,着力将国家大政方针导向贯穿于社会实践全过程,由实践队成员共建服务社会的现实场景。

二是以科研专长为"立足点",打造"学用相长"型实践平台。实践活动基于国际贸易学、产业经济、区域经济等南开优势学科资源,发挥博士生实践成员的学术研究优势,在把握农业对外开放合作的创新举措基础上,着重从理论层面阐释分析跨境经济合作制度创新的机制机理,突出学术研究与实践调研相互赋能、协同互济,在保证实践成果现实性、前沿性的基础上体现逻辑性、规范性,从而有助于为理解高水平对外开放合作的重要意义提供更为丰富、坚实的学理阐释。

三是以服务社会为"落脚点",强化作为南开学子的"公能"情怀和社会担当力。此次实践活动以深入学习宣传贯彻习近平新时代中国特色社会主义思想为主线,着眼于中国式现代化的本质要求,注重从调查研究中把握现实情况、积累一手资料,坚持学理阐释、经验凝练、对策建议相贯通,理念创新、制度创新与政策创新同步考察,推动实践见闻向研究报告、咨政建言、学术论文等成果转化,着力增强服务地方经济高质量发展的思想自觉、行动自觉,从而更好弘扬南开"知中国,服务中国"的优良传统,为南开大学内涵式高质量发展贡献力量。

作者:王壬玚,赵勇冠

作者单位:南开大学经济学院

指导老师:王钊,王曦冉,初一

指导教师单位:南开大学经济学院

三、中外师生同看百年发展，外语下乡助力乡村振兴

（一）背景与工作思路

1. 项目背景

百年征程波澜壮阔，百年初心历久弥坚。随着"一带一路"倡议迎来十周年，我国对外开放大通道初步形成，与共建国家和地区的合作日益深化。在这一重大历史节点上，南开大学外国语学院积极响应国家号召，结合学校特色，以"中外师生同看百年发展，外语下乡助力乡村振兴"为主题，开展一系列实践育人活动，践行南开大学"知中国，服务中国"的爱国传统。

南开大学外国语学院坚持"外语专长、人文素养、国际视野、中国情怀、南开特色"的人才培养理念，以为国家输送更多具有系统而扎实的外语知识、过硬的专业技能和出色的跨文化交际能力的"涉外事务的从业者、国际问题的研究者、人类问题的沟通者、语言服务的提供者"为人才培养目标，立足自身专业外语特长，助力乡村振兴，推动中外师生深入了解"一带一路"倡议的深远意义以及我国百年发展的辉煌成就。

2. 工作思路

长期以来，外国语学院积极响应学校号召，依托"师生四同"理念，积极探索实践育人新模式。

课程设置方面，学院将参与社会实践作为"公能"实践必修课的重要组成部分，鼓励学生依托各个"五育"基地和新建的乡村工作站，以"师生四同"的形式，与指导教师一同在寒暑期集中开展社会实践。

实践方面，学院充分利用寒暑期时间，结合学生的语言专长，组建多支实践队伍，前往全国各地追寻红色足迹，赓续红色血脉。各实践队以语为媒，助力创新驱动发展，服务育人体系建设。实践队通过实地考察并结合自身所学，助力乡村振兴，同看百年发展，在巩固南开大学"同学、同研、同行、同讲""师生四同"模式的同时，探索出外语下乡助力乡村振兴的新模式。

（二）主要做法

1. 制度与资金支持

为确保实践育人活动的顺利开展，学校出台了一系列政策和制度，并通过

设立优秀项目奖励机制和分配专题指导教师等措施,激发师生的参与热情。2023年暑期,学院组建40余支实践队伍,参与人数逾300人。这些队伍活跃在四川通江和河北河间两个新建立的南开大学中国式现代化乡村工作站,取得了显著成果:1支队伍荣获第十七届挑战杯中国银行天津市大学生课外学术科技作品竞赛红色专项活动三等奖,8名教师荣获"优秀指导教师"称号,2支队伍获评"校级优秀团队标兵",10支队伍荣获"校级优秀团队"殊荣,1名学生荣获"校级十佳个人",1名学生荣获"校级优秀个人标兵",5名学生荣获"校级优秀个人"称号。此外,共有12支队伍获得学校专项社会实践经费的支持。

除报销实践带队教师的差旅费,为他们消除后顾之忧外,学院还积极调动校友资源和企业捐赠,全力支持中国式现代化乡村工作站建设。2023年,河北省河间市乡村工作站与当地政府、南开校友和社会爱心人士共同举办了支持义务教育的活动——"北司徒爱心助学暨优秀师生表彰大会"。学院充分发动校友力量,与当地爱心人士一起,为品学兼优但家庭贫困的当地中小学生提供助学金,汇聚扶持当地基础教育高质量发展合力,为乡村教育振兴贡献力量,进一步加强了校地合作。①

2. 特色主题活动

结合"一带一路"倡议和"百年发展"主题,学院定期开展主题教育活动。通过邀请专家学者开展讲座、组织主题讨论、实地考察等方式,增强师生对"一带一路"倡议和我国百年发展历程的认识和理解,同时提升师生的跨文化交际能力。例如,结合国家战略和学院特色组织开展以"'一带一路'与外语人才培养"为主题的党日活动,活动特别邀请了来自埃塞俄比亚"鲁班工坊"的留学生涂则刚,在他的讲解下,学院师生了解到这一知名教育品牌在服务国家"一带一路"倡议,为合作国家培养适应当地经济社会发展需要的技术技能人才,并在推广我国职业教育体系发展中发挥着重要作用。活动期间,来自英、俄、西、阿、法等专业的学生党员进行了"一带一路"倡议六语种国际形象网宣片的外语配音展示。教师党员对大家的翻译、语法、语速等方面提出了专业性的

---

① 助力乡村振兴与京津冀协同发展——南开大学中国式现代化河间乡村工作站工作侧记[EB/OL].（2023-11-22）[2024-04-06]. https://news.nankai.edu.cn/zhxw/system/2023/11/15/030058816.shtml.

建议，并为外语学子提高用外语讲好中国故事的能力提供了新的思路。

为了提升乡村工作站所在地河间市各学校英语教学质量，学院选派以教学专家李霞教授为首的教师团队多次前往河间市教体局及各乡镇中小学，开展英语教师培训，并对河间第一中等学校进行了实地调研。李霞教授针对河间教育现状，举办了"学习者视角下的有效教学设计与实施"专题讲座，并与河间市师生代表交流座谈，分享教学经验。此外，学院英语系张文忠教授、公共英语教学部研究生教研室主任肖云等专家也先后赴当地进行英语教学指导与交流。

学院坚持在改革创新中推进外语思政建设多元化发展、多样化结合。党的十九届六中全会召开后，学院组织师生以八语种共读全会《中共中央关于党的百年奋斗重大成就和历史经验的决议》，同时组织各支部开展热词共读共译活动，坚持师生共学共进，以实干担当促进外语思政建设，努力在新的赶考路上交出更满意的答卷。

3. 特色实践活动

学院注重提高师生参与实践育人活动的积极性和主动性。在"中外师生同看百年发展，外语下乡共助乡村振兴"主题引领下，学院团委鼓励师生将自身语言专业知识同实地调研、乡村振兴紧密结合，将外语特长与思政建设紧密结合。例如，由外国语学院副院长王凯副教授指导、日语系本科生张子郁同学带领的实践队，通过问卷调查、实地考察等方式，对在我国大华东、川渝等主要城市圈投资的外资企业开展深入调研，了解外资企业在我国的发展现状和贡献，为学院的教学和科研工作提供第一手资料，也为实现"扬外语风帆于改革开放之海，秉公能火炬行经济复苏之路"的目标贡献力量。

学院连续3年派出"外语思政助力创新驱动发展，党团引领带动育人体系"暑期社会实践队前往北京天津各高校调研外语类学生党员活动开展情况。实践队通过主题参观、调研、访谈、研讨、座谈会等形式，采访团员党员、团学骨干、专职团干部、专业课教师等，交流团学工作经验，探讨思政教育如何全方面融入外语人才培养体系，进一步提升基层团组织对团员和青年的组织力、引领力、服务力及大局贡献度。

（三）成效与创新

1. 编写并出版了第一本以"南开外语百年"为主题的书籍

外国语学院于 2019 年开展"南开外语学科百年口述史挖掘、整理与研究"项目，深入挖掘南开外语学科的百年历史，献礼南开大学百年校庆和外语学科成立 100 周年。师生团队历时两年进行采访、整理、编校，最终汇编了 22 篇见证南开大学外语学科百年发展历程的知名教师、学者、外教、校友的口述纪实，编写成书《南开外语学科百年口述史（第一辑）》。团队通过采访老一辈外语学者和校友，记录他们的学术经历、教学心得和南开情怀，传承和弘扬南开外语学科的优良传统。①

2. 建立并完善了"外语思政+乡村振兴"的育人助人新模式

学院坚持"师生四同"与外语特长紧密结合，在全国各地开展社会实践，探索出外语与乡村振兴有机结合的新模式。学院与天津市蓟州区杨家峪村共建劳动教育基地，并定期组织实践队前往开展实践；筹备建立起数个具有学院特色的中国式现代化乡村工作站，为师生自我成长与当地发展提供实际支持。

（1）河北省沧州市河间乡村工作站

为积极响应国家乡村振兴战略与学校倡导建设乡村工作站的政策导向，学院在河北省河间市建立了河间乡村工作站，开展"师生四同"社会实践活动，探索乡村振兴工作中的"教育+"与"特色英语教育"的实践新模式，立足乡村振兴视域，为构建"五育融合"的人才培养体系及推动乡村教育振兴提供宝贵的经验和成果。

探索乡村教育重要出路。实践队员在学院教师的指导下进行实地调研，认识到发展乡村特色教育、完善基础设施的重要性，同时也认识到发现、发展并发挥乡村特色，以及探究信息化教学设备、乡土化教学内容和创新化教学形式的必要性。

实现外语下乡促教育振兴。学院实践队在北司徒村中小学开展实地调研、教学实践和经验分享活动，为当地孩子们制定个性化教学计划，以多样化的课

---

①《南开外语学科百年口述史 1919—2019（第一辑）》正式出版[EB/OL].（2023-11-10）[2024-04-06]. https://nankai.edu.cn/zhxw/system/2023/11/10/030058740.shtml.

堂形式为孩子们展示异国文化和语言的魅力，激发孩子们的外语学习兴趣，并探索有效的乡村学校外语教学模式。

外语虚拟教研室首次落地。在学院河间乡村工作站的推动下，教育部教学科研一体化外语教学研究虚拟教研室在河间成功建立，实现了该虚拟教研室在乡村中学的首次落地。该教研室囊括全国150多所高校的近千名骨干教师，通过线上线下相结合的方式，帮助当地外语教师接触外语教育教学的新理念和新方法，支持他们参与一流课程建设，进而提升职业素养。此外，通过建立外语兴趣小组，利用寓教于乐的方式，帮助学生在课余时间提升对外语的兴趣，从而提高他们的外语学习成绩。①

开设"英语周"活动。由学院张文忠教授主持，联合沧州师范学院外国语学院，顺利开展"首届北司徒初级中学英语周"活动方案论证会。在初步设计的方案及活动内容基础上，与会师生分享了许多课堂教学小妙招、趣味性活动和提升英语学习兴趣的游戏设想。通过两校师生共同合作，助力北司徒初级中学学生的英语语言学习。

（2）四川省巴中市通江乡村工作站

学院于 2023 年在四川省巴中市通江县建立了第二个中国式现代化乡村工作站，并多次派遣专业教师和行政教师带领实践队前往，开展社会实践和挂职锻炼。实践队员扎根基层，用脚步丈量中国大地，深入调研脱贫攻坚成果，助力乡村振兴战略实施。

挂职乡镇基层，调研社情民情。实践队前往巴中市通江县多个乡镇开展基层挂职和实践调研活动。队员们积极参与基层各项工作，包括统计脱贫劳动力的转移就业情况、整理易地扶贫搬迁档案、协助农村集体经济改革、学习脱贫摘帽的先进经验等。此外，队员们还走访排查了乡镇人员新冠疫苗的接种情况，并参与了农业环保资料整理。

宣传特色产业，助力产业振兴。实践队员通过实地考察参观，了解通江银

---

① 南开外语校友会. 助力乡村基础教育提质增效 南开外语人"赋权增能"在行动——张文忠教授领衔团队赴河间乡村工作站开展教学科研活动[EB/OL].（2024-03-27）[2024-04-06]. https://news.nankai.edu.cn/zhxw/system/2024/03/28/030060643.shtml.

耳产业百余年的种植历史和新时代种植技术的发展，体会银耳产业在推动当地经济发展、带动脱贫致富及乡村振兴中发挥的重要作用。同时，实践队成员整合"诺水河""银耳""红军纪念馆"等素材，精心制作了通江县旅游文化宣传片，并改编歌曲、制作 MV，以全新的形式展现美丽通江，促进当地旅游产业发展。此外，队员们还制作了中英双语版的通江宣传片，邀请外国师生观看，共同感受中国在新时代的发展变化。

（3）杨家峪村乡村振兴与外语教学实践项目

学院连续多年在天津市蓟州区杨家峪村开展乡村振兴与外语教学实践项目，共建和维护劳动教育基地，对学科与乡村振兴的有机结合进行有益探索。

"薪火暖冬"计划。杨家峪村面临师资配比不均、部分学科师资力量短缺、村内信息闭塞、毕业生升学志愿填报信息不足等问题。为改善这一状况，杨家峪村开展了"薪火暖冬"特色义务辅导班活动，利用寒假期间组织返乡大学生为中小学生补习。外院志愿者利用外语特长优势与志愿服务经验，为活动的顺利开展提供了有力支持。截至今年，学院已收到当地发来的两封感谢信。

建立劳育实践基地。为深入推进五育并举、培养综合素质突出的外语人才，学院已与多家单位签订协议，共建"五育融合"实践基地。根据多方调研与沟通，2021 年，学院与蓟州区杨家峪村签约，在当地建立"劳动教育"实践基地。基地建立以来，学院派遣多支实践队前往基地开展劳动助农活动，如除草、种树、浇水等劳动项目，以此提升学生综合素质，促进"五育融合"。

作者：王寅，何婧晨，冀歆斐，丁宁

作者单位：南开大学外国语学院

四、多重动力与阻力下的乡村振兴——以厦门市莲塘村为例

（一）背景与工作思路

1. 实践背景

习近平总书记在党的二十大报告中明确指出，要全面推进乡村振兴，扎实

推进乡村产业、人才、文化、生态、组织振兴。莲塘村位于福建省厦门市翔安区内厝镇中部，曾荣获"全国乡村治理示范村""全国示范性老年友好型社区""福建省美丽休闲乡村""福建省生态村"等多项荣誉。村域产业以农业为主，采取普通农作物（如水稻、花生、地瓜、西红柿）和经济作物（如食用菌、荔枝）相结合的种植模式。土地以湿地为主，耕地面积有限，因 324 国道、福厦高速、福厦高铁和莲锄头公路贯穿村落中部，致使附近土地无法开发利用，种植基地面积较小。第二产业分布较为零散，第三产业薄弱，均未形成规模效应。高质量土地缺乏和产业失衡成为制约莲塘村经济发展的主要因素。

2. 工作思路

实践队以厦门市莲塘村为乡村振兴探索的微观切口，深入调研其乡村振兴模式，从政治、文化、经济、社会、生态等多维度剖析，总结其发展经验与教训，从而形成较为系统的理论框架，以期为更多地区提供乡村振兴的理论经验和借鉴。实践队组建多学科学生调研团队，综合运用各专业知识，全方位考察和深入剖析莲塘村发展，为乡村振兴提供理论支撑和实践指导，进一步丰富乡村振兴模式的实践经验和理论构建。

（二）主要方法

1. 乡情政策分析

实践队综合已有文献资料初步评价厦门莲塘村现状，总结其建设经验和治理问题，并结合历史演变构想未来发展趋势，为研究提供背景和参考。

莲塘村内成熟完善的组织架构与基层工作，例如以实行"五议三公开"为特色的"清风莲塘促进会"，是其社会治理模式的创新典例。党建工作的落实和领导班子的情怀更是其治理有方的关键。村域产业以农业为主导，但种植基地小而分散。土地多为湿地，耕地面积有限，且受 324 国道等交通线路影响，土地利用效率进一步下降；第二产业以柯依达工贸有限公司为代表，但数量稀少；第三产业薄弱，未形成规模化。用地匮乏和产业结构落后是制约莲塘村经济发展的主要因素，其导致莲塘村就业岗位稀缺和劳动力流失。目前，该村基础设施建设和民生需求主要依赖柯依达公司企业家个人资助，尚未实现自给自足。通过乡情政策分析，实践队为后续调查划定了方向和重点，建立起完善的理论框架，为现实问题的解决提供新思路。

实践队在正式访谈调研前大范围搜集文献和网络资料，预设访谈问题，确保访谈顺利进行；同时，了解当地风土人情，以"当地人"视角开展社会调研。

2. 实地调查

实践队前往位于福建省厦门市翔安区内厝村中部的莲塘村，实地考察当地的地理环境、自然资源和交通条件，探究其区位优势和不足，挖掘莲塘村发展的自然与历史文化资源，直观感受莲塘村的风土人情和村民的生活状态。

（1）走访访谈

实践团队针对莲塘村的发展与建设进行了走访调查。队伍根据调研内容，寻找访谈对象，设计访谈问题。通过与柯依达公司负责人的深度访谈，实践队了解了莲塘村加工产业群落发展现状、公司发展模式和产业融合情况，综合评估该企业在莲塘村经济和文化发展中发挥的作用。通过与莲塘村村委书记交谈，实践队了解了当地基层组织架构与工作，深刻理解当地"党建引领，多元共治"的乡村协商体系对村民政治参与的重要作用，并通过后续对村民政治参与情况的调查，总结当地建设的优秀经验和不足。此外，实践队还与"翔安传统文化教育园区"和"老人之家"的负责人探讨了传统文化传承和发扬敬老风尚的新途径，针对现存问题提出了对策，以推动当地文化发展与居民生活。

针对关键问题，实践队力求形成多角度的认识，关注不同访谈对象对同一问题的回答，分析其回答的共性和差异，从而获取全面而深入的答案，切实理解各方关切，掌握事情全貌。此外，团队会根据访谈对象的年龄、身份和知识水平的差异，调整访谈问题。在对村干部、企事业负责人进行访谈时，实践队主要探讨其负责项目在莲塘村乡村振兴中发挥的具体作用和产生的影响，同时辅以对当地整体情况的了解。在与当地村民和"老人之家"进行访谈时，实践队更关注他们的日常生活、幸福感和实际体验，从村民个体角度出发，了解乡村振兴各项措施的实施效果和村民满意程度。

（2）问卷调查

实践队精心设计了涵盖就业、政治参与和文化生活等领域的针对性问卷。问卷采用通俗易懂的语言，便于村民理解并填写。问卷分发采取面对面形式，填写前实践队成员向村民详细解释问卷目的和填写要求，确保数据准确可靠。此外，现场发放问卷的方式确保了问卷能够覆盖不同年龄、职业和教育背景的村民群体。

（3）数据分析

实践队创新性运用可视化数据分析，整合零散问卷，通过图表直观呈现数据特征、趋势及关联，清晰揭示村民对村务、村民大会的了解程度，目前就业方式，老人生活费用来源，以及对当地旅游文化和老人福利设施的了解情况。这一方法便于团队发现问题、分析问题并提出解决问题的对策。最终，实践队整理出完整的数据报告，直观呈现实践成果。

（三）成效和创新

1. 创新

（1）跨学科团队

实践队伍由来自哲学院、文学院、人工智能学院、法学院的学生组成。团队成员结合自己的专业知识，相互讨论交流，为实践开展建言献策，打破学科壁垒，实现知识的整合和共享。实践中，队伍能够综合运用多个学科的知识解决问题，使实践活动的开展更加科学。

（2）深入基层

为进一步了解乡村振兴政策在基层的实效，实践队走访莲塘村村民，收集数据，并亲身体验村民生活，倾听其对生活的真实感受。成员们以非正式、友好的方式与村民交流，获得村民真实自然的反馈。此次调研深化了队员们与村民的情感联系，让队员们深刻认识到乡村振兴对改善村民生活、提升幸福感的重要性。

（3）多维度考察

实践队以多元角度考察乡村振兴，"五位一体"看发展，从经济、政治、文化、社会四维度考察莲塘村的发展全貌，探究乡村规划发展过程中理想与现实之差，统筹考虑各维度下的考察结果，然后回归莲塘村整体，最终实现"四位一体"的逻辑闭环。

2. 成效

（1）理论成果

编撰深度调研报告。结合十日调研内容，队员们从经济、政治、文化和社会的基本建设出发，撰写了一份深度调研报告。该报告详细剖析了莲塘村在实现乡村振兴过程中的经验、问题和改进措施，提出了基于"文化振兴"的乡村振兴可行模式，旨在为莲塘村的持续发展提供理论上的支撑和指导。

数据分析图表报告。通过对50余名村民的随机采访和问卷调查，队员们进行了多层次的数据统计分析，形成了一套详细的数据分析图表。这些图表直观展示了实践队的调研结果，为实践队的理论研究提供了强有力的支撑，使得实践队能够从多个角度全面理解莲塘村的发展状况。

权威新闻报道。实践队后期在中国青年网发布《南开学子三下乡：情系乡村，共助莲塘》报道，以期在"五位一体"总体布局指导思想下，总结乡村振兴各要素互相作用的实践结论，并推广该模式建设的优势。

（2）实践成果

建立持久的沟通桥梁。团队与莲塘村的当地支部建立了长期稳定的沟通渠道，这一双向信息交流机制为村庄的未来发展奠定了坚实基础。通过此机制，实践队能够持续跟踪并关注莲塘村的发展，为未来社会实践活动提供了有力支撑。

提供建议与反馈。实践队在完成此次社会实践后，结合自身感悟和报告内容，向当地政府及相关负责人积极反馈并建言献策。当地村民委员会对实践队深入调研、拒绝"形式主义"和"蜻蜓点水"的作风表示了认可与赞许，并计划基于实践队的调研报告加强与村民的联系，更好地担当"中间人"角色。

后续文化创新项目合作。实践队与当地文化负责人进行了富有成效的交流，共同探索文化建设的合作项目。（见图7-6）实践队计划开发符合时代审美的文化创意产品，深化闽台人文交流，有效促进宋江阵文化的继承与发展。这一探索不仅能唤醒村民对本地文化的自豪感，而且能通过文创产品的销售助力当地经济增长，最终实现文化与经济的双赢。

图7-6　实践队计划开发的文化创意产品图例

作者：孔帅，阮珂竹，叶苏瑶，罗贝尼，孙艺轩，薛佳怡

作者单位：南开大学哲学院

五、搭建中外互通的实践育人平台，引领青年在实践中读懂中国

（一）背景与工作思路

2012年，党的十八大提出构建人类命运共同体的理念，自2013年"一带一路"倡议提出以来，该理念逐渐获得世界认可，中国日益走向世界舞台的中心。新形势下，讲好中国故事，提升国际传播能力，构建与我国综合国力和国际地位相匹配的国际话语权，不仅有助力我国改革发展，而且能有力推动人类命运共同体建设。

近年来，我国来华留学教育质量稳步提升，习近平总书记寄语北京大学留学生"多到中国各地走走看看，更加深入了解真实的中国"，广大优秀国际青年成为中外交流沟通的重要桥梁，成为世界了解中国的直接窗口。同样，面向当代青年学生开展国情教育，能够引导青年学生充分了解祖国大地，知中国以便服务中国,读懂中国才能讲好中国故事。结合国际教育学院和汉语言文化学院的学科特色以及中外青年学生同处一院的独特优势,在高校实践育人模式下,两个学院搭建中外互通的实践平台,面向中外青年学生开展中国国情教育,引导学生认识真实、立体、全面的中国,组织中外师生走出课堂,开展广泛而深入的社会实践活动,与国家战略和社会发展同频共振,以高质高效的教育培养模式培养知识扎实、了解社会、胸怀博大的优秀国际青年,使其读懂、理解、爱上精彩的中国故事,主动发出更响亮的中国声音。图7-7为中外师生开展社会实践活动的留影。

图 7-7　中外师生开展社会实践活动留影

(二)主要做法

1. 逐年深入,寻找读懂中国之路

南开大学国际教育学院和汉语言文化学院多年来持续推进面向中外学生的社会实践项目,将"走访式认识中国"逐步扩展到"体验式读懂中国",带领中外学生在实践中学习,在深入中国社会的过程中树立"四个自信"和家国情怀,帮助国际学生读懂中国式现代化发展。(见图7-8)

图 7-8　中外学生开展社会实践活动

2018 年 7 月，汉语言文化学院组织 35 名中外学生赴沪杭两地开展"认识改革开放伟大成就"社会实践活动。此次实践在改革开放 40 年的背景下展开，是南开大学首次组织面向中外学生一同参加社会实践，探索跨文化环境下的国家形象塑造与青年自信增强的新途径。2019 年，南开大学组织国际学生实践团队开展"奋进中国·纵观发展"主题实践活动，走访甘肃省庄浪县、河南省洛阳市和广东省深圳市，直接感受中国发展成就。2021 年，南开大学组织中外学生前往甘肃省庄浪县和夏河县开展以"读懂中国"为主题的社会实践活动，首次前往庄浪县郑河小学开展支教类实践活动，将社会实践从"看"扩展到"做"的层面。2022 年，国际教育学院和汉语言文化学院在庄浪县开展助农和支教实践活动，引导中外学生服务社会并探索中外学生实践的"最优化组合"模式。2023 年，在总结多年工作基础上，学院优化支教类活动整体安排，重点提升西部基础教育软件条件，实践活动向实向深扩展。

2. 打造品牌，形成双课堂互补新模式

近年国际教育学院和汉语言文化学院着力打造"读懂中国"社会实践品牌项目，以中外学生暑期社会实践为主要平台，根植于学生的国情教育课程和思想政治课程、国际中文教育专业知识与技能的丰厚土壤，逐步形成课程涵育实践，实践反哺课堂的双课堂互补育人模式。（见图7-9）

图7-9 外国留学生进课堂

中外学生在校均学习国情教育类课程，了解我国的发展现状、大政方针和对外政策等，但缺少具象认识。社会实践活动在此基础上，为学生提供亲手触摸、亲自体验的机会，让学生将"东西部协同发展""西部教育扶贫"和"乡村振兴"等知识转化为具体行动，融入中国式现代化进程。这种体验使学生更深刻地理解"共同富裕"和"命运共同体"等理念，有效补充课堂知识。

同时，社会实践活动立足学生专业特点，组织中外学生共同参与，为汉语国际教育专业学生提供真实的跨文化交际场景，促进其对生活、实践和价值观的深入理解，实现实践与课程的双重育人效果。

（三）成效与创新

1. 效果总结

2018年以来，学院先后组织四次社会实践活动，吸引近百名中外学生参与并使其在实践中得到良好锻炼。参与实践活动的学生返校后，不少成员成为优秀学生干部，在班级和党团支部表现突出，成为同学表率。国际学生通过实践更深入了解中国，如姚紫兰、刀比尔等毕业后选择在华就业，融入中国发展频率。

（1）基本形成中外学生实践育人新模式

实践中遇到的重难点问题集中体现在中外学生组队的合理性和实践活动的有效性两个方面。前者在于如何结合学生专业和文化背景，实现与实践地需求的最佳匹配；后者则在于如何与国情教育互动，提升教育效果，引导学生通过实践深入认识中国。

学院通过实践活动探索问题解决方案。针对组队合理性，设计活动使中外学生承担各自擅长的任务，确保任务量相当，提高国际学生参与度，打破中国学生主要负责组织、国际学生主要参与的惯性模式。此外，在实践活动期间，学院注重培训和规范化，如支教活动前统一对学生进行培训，培训内容涵盖模拟课堂、谈吐训练、教学技能提升等；同时，根据学生兴趣和专业特长分配任务，激发其能动性。

针对活动有效性，学院注重实践项目的长期实施，将其与国情教育和校内实践紧密配合。学院设计紧扣时代脉搏的项目，聚焦改革开放、脱贫攻坚、乡村振兴和新时代中国发展等重点内容，使实践队通过与实践地青年干部、志愿者和学校师生的深入交流，全面了解当地文化和社会情况，并以此让更多的人了解中国发展故事和乡村振兴事业，共同为建设更加美好的世界贡献力量。

（2）取得实效，获得良好评价

2022年，中外学生赴庄浪社会实践队荣获校级十佳团队、天津市先进团队，学生代表获得天津市先进个人、校级十佳个人、先进个人等荣誉；留学生代表受邀出席团中央"中外大学生社会实践周"总结交流会。2023年，实践队再次获得南开大学暑期实践优秀团队标兵称号，学生代表获校级十佳个人荣誉。

近年来，实践活动受到共青团中央、天津市团委和当地媒体的报道，2022年、2023年的实践活动获庄浪县郑河学区、庄浪县团委"青动庄浪"等公众号报道；塔吉克斯坦籍学生代表侯子墨更是接受了《中国青年》杂志的采访，谈起他眼中可信可敬可爱的中国，赢得了广泛关注与认可。

2021年以来，南开大学中外学生实践队对接庄浪县郑河小学开展支教类活动，得到郑河学区和当地学校的高度认可，郑河小学生积极报名参与活动，师生给予良好反馈。实践队给当地学生带来了不同于传统课堂的多彩课程，为学生打开了认识世界的窗口。其教学方法也被小学采纳改进，促进了当地素质教育发展。

2. 经验启示

面向中外学生的实践活动经过多年发展，不断探索创新，采用更适应双方学生的形式进行，旨在在中华大地这一生动广阔的课堂里，让参与者深入了解中国的发展，认识中国的成就，传递中国的智慧。

（1）真实践、真服务，在躬身力行中读懂中国发展

在前期工作的基础上，学院积极总结面向中外学生开展实践活动的经验，力求实现"真实践、真服务"的目标，打破国际学生社会实践多以参观感受为主的传统模式。通过精心设计的活动，引导学生从中国发展的观察者转变成亲历者，在助农劳作、电商直播参与、夏令营支教活动中，以亲身经历读懂中国乡村振兴故事。

中外学生在实践中深入中国的农田和课堂，亲身了解农业科技知识和西部基础教育现状，这些体验与课堂教学中的国情教育形成有效互补。学生们对中国发展有了更生动、客观和深入的认识和体会，更愿意主动讲述中国故事。

（2）根植于课堂，立足专业，形成双课堂互补的国情教育新模式

通过开展深入乡村振兴发展一线的体验类活动，学生实地学习国情，与中国文化、政治、经济等课程形成良好呼应。这些活动使学生直观了解新中国、改革开放和新时代以来中国的发展变化，深入理解中国共产党和中国人民当前的奋斗目标：全面建成现代化中国、提升全国人民的幸福感、实现国家的富强，并推动全球发展，共同构建人类命运共同体。在我国国际影响力不断增强的背景下，这有助于中国树立负责任的大国形象。实践活动结合学生专业知识，为学生提供能力提升的平台，实现优质育人。

（3）靶向思维，注重实效，创新打造中外学生共同参与的新途径

为使活动取得实效，中外学生社会实践活动基于目的地实际需求，选拔法学、经济学、医学、社会学、文学、汉语国际教育等专业学生组成实践队。实践队直接对标实践地提升小学生基础医学、法律知识及开拓国际视野的需求，

以提升小学生综合素养、开拓国际视野为目标，创新留学生参与社会实践的形式，特别推出"南牵山海"夏令营活动。该活动结合中外学生的专业和文化背景设计课程，使留学生能深度参与并亲身体验中国的扶贫工作。在人员配比上，中外学生1∶1组队，中国学生补齐留学生对中国基础教育的认知，留学生丰富中国学生对多元文化的体验，中外学生强强合作，进一步挖掘南开青年的力量，并将其运用于实践之中。

作者：邢北辰，袁芳

作者单位：南开大学国际教育学院，南开大学汉语言文化学院

六、党的领导下新型集体经济如何在乡村振兴中助力共同富裕——聚焦南北乡村振兴之路 共谋新型农村集体经济

（一）背景与工作思路

全面建设社会主义现代化国家，最艰巨最繁重的任务仍然在农村。如何扎实推动乡村产业、人才、文化、生态、组织振兴成为巩固拓展脱贫攻坚成果面临的重要议题。新型农村集体经济是我国社会主义公有制经济的重要组成部分，更是保障乡村振兴发展方向和性质的定盘星。党的二十大报告指出，要"巩固和完善农村基本经营制度，发展新型农村集体经济"①。

习近平总书记强调，调查研究是谋事之基、成事之道。当前，我国正处于全面推进乡村振兴的重要时期，迫切需要通过调查研究总结提炼典型经验，并深入了解推进乡村振兴过程中的难点和痛点，从而把握乡村振兴的本质和规律，找到实现乡村振兴可推广和可复制性的路径。

为此，南开大学马克思主义学院乡土中国暑期实践队依托刘凤义教授2022年度国家社科基金重大项目，聚焦"党的领导下新型集体经济如何在乡村振兴中助力共同富裕"问题，特别选取山东省烟台市和浙江省宁波市作为调研对象，

---

① 习近平. 高举中国特色社会主义伟大旗帜 为全面建设社会主义现代化国家而团结奋斗——在中国共产党第二十次全国代表大会上的报告[M]. 北京：人民出版社，2022.

旨在通过实地调研加快推动新型农村集体经济发展，为实现共同富裕建言献策。

实践团队由刘凤义老师带队，11名硕博研究生组成。沿着总书记的足迹，团队成员通过"学""访""行""研"等多种方式，感悟大郑村的奋斗历程、见证横坎头村的精彩蝶变、传承浙东革命根据地的红色基因，对党领导下的新型农村集体经济迈进共同富裕的典型案例进行了实地调研，深入探求乡村共同富裕的"宁波经验"。

（二）主要做法

1. 下好"研之有据"先手棋

为确保实践调研顺利开展，实地调研之前，实践队在刘凤义教授的带领下，共计开展 15 次深入学习和研究讨论。围绕习近平经济思想中关于乡村振兴的相关论述，汇总梳理了关于"新型集体经济""集体经济与合作社""党与集体经济、合作社"和"乡镇企业"等方面的文献资料，集中研讨了如人口老龄化、土地荒芜、粮食安全问题、产业振兴基础不牢和基层党建人才匮乏等突出困境，并基于此设计调研问卷和行程路线，做到事前有调研，落实有依据。

2. 练好"研之有物"基本功

此次调研采取结构化访谈的调研方式，以村党支部书记、政府工作人员以及农民群众为主要调研对象，尽可能收集当地纸质版档案、书籍和宣传材料等，从而细致勾勒被调研村庄的全貌。根据调研目的和行程安排，调研选取了山东省烟台市 9 个村庄（栖霞市杜家新村、国路夼村、衣家村、后许家村、蒋家庄村、南林家村；莱州市小草沟村、朱旺村、田家村），浙江省宁波市 5 个村庄（宁海县大郑村、奉化区滕头村、余姚市和谐村、柿林村、横坎头村），并以调研、访谈和走访等形式，总结党支部领办合作社在推进共同富裕方面的"齐鲁样板"，同时感悟"八八战略"和"千万工程"对浙江省宁波市的实践引领力和变革塑造力。

为尽可能真实细致地把握各村庄的具体特色情况，做到"真调查"，听到"真声音"，访谈进行前，实践队会事先讲解即将调研村庄的情况，随后师生共同从理论和实践两个层面出发，深入研讨调研的重点和拟解决的问题。访谈完成后，实践队还将进行复盘总结，师生根据访谈情况进行有针对性的补充，以提升内容和技巧，努力在每一次面对面的交流中，读懂群众的"弦外音"。

3. 打好"研之有效"组合拳

为善用调查研究，实践队深入田间地头、村头巷尾，走访农民群众、党员干部，从自身专业所学出发，精准把握问题并提出切实对策，真正总结凝练出推动乡村振兴的普遍性、可行性和可推广的经验，为其他地区提供有益参考和指导。

烟台市的乡村振兴是由市委组织部牵头推进的"党支部领办合作社"，实施市县镇（街道办）村党组织协调推进。其中，镇（街道办）设有统一组织员或副书记，专门负责农村党建及乡村振兴工作的协调与推进。同时，通过"四议三审两公开"制度监督村两委工作，通力推动乡村振兴发展。这些工作主要围绕农业产业基础合作社展开，带动红色文化、生态旅游和研学科普等的融合发展，推进民宿或农家乐发展。此外，烟台市还以本地农产品为基础，进行初级和深加工，促进一二三产业的融合性发展。同时，烟台市高度重视优秀传统文化和美德建设，通过移风易俗和精神信念来统一思想，凝聚共识，从而推动产业振兴和乡村的全面发展。

宁波市乡村振兴深入贯彻"千万工程"和"八八战略"，并由省市县（区）统一部署和各部门齐力推进，发挥党建引领作用，打造各具特点的党建品牌。宁波市乡村振兴主要依托工业产业，通过合作社或股份制公司形式，以生态文明建设为核心，基础设施建设为发展基础，融合生态旅游、红色文化旅游和农业特色休闲康养旅游，对农产品进行初加工和深加工，推动一二三产业的创新融合。同时，宁波市乡村振兴注重基层社会治理，各村普遍设立纪委或监督员等机制。此外，各村还建有文化大礼堂，旨在发挥党建引领作用，振兴乡村文化，并助力乡村振兴；设有"共富工坊"，旨在推动和赋能农民实现共同富裕。

4. 打赢"研之有用"主动仗

从山东省烟台市栖霞市和莱州市，到浙江省宁波市宁海县、余姚市和奉化区，实践队全体成员历时12天，走过了13个镇（街道）的14个特色村庄。在此过程中，每一位成员克酷暑，耐疲劳，用脚步丈量祖国大好河山，用内心感悟乡村振兴。同时，成员们也深知，调查研究不是一场表演秀，他们要发现发展中的问题，更要想办法去解决问题。

因此，实践队精心整理收集到的原始资料和素材，抓准问题的痛点难点，形成了《关于山东省烟台市和浙江省宁波市乡村振兴调研情况的报告》《山东省烟台市部分村庄党支部领办合作社调研报告》等15篇调研报告，送栖霞市观里镇政府、栖霞市观里镇蒋家村村委会等作为资政参考；在《人民日报》的理论版、《中国社会科学网》、《河北科技大学学报（社会科学版）》、《未来与发展》上发表《以数字技术赋能"两个文明"协调发展》《推进乡村振兴中重点把握的几个问题》《从"千万工程"角度看新型农村集体经济助力乡村振兴》《田间地头开展调查研究　共谋新型农村集体经济》《组织振兴改换乡土新天　产业嗅觉共谋农村未来》《以党建引领新型集体经济助力乡村振兴的内在机理》《数字赋能与创新构建：打造更具韧性的城乡治理共同体》和《以"两个结合"具体实践助推乡村振兴行稳致远——基于山东和浙江两地的调研》等多篇理论文章，进行趋势分析。调研成果获中国社会科学网、人民公开课、数字马院等多家媒体报道。

（三）成效与创新

此次实践调研全体成员秉承南开大学"知中国，服务中国"的优良传统，以实际行动感悟和学习了习近平总书记3·18重要讲话精神，全程秉持"把论文写在祖国大地上"的科研理念，全面了解当前乡村振兴的进程、挑战与优势，为全面推进乡村振兴建言献策。通过对山东、浙江两省调研，实践队成员深感乡村振兴实现路径的多样性，更加理解党的政策和决策在各地实施的差异性，以及基层党组织在推进新型集体经济中、致力于实现人民美好生活和共同富裕的智慧与努力。

1. 实践调研成效与成果

在刘凤义教授的指导下，实践队多次召开实践总结会议，结合实践记录、问卷及村庄纸质版材料等资料，形成了大量研究成果。这些成果获得了多家媒体报道，包括中国社会科学网、人民公开课、数字马院、南开马院公众号、南开新闻网、鲁东大学马克思主义学院公众号等，报道数量超过10篇。实践队整理了一系列丰富的实践成果，形成了如《南开大学马克思主义学院关于党领导下新型农村集体经济如何在乡村振兴中助力共同富裕调研实录》《山东省烟台市部分村庄党支部领办合作社调研报告》等 15 篇调研报告。同时，实践队持续开展相关研究，总结凝练出推动乡村振兴的具有普遍性、可行性和可推广的经验，为其他地区提供有益参考，为实现中国式现代化建设贡献南开力量，同时也助力刘凤义教授 2022 年度国家社科基金重大课题《习近平经济思想的政治经济学研究》。此外，实践队做好与调研村庄的沟通和联络，为南开大学马克思主义学院下一步在烟台市和宁波市共建南开大学中国式现代化乡村工作站打下良好基础，并探索南开"大思政课"乡土田野育人模式，为高校深化人才培养机制改革创新和学科培养提供更多探索空间。

2. 实践调研创新点

（1）坚持问题导向，调研地点选择契合理论和实际需要

厘清推进乡村振兴的具体可行路径，是刘凤义老师国家社科基金重大课题《习近平经济思想的政治经济学研究》应该回答的时代之问，更是作为马理论学者和学生应该思考的实际问题。一是选择北方经济重镇山东省。山东省国有经济和集体经济发展良好，其中烟台市开展的党支部领办合作社模式具有显著的后发性特征，山东省更是全国乡村振兴的"齐鲁样板"之地。二是选择南方经济重镇浙江省。浙江民营经济发展良好，宁波市在落实习近平总书记提出的"八八战略"和"千万工程"乡村振兴路径方面具有一定的先发性优势。这样的调研更具对比性，调研报告得出结论更具普遍性。

（2）以"大思政课"观，推进"师生四同"实践育人模式

任何育人模式都不是孤立的，而是需要从系统和整体的角度来实现立德树人的教育目的。通过带队老师的言传身教，实践队成员能够在实际行动中感悟"师生四同"育人模式，实现课程育人、科研育人、实践育人等育人体系有机结合。此外，本次调研全体成员均为高校思政教师后备人才专项计划人员。在调研过程中，带队老师刘凤义教授与实践队全体成员同学、同研、同讲、同行，不时为大家讲解习近平经济思想背后的学理性知识和问题，并以政治经济学的视角分析和解决问题，以实际行动践行着作为高校思政教师后备人才的责任和义务。

3. 推动新型集体经济，实现共同富裕，应把握几个原则

基于本次调研，实践队成员就推进乡村振兴中的关键问题初步达成了共识，大家一致认为，以新型农村集体经济推进乡村振兴是一条切实可行的路径，但在推动新型农村集体经济发展的过程中还需坚守以下几方面原则。

首先，必须坚持党对一切工作的领导。村级党组织是党在农村全部工作的基础，而中国特色社会主义最本质的特征是中国共产党领导。因而，村级党支部成员必须身先垂范，晓之以理，动之以情，练就过硬本领，成为群众满意的全能型干部，更好服务群众，为乡村振兴保驾护航。

其次，以马克思主义为指导，运用其科学的世界观和方法论解决中国问题。马克思主义是我们立党立国的根本指导思想，是我们党的灵魂和旗帜。坚持和发展马克思主义，必须同中国具体实际相结合。在推进乡村振兴的过程中，基层党组织要充分运用马克思主义基本原理，将其应用到乡村振兴的具体实践中。

最后，认识乡村振兴是一个全方面、多层次的系统工程，产业、人才、文化、生态和组织五个方面的振兴缺一不可，彼此之间相互衔接、有机统一。只有将这五个方面融合进发展新型农村集体经济的全过程中，才能为加快实现乡村振兴注入强劲动力。

作者：刘凤义，崔宇，赵夫鑫，胡泽鹏
作者单位：南开大学马克思主义学院

第八章

"师生四同"服务区域发展

一、琼岛开立自贸港，技术营商观乾坤——自贸港背景下海南高新技术产业营商环境调研分析

（一）背景与工作思路

习近平总书记指出："在海南建设自由贸易港，是党中央着眼于国内国际两个大局、为推动中国特色社会主义创新发展作出的一个重大战略决策。"而高新技术产业营商环境关乎着海南省建设自由贸易港全局。高新技术，可对一个国家或地区的政治、经济和军事等各方面的进步产生深远的影响，并能形成产业的先进技术群，其主要特点是高智力、高收益、高战略、高群落、高渗透、高投资、高竞争、高风险。

海南把 11 个重点园区作为推动海南自由贸易港建设的样板区和试验区，承载实施"早期安排"政策的重要任务。2020 年 6 月 3 日，11 个重点园区在全省各地同步挂牌，标志着海南自贸港建设拉开了序幕。可以说，高新技术开发区成为海南高新技术发展的主战场，对于海南转变发展方式、优化产业结构、增强区位优势具有重要作用。为此，南开大学商学院赴海南暑期社会实践队以"自贸港背景下海南高新技术产业营商环境调研分析"为主题，以海口高新技术

园区、博鳌乐城国际医疗旅游先行区、三亚崖州湾科技城为参考，由商学院副教授李季、旅游与服务学院副教授孟繁强、商学院团委书记曹莲娜联合指导，带领 8 名南开大学商学院 2020 级海南籍学生，就高新技术开发区的营商环境的现状进行研究，并提出良好营商环境的构想。

（二）主要做法

实践队以创新研究为导向，选取了海口国家高新技术产业开发区、博鳌乐城国际医疗旅游先行区和三亚崖州湾科技城三个营商环境特色突出、发展较快的园区进行实地调研；同时联系了海南省发展改革委的相关人员进行访谈，了解目前高新技术发展总体规划。实践队制定了为期 7 天的实地调研计划，运用"政企结合"的调研模式，深入了解海南自贸港高新技术产业营商环境的具体情况，并提出发展建议。

1. 聚焦国家重大战略，明晰整体发展关键堵点

在指导教师的带领下，实践队前往海南省人民政府，与海南省发展改革委进行座谈。经贸处处长首先介绍了南开大学与海南省的合作情况，然后从总体上介绍了海南省发展改革委的工作职责。随后，高新技术处、外资处以及产业园区的负责人分别介绍了海南的高新技术发展情况、外资投资情况以及园区概况。其后，实践队队员从高校办学、海南营商环境优势与薄弱处、海南与深圳等经济开发区之间的竞争与合作等方面提出了许多建设性的问题。相关负责人对此逐一解答。实践队将访谈录音或笔记整理成结构化的文本万余字，并识别、提取和归纳访谈中的关键信息、观点和观察结果，明确海南省高新技术产业仍处于起步阶段，整体营商环境还有长足的发展空间，具有较大的发展潜力。

2. 深入园区扎实调研，针对性施策解决"卡脖子"问题

（1）海口国家高新技术产业开发区调研

海口国家高新区是海南省唯一的国家级高新区，也是海南自由贸易港 11 个园区中，唯一涵盖"旅游业、现代服务业、高新技术产业"三大主导产业的园区。实践队前往该区总部狮子岭工业园进行调研，提出了关于人才引进、企业优惠政策和园区规划等问题，分析了海南产业园区布局原因以及本土和中小微企业的扶植政策。

（2）博鳌乐城国际医疗旅游先行区调研

海南博鳌乐城国际医疗旅游先行区是国内唯一开展真实世界数据应用试点的地区，为海南改革国家药品医疗器械审评审批制度、提高全球创新产品在国内临床使用可及性提供新途径。实践队参观了博鳌乐城"永不落幕"国际创新药械展，了解了乐城医疗旅游先行区的政策环境和落实情况。在管理局，实践队与医疗发展处的主管展开座谈会，了解乐城目前吸引企业的主要政策。在博鳌未来医院，师生与医院郭主任进行深度访谈，明确有关企业生产经营各环节审批及优化程序问题。实践结束后，实践队整理前期访谈材料，对乐城目前的发展与高新技术产业的关联之处展开了探讨，认为营商环境建设对于产业发展至关重要，需要打造更具新经济特色的产业链条，以更好地服务海南自贸港建设；同时，产业园区管理部门未来应着力于打造"产业功能平台"。

（3）三亚崖州湾科技城调研

三亚崖州湾科技城得益于多项优惠政策，目前已有多家涵盖深海、南繁、高新技术等方面的企业及科研院校同科技城达成合作。实践队对管理局吴主任进行访谈，了解了科技城的总体规划布局和政策，并从产业规划、营商环境优化、产城融合、政府关系、人才引进、企业政策等方面提出了许多建设性的问题。之后，实践队与海南双猴科技有限公司相关人员进行了访谈，讨论了人才问题、集聚效应、落户原因以及园区营商环境等。公司负责人指出，相比于其他产业园区，崖州湾科技城审批流程更便捷，许多流程都可直接在园区内得到解决。同时，他们希望园区公布项目的有效时长能够增加。而后实践队参观了海南双猴科技有限公司。实践队通过访谈与实地调查总结崖州湾科技城发展的主要限制性因素，并提出未来发展对策，如拓展产业体量和优化人才环境等。

（三）成效与创新

1. 打造"政企结合"调研模式

实践队牢记"知中国，服务中国"的嘱托，以理论回应重要的经济社会发展现实问题。实践队在调研中充分了解园区相关政策、服务水平和营商环境现状，同时与企业相关负责人交流，对照考察园区营商环境发展水平，发现其亮点和问题，从而对园区营商环境形成一个相对客观、全面的认识。通过"政企结合"的调研模式，实践队共形成 3 万字的调研报告，深入分析了海南高新技术产业营商环境，并提出了具体建议。

调研报告首先梳理了海南省高新技术产业的重要政策和取得的成就，然后根据对园区的实地考察和访谈结果，从水电、交通、管道、网络等角度进行分析，明确园区基础设施建设已基本满足园区生产生活需求。报告深度分析了生活配套设施对海南高新技术产业发展的重要性，选取了对生活配套设施要求较高且原有基础较差的远郊型产业园中的典型代表——三亚崖州湾科技城作为研究的主要案例，认为其他园区可根据自身特点采取相应的发展路径和措施。同时，深度剖析政策的导向性作用，在高新技术园区发展中，政策是评价营商环境的重要指标，政府应协同治理，改善政务环境，法治是优化自贸港营商环境的核心。实践队结合实地调研和访谈分析，借鉴其他地区高新技术园区发展经验，提出海南高新技术产业园区未来发展模式建议，即建设产业功能平台，推动营商环境高质量发展；培育有活力的科创型中小企业，打造一流的创新创业生态系统。

2. 积极建言献策，收获省委书记批示

指导老师和实践队成员充分发挥"师生四同"实践育人模式的优势，为服务经济社会发展积极资政建言，基于本次实践调研，实践队出具了一份题为《自贸港背景下海南产业园区营商环境提升建议》的咨政报告。报告指出了高新技术产业园区对于海南自贸港建设的重要意义，并根据调研总结提出了关于营商环境、产业链结合度和人才根植度等方面的建议；建议重视产业链顶端优势、综合服务成本优势和产业功能平台优势，以促进产城融合，改善产业氛围，推动高端要素聚集。在提交报告的同时，实践队师生联名致信致海南省省委书记，表达南开大学海南籍学子将不负使命、展现担当、回报家乡的坚定决心。海南省省委书记沈晓明和海南省省长冯飞对此批示与回信。沈晓明书记于 2021 年 9 月 3 日批示："感谢南开大学海南籍学子对家乡的关心。希望大家努力学习本领，为家乡的自贸港建设作贡献，研提建议请营商环境专班研究。"

3. 担当青年责任，促进校省合作发展

通过"师生四同"社会实践，实践队成功将社会实践与学校和地方政府的合作深度融合，真正践行"知中国，服务中国"的南开传统。自 2008 年 9 月南开大学与海南省政府签署省校合作协议以来，双方在各合作领域取得了多项实质性成果。在此基础上，实践队在调研过程中收到了乐城医疗先行区与南开大学合作的意向。为突显南开大学科研优势，促进科研成果转化和人才培养，实践队向南开大学提交《关于加强南开大学与海南博鳌乐城国际医疗旅游先行区合作的建议》，内容包括与博鳌乐城加强沟通合作开展学术研究、对学校参与研发的医药产品进行试验、组织学院相关教职人员进行实地调研等。这篇建议得到了学校的高度关注。2021 年 9 月 9 日，南开大学原校长曹雪涛作出批示，将建议内容加入海南研究院工作汇报会议议程，9 月 22 日实践队队长许宸璐在南开大学海南研究院院务会上发言，为省校合作建言献策。

作者：许宸璐，曹莲娜

作者单位：南开大学商学院

二、重启"暂停键"：中国文旅产业供给侧转型升级路径与对策研究项目团队事迹

（一）背景与工作思路

1. 背景

近年来，山西文旅面临转型升级的挑战，山西省政府积极寻求多方支持，迫切期望在人才培养、决策咨询、项目策划等方面取得突破。南开大学旅游与服务学院在行业中具有引领地位，其长期关注山西文旅发展并具有项目服务基础。2020 年下半年，应山西文旅厅邀请，指导老师带领实践队赴山西进行实地调研，正式踏上文旅产业转型升级之路。

调研发现，虽然山西作为文化大省，全国重点文物保护单位数量居全国第一，文物资源丰富，但旅游产业的发展水平与之不相匹配。此类情况也出现在江西、甘肃等省份。这引发了实践队成员的思考，他们希望能够为山西文旅产业寻找新的增长点，并为其他省份提供经验和借鉴。

后疫情时代，山西省文旅韧性差、恢复慢，面临诸多典型和突出问题，如由于政府监管不足、景区经营不善，乔家大院成为全国为数不多被撤牌的5A级景区。可以说，山西省是全国文旅产业供给侧转型的缩影。

2. 工作思路

疫情期间，文旅产业寒风凛冽，对国民经济造成了严重冲击。党的二十大报告明确强调要以文塑旅、以旅彰文，党中央国务院也相继发布6项相关文件推动文旅产业转型升级。作为旅游人的实践队只有一个目标：重启暂停键，让旅游重焕生机。实践队选择了山西作为首站，希望将山西的山山水水、一草一木打造成新的标志。同时，实践队希望通过总结经验和模式，能够将山西的文旅经验在全国范围内进一步复制和推广。

（二）主要做法

在学院与山西省文旅厅的合作框架下，自2022年起，实践队通过小样本调研、大数据挖掘等方法，开始研究山西省文旅产业转型升级路径。首先，实践队分析了多元数据挖掘的市场趋势，并识别了供给侧问题，随后针对性地提出文旅融合与路径对策。受疫情影响，实践队调研形式和内容受到了一定程度的限制。实践队成员以线上形式进行研究，结合大数据挖掘、机器学习、计量建模等方法，从政府、企业、景区三个维度深挖产业集群缺陷，社会调研500名消费者，收集问卷3000份，网络爬虫20万条评论游记，整合11个城市的20年数据，总计超过60万组量化数据，努力为政府决策提供智力支撑，实现供给侧精准发力。

疫情后，实践队成员多次前往山西开展线下调研。2023年暑期，实践队在徐虹教授的带领下，前往山西省运城市袁家村进行实地调研（见图8-1、图8-2），并成立南开大学中国式现代化乡村工作站（见图8-3）。徐虹院长带领队员开展环村调研，走进窑洞民居与村民唠家常，访谈非遗传承人探索文旅融合路径，日行近三万步考察村情民意。在这一过程中，实践队成员对当地村落进行了基本村情及资源调研，总结出9个发展问题，包括缺乏科学旅游规划，未能形成品牌效应；营销定位不够精准，宣传推广力度不足等。针对上述问题，实践队计划从智力、人才、技术三方面寻求多方合作支持。实践队成员共同完成

《现代化建设进展情况报告提纲》，结合当地实际情况提出专业性建议：以"源·素"为主题进行窑洞规划，期望"在袁家村，让一切回归本真——承受乡野的每一个落笔，栖息源·素，停泊夜海，打捞遗失的繁星"。此外，徐虹院长还带领队员与基层工作人员、当地乡贤交流座谈至深夜，结合当地农业特色针对性提出"杏（幸）好有你，柿柿（事事）如意"的文创产品开发建议。系列建议得到当地政府、企业的高度认可与采纳应用。

此外，在调研过程中，实践队积极开展与运城文物保护所的交流（见图8-4），进一步拓展调研范围。实践队成员前往运城盐湖，重走习近平总书记运城足迹，了解当地从产盐池、工业区到旅游目的地、生态保护区的发展历程。参观市盐保中心的"六馆一中心"后，实践队成员对当地特色盐文化有了更深入的了解，为提供旅游发展建议奠定了基础。随后，实践队参加了市盐保中心举办的盐湖文旅业态交流座谈会，就盐湖文旅开发目前和未来发展规划提出建议和构想。会上，实践队成员结合专业所学以及所见所闻，提出了一系列建议，包括打造"体育+旅游"新模式、"沉浸式"文旅新品牌、增加文化景观等，提高运城盐湖的旅游竞争力。

图 8-1　实践队在山西省万荣县袁家村开展实地调研

图 8-2　实践队入户进行民生调研

图 8-3　实践队在万荣县党校初心楼会客厅开展南开大学中国式现代化乡村工作站座谈会

图 8-4　实践队在县文化和旅游局党组书记带领下考察全国重点文物保护单位——万荣县
　　东岳庙

（三）成效与创新

1. 项目规模

在过去的 3 年中，实践队成员共申请两项国家级大学生创新项目（项目编号：202210055015、202210055016），在国家经费的支持下，累计 5 次赴山西省的 8 座城市进行追踪调查，涉及 23 个重点旅游景区和 31 家企业、追踪消费者500 余人，并在疫情期间克服困难，线上收集有效问卷 1000 余份、爬取数据 20余万组。2023 年暑期，院长徐虹教授带队前往山西省运城市开展社会实践，并于当年 11 月再次前往当地进行入户调研，历时两天收集问卷 200 余份，调研覆盖当地 3 个村落。

2. 项目主要成果

实践队致力于将论文写在祖国的大地上。实践队成员以主要作者身份撰写了多篇高水平论文，其中包括两篇影响因子超过 12 的国际顶刊（管理学类、经济学类各一篇）。实践队成员参与撰写了《疫情防控常态化下山西文化和旅游业转型发展研究报告》，该报告被山西文旅厅购入出版，并在 2023 年全省工作会议印发学习，引发了强烈的社会反响。此外，实践队成员在老师的带领下，共同编写了 4 本研究资政，总字数超 30 万字，并得到山西忻州市委书记朱晓东、大同市委书记卢东亮等领导的高度评价。

实践队前往盐湖提出了"旅游+"新思路，让工业遗址焕新生、文化资源会说话、生态美景绘蓝图。具体建议包括通过环湖马拉松打造知名度、设计研学旅游路线、围绕盐湖论坛打造五个"一"工程等，相关建议得到当地政府的高度认可和积极采纳。2023 年 11 月，盐湖马拉松正式开跑，吸引了来自全国各地的一万余名跑者参与，极大地打响了当地"关公故里"的文旅品牌。

3. 社会影响

实践队贡献高水平资政，为文旅产业决策提供智力支撑。2023 年全国两会期间，本科生实践队积极献建言献策，围绕六大文旅发展新策略，向国家 5 部委、7 省份提交了 27 条建议，部分资政内容入选日报热点话题，荣登人民日报、人民网两会特刊，获得了广泛关注和认可。实践队智慧成果辐射 9 省 23 市，为地方政府提供了感官定位、乡村旅游帮扶乡村振兴等切实建议，在大同古城、平遥古城、方山县取得良好效果，并在旅游需求预测、研学旅游等方面为中国康辉旅游集团、和君同行等公司提供实践工具，取得显著经济效益。研究应用实际取得强烈反响，得到了全国人大副委员长、中央政治局委员等党和国家领导人的回复与鼓励。

此次暑期社会实践获万荣县融媒体、运城市盐保中心等多家单位报道，累计阅读量超 2000 余人次。此外，此次实践的成果作为挑战杯支撑材料，帮助实践队获得了第十八届"挑战杯"全国大学生课外学术科技作品竞赛全国决赛特等奖。未来，实践队将继续在学校和学院的引领下，努力搭建服务平台，贡献高水平咨询成果，输出智力产品，为我国文旅产业重要政策决策和全局性问题提供智力支撑。

作者：唐海钰，徐虹

作者单位：南开大学旅游与服务学院

三、丹心未泯创新愿，吾辈今朝深圳寻——改革开放"排头兵"深圳技术变迁的经济学视角调研

（一）背景与工作思路

1. 选题背景

习近平总书记指出，深圳要在科技创新方面走到最前列，要率先在国际化和现代化方面做出示范引领。

2020 年 10 月 11 日，中共中央办公厅、国务院办公厅对外发布《深圳建设中国特色社会主义先行示范区综合改革试点实施方案（2020—2025 年）》，赋予深圳在重点领域和关键环节改革上更多自主权，支持深圳在更高起点、更高层次、更高目标上推进改革开放。

回顾中国式技术变迁的历程，深圳一直走在响应国家号召的前列，作为改革开放"试验田"，其做出了杰出的表率作用。为服务创新驱动发展等国家重大战略和助力高水平科技自立自强，实践队师生选择前往深圳市，进行以技术变迁为主题的社会实践，将目光聚焦于研究实际问题，探寻深圳经济特区发展中技术方面的创新与演进。

2．工作思路

秉持"知中国，服务中国"的理念，实践队走进深圳经济特区进行调研。师生通过参观走访"专精特新"企业、大型民营企业、国企和政府四方机构，详细了解了深圳市企业技术创新和相关政策的实施情况，包括科技成果转化、创新政策环境、创新体制机制建设情况、相关统计数据的建立等内容。

随后，实践队基于对企业负责人和员工代表等的访谈，整理并归纳了深圳等城市的四类主体对企业创新的共识，并在充分尊重事实的基础上，深入探讨了影响企业创新的关键因素。同时，实践队从多个角度构建了促进技术变迁的模型，以期能为构建高效的产学研体系提供可行建议，为服务创新驱动发展等国家重大战略和助力高水平科技自立自强贡献南开智慧。

（二）主要做法

1. 明确实践方向，构建调研框架

为明确实践调研方向，实践队与广东省税务总局、南开大学深圳研究院和盐田区科技局等政府单位的负责人进行交流座谈，重点探讨了营商环境、政府与市场关系、产学研体系等议题。

政府支持主要集中在促进科技成果转化方向，包括财政投入、税收优惠、人才评价、金融支持、政府采购和军民科技融合等。通过深入了解企业需求并制定精准政策，政府与企业达成默契合作，将为企业创新创造良好环境，推动政策落实，提升创新能力，为企业活动注入新动力。

2. 立足中小企业，聚焦专精特新

为深入了解中小微企业的创新机制，实践队前往远征科技、联恒星、影石创新三家"专精特新"企业进行调研座谈，关注人才培养、产学研联合开发、政策实施效果等相关情况。

"专精特新"企业是指走专业化、精细化、特色化和新颖化发展路径的中小企业，长期专注于某些细分领域，具有高度专业化、创新能力强、发展潜力大的特点。这些企业要求产品具有较快的迭代速度，因此对创新能力和科研投入提出了较高要求。

当前，我国中小企业仍存在小而不精、多而不强的发展问题，容易受制于大型企业。近些年来，国际贸易环境恶化、疫情冲击等因素加剧了中小企业的经营压力。调研发现，"专精特新"企业在人才吸引、持续创新等方面都具有独特机制，因此深入探寻其创新经验具有重要意义。

3. 立足大型企业，深入行业发展

为了全面了解深圳的创新创业形势，实践队联合南开大学深圳校友会、西丽湖人才服务中心召开南开-深圳创新创业专题研讨会，超过 60 位南开 IT 从业校友参加，其中包括来自华为、腾讯、字节跳动、大疆等大型企业的校友。南开深圳校友会联席会长、创新科董事长陈凯、原华为副总裁李刚等重量级嘉宾出席。通过与校友交流研讨，实践队更全面了解了深圳的创新创业体制机制，并就重大基础科技项目攻关、企业国际竞争力提高等方面进行交流。

　　民营企业作为创新的主力军，能够有效解决企业在发展过程中遇到的困难和问题，增强企业的创新能力和核心竞争力，进而助力我国科技创新水平的整体提升。其中，大型民营企业在创新中更是发挥着领头羊的作用，民营企业五百强在党和政府的鼓励、引导和支持下，持续加大创新力度，因地制宜加快转型升级，致力于抓住新的发展机遇，提高竞争力和抗风险能力。诸如华为、腾讯等大型民营企业站在了创新的潮头，吸引更多企业投入创新浪潮。

　　此外，大型民营企业面对激烈的市场竞争，对市场需求感知更为敏感，这使得它们具有超强的市场竞争和技术革新意识，更趋向于解决更为实际的问题。

　　大型民营企业拥有无法比拟的技术力量和雄厚的资金实力，同时又有大型国有企业所没有的产权制度和治理机制上的体制优势。因此，在全球技术革命的时代化背景下，大型民营企业作为推动我国技术创新的重要力量不可忽视。

　　4. 走进大型央企，推动科技攻关

　　实践队以线上线下相结合的方式，深入调研中国农业银行广东分行等金融型央企和南方电网等产业型央企在创新方面的举措，重点了解其完成重大攻关任务的实施情况；对于金融型国企，主要关注其如何助力科技型企业发展和直接融资市场的相关情况。

　　国企是我国经济发展的中坚力量，大国科技竞争和"卡脖子"问题，是国企需要面对的挑战。大型国有企业由于具备知识生产和应用的双重角色，有天然的优势进行定向基础研究。然而与国外同行相比，我国国有企业的创新能力仍有待提升，特别是在基础研究方面。无论是侧重产业还是投资的国有企业，都需要加强基础研究领域的创新，推动国企加强研发平台和创新网络的建设。

　　针对投资型国有企业，调研重点关注金融创新在服务科技创新过程中的作用。而对于产业型国企，调研则集中于企业助推实体经济发展、增加研发投入、进行供给侧产品改革等方面，以增强科技创新能力和市场竞争力。在科技创新工作中，国企应当与国家科技战略、实体经济、市场、科研院校、资本市场、人才队伍建设相结合，争取形成一批产业带动性强、技术自主可控、在国际上并跑领跑的重大创新成果。

（三）成效与创新

实践队依托"师生四同"课题深化知行合一，撰写完成两万余字调研报告，详细阐述了各类企业创业机制，并提出了一般性规律和政策建议。针对技术变迁中的产学研体系提出构想，致力服务相关部门。报告最终提交给深圳研究院和盐田区科技局，推动实践成果的落地。该成果得到南开大学经济学院和南开大学深圳校友会等机构的认可，并得到多方媒体报道，展示了南开学子的风采。

1. 在"师生四同"实践中探索企业创新，总结经验启示

实践队深入深圳经济特区，通过走访和调研不同类型企业，全面了解了深圳市技术变迁的特点与机制，把脉企业创新发展的痛点和难点，提出切实可行的建议和政策反馈，形成了前瞻性和可操作性的未来发展策略。

调研以用户为导向，注重消费者需求的驱动。多家企业负责人表示，企业应关注细节以优化用户体验，挖掘用户真实需求。将技术变迁和消费者需求结合起来，有助于企业与消费者接触、协调供应商、制定不同销售策略等。

以城市为根基，发挥城市的创新优势效应。城市在企业创新发展中发挥着重要作用，特别是像深圳这样的改革开放示范城市。城市的优势效应为企业提供了资金、样品、成本、市场等多方面的便利，为企业的创新提供便利。此外，城市也使企业的产品更具竞争力，定价更优惠，性能更出色，更受用户青睐。

2. 在"师生四同"实践中形成政策建议，助力技术创新

实践主题凸显了经济学院的专业特色与独特优势，实践队依托学科知识，不仅增长了知识，还感受到了南开校友的回馈精神。队员们注重将理论与实际相结合，在实践中学真知、悟真谛、提建议。

产学研协同发展，形成"双赢"局面。要充分利用高校研究院教育资源和科研平台，结合高新技术产业应用创新，注重市场机制在协同创新中的作用，推进产学研协同创新的市场化发展。

优化人才培育体系，完善创新激励机制。完善人才评估和奖惩机制，发挥人才主体作用，推动科技创新。

深化"放管服"改革，助力中小微企业融资"突围"。政府通过"放管服"改革提升金融服务效率，督促金融机构优化审批流程，简化融资流程，降低续

贷难度，帮助中小微企业融资。

未来，实践队成员将以此次实践为基础，继续深入研究技术创新，回馈社会，为祖国发展贡献力量。

作者：李卓林，闫天宇，吴阳政，张译丹

作者单位：南开大学经济学院

指导老师：段文斌，颜季凌，张子扬

指导教师单位：南开大学经济学院

四、心系南开，情暖边疆——探究"一带一路"倡议下交通运输方式的变化及影响

（一）背景与工作思路

1. "一带一路"倡议提出 8 年来对新疆的影响

第一，"一带一路"倡议推动交通发展，新疆有 6 条高速公路建成通车，新增里程 1588 公里，累计达到 4316 公里；兰新高铁通车运营，多条铁路开工建设；首条疆电外送的高压通道建成运行。第二，"一带一路"倡议加快了新疆农产品、工艺品的发展，尤其对边境贸易产生了重要影响，推动了农产品精深加工、手工艺品等产业发展，扩大了产业规模，增强了产业竞争力。

2. 调研"一带一路"倡议对实践队成员的教育意义

一是让实践队成员走出校园，有助于他们在实践活动中提高社会参与度和实地考察能力，加强对南开精神的理解。二是提升实践队员对"一带一路"倡议的认知。通过自媒体向外传递南开人积极了解祖国政策的信息，让更多人感受在"一带一路"背景下交通发展及当地居民生活的巨大变化。三是充分探寻了解"一带一路"背景下交通建设对贸易经济的促进。四是有助于实践队成员了解"一带一路"政策优越性，进而提升他们对国家发展方向的认知，增强民族自豪感和社会责任感。

（二）主要做法

在本次社会实践活动中，实践队深入探访了乌鲁木齐、中欧班列、兵团、伊宁市区、霍尔果斯口岸、罗布人村寨以及尉犁县等地，通过实地考察、参与活动、采访交流等多种方式，全面了解在"一带一路"背景下新疆的经济、文化和社会发展情况。

1. 乌鲁木齐

乌鲁木齐是一座拥有现代化工业、民族传统工业和现代化商贸、经济体系的亚洲中部大都市。它是中国西部的"空中门户"，有50多条航线通往国内外；加上中国连云港经新疆、中亚至荷兰鹿特丹的新欧亚大陆桥的全线贯通，乌鲁木齐再次成为"新丝绸之路"上的枢纽，承担着重要的作用。实践队在城市中可参观中欧班列、中铁集团，了解交通发展给贸易经济带来的巨大益处。

2. 中欧班列

中欧班列开行数量逐年增加、运营质量快速提升、品牌效应不断彰显，已经成为我国推进"一带一路"建设的旗舰项目。乌鲁木齐市作为丝绸之路经济带核心区，积极响应国家政策，通过优化运营布局、规范补贴、加快信息平台建设等措施，加快推动中欧班列实现规范化、市场化、信息化、一体化健康发展，特别是推行的"集拼集运"业务，将中欧班列乌鲁木齐集结中心作为国家中欧班列集结站，展示了中欧班列的巨大作用。

3. 兵团

实践队在兵团参与棉花打顶、下田种植等活动，并通过采访了解兵团在新疆屯垦戍边的中流砥柱作用。新疆是我国西北的战略屏障，是我国对外开放的重要门户和对外开放门户。新疆的发展和稳定，关系全国改革发展的稳定大局，而兵团对新疆的稳定发挥着重要作用。充分发挥兵团在屯垦戍边任务中的建设作用，对新疆的经济建设至关重要。兵团在新疆经济发展中扮演着建设大军的角色，推动了现代农业和工业的发展，是新疆经济的重要支柱之一。

4. 伊宁市区

伊宁市位于新疆西北部，因"花城""白杨城""苹果城"等美誉而闻名，其是伊犁河谷的重要物资集散地和工业中心，也是中国优秀旅游城市、国家园林城市之一。伊犁河谷被中国国家地理评选为中国十大新天府，被南方人物周刊列为中国十座宜居中小城市之一，并先后荣获"中国优秀旅游城市""国家园林城市""国家历史文化名城"以及国家新型城镇化综合试点市称号。

伊宁自古是商埠重镇，丝绸之路北道要冲，也是连接南北疆的枢纽，是中国与中亚和欧洲贸易的陆路桥头堡。清代便设有伊犁将军府统管西域军政，民族英雄林则徐也曾在此戍边。伊宁拥有百余处文化古迹遗址，历史悠久，民族众多，文化包容，展现出中亚风情和西域神韵，是多民族和谐共处的乐园。

5. 霍尔果斯口岸

霍尔果斯口岸是中国最早向西开放的口岸，曾是古丝绸之路新北道上的重要驿站，1881 年正式通关，是中国西部基础设施最好、通关条件最便利的国家一类公路口岸。如今霍尔果斯口岸已发展成为集公路、铁路、航空、管道"四位一体"的国际综合交通枢纽。

随着国家丝绸之路经济带的建设，霍尔果斯由边境一线发展成为改革发展的前沿、重要节点和关键枢纽，迎来了发展机遇的黄金时期。2014 年，霍尔果斯口岸完成进出口货运量 2291 万吨，较上年增长 3%；贸易额 149 亿美元，较上年增长 3.6%。与此同时，中哈霍尔果斯国际边境合作中心也取得了可喜的成绩。该中心于 2006 年开工建设，2012 年 4 月 18 日正式运营，总面积 5.28 平方公里。这一进展充分展示了霍尔果斯口岸对"一带一路"建设的重要作用。

6. 罗布人村寨

罗布人村寨，是沙漠、内陆河、绿色走廊和丝绸之路的交汇处。罗布人是新疆最古老的民族之一，他们在沙漠中的海子边打渔狩猎，种庄稼，保持着原始的风俗习惯，其生活充满了神秘色彩。

7. 尉犁县

丝绸之路经济带建设对于新疆巴音郭楞蒙古自治州意义重大，新疆巴音部楞蒙古自治州也充分发挥和展示丝绸之路经济带的枢纽作用，以及电子商贸和货物仓储的重要功能。尉犁县是以农为主、农牧结合的半农半牧县。在第三产业上大力发展旅游业、商贸流通业和综合服务业，依托塔克拉玛干沙漠、塔里木河流域和胡杨林资源优势、丝绸之路汉唐遗迹及罗布人文化，挖掘民俗和历史文化的深厚底蕴，了解交通发展对货物存储以及贸易的益处。

（三）成效与创新

1. 国家层面

通过实地走访调研、考察参观新疆部分城市在"一带一路"建设中取得的成就，实践队深刻了解"一带一路"倡议在推动经济发展、促进文化交流、构建新型国际关系中的重要作用。实践活动的多形式、多渠道的汇报，为实践队成员展现了新疆地区"一带一路"建设成果，进一步提高广大师生对"一带一路"建设的参与度，使中国特色社会主义道路自信、理论自信、制度自信和文化自信深入人心，其能够引导和激励学生提高政治素养，积极响应国家政策，投身于维护全球自由贸易体系和开放型经济的事业中。

在走访与调查过程中，实践队加深了对于基本国情和国际关系的认识，在新的历史时期，构建丝绸之路、经济大走廊，将给中国以及沿线国家和地区带来共同的发展机会，拓展更加广阔的发展空间。实践队通过横向和纵向的对比分析，了解了当地人民普遍的生活状况和社会经济增长情况，以及丝绸之路经济带对当地经济发展的影响。

实践队通过走访当地部分企业，采访相关负责人，深入了解企业的经营情况以及"一带一路"建设对于企业发展带来的机遇与挑战，分析客观存在的问题并提出建议。

2. 社会层面

通过实地调研对中欧班列、新疆生产建设兵团、霍尔果斯，实践队积极向广大人民群众进行宣传和引导，以推进"一带一路"建设的顺利实施，使广大人民群众继续分享其带来的效益。

实践队通过调查问卷、实地走访等形式，了解当地人民群众对于"一带一路"倡议的了解，知悉其对人民群众生活的实际影响。

实践队在当地开展志愿活动，提高队员参加社会实践的能力，从而培养出为社会作贡献的新一代青年。

实践队在库尔勒等地进行民族文化交流相关实践活动，在活动中加深我国不同民族之间的文化交流，提高民族凝聚力，有利于当地社会的稳定。

实践队在实地调研中全面深刻地了解了"一带一路"倡议为共建国家和地区带来的机遇，通过此次实践，学生更加愿意积极参与社会建设。

3. 学校层面

在实践活动中，实践队通过兵团劳作等形式宣传南开精神，宣传南开大学"允公允能，日新月异"的校训，提高了南开大学知名度。

实践活动获得《新疆日报》报道，向社会展示了南开学子"知中国，服务中国"的优良精神面貌，展现了南开学子的风采。

4. 实践队层面

通过实地调研乌鲁木齐、库尔勒、伊犁等地，实践队员加深了对"一带一路"倡议的认识，见图8-5。

图8-5　实践队成员合影留念

让学生走出校园，有助于提高学生在实践活动的社会参与度，培养学生实地考察的能力和吃苦耐劳的精神，从而加强他们对南开精神的理解。

学生在实践活动中也需进行自我思考，提高学生独立思考与团队协作的能力，加强学生参与社会实践活动的能力。

作者：赵彦凯，张欣怡，陈雪涛，李鎏，王逸涵，吴旖馨，管薪宇，

费泽锟，郭坤昌，纳瑞婕

指导教师：陈镜宇

作者单位：南开大学软件学院，南开大学人工智能学院，南开大学计算机

学院与网络空间安全学院，南开大学经济学院

五、河南省自贸区金融服务效率调研

（一）背景与工作思路

1. 实践开展背景

河南作为中原经济区的核心，在丝绸之路经济带建设中具有重要作用。河南自贸试验区作为中部内陆自贸试验区，依托产业基础和区位优势，更是被赋予打造"两体系一枢纽"的特色定位。作为新时代改革开放的新高地，自贸区建设是强化河南战略地位的有力支点，也是链接"双循环"的重要平台和关键节点。

金融创新是自贸区建设的重要组成部分，也是促进自贸区经济发展的新动能。河南自贸区起步不久，基础设施建设尚不完善，中小企业信贷需求旺盛，而支撑河南自贸区发展的金融主体大多为传统金融机构，金融产品有限、信贷资源供不应求，难以满足不同企业对于金融服务的多样化需求。因此，如何打通自贸区金融发展方面的堵点，搭建自贸区金融创新服务平台，拓宽金融机构服务范围和产品类型，打造自贸区金融创新体系 2.0 版，提高投资质量，具有重要研究意义。

该实践项目旨在探寻金融支持经济发展的先进路径，打造具有河南特色的创新型高质量发展道路，以促使河南自贸区在国内大循环中发挥中流砥柱的作用，打造引领区域高质量发展的新标杆。

2. 实践工作思路

实践活动依托河南省政府立项的《河南自贸区金融创新路径研究》课题展开调研，分为文献理论分析发展路径—制定调研计划—实地调研—完成文字报告的工作思路。首先，实践队阅读大量文献，从金融创新、金融发展与金融支持三个理论角度来论证河南自贸区的发展路径的必要性。其次，实践队探寻河南省自贸区区域发展的金融创新路径，在此基础上制定调研计划；随后，在实际的调研工作中收集调研数据，实地探索自贸区发展情况。最后，实践队通过对实地调研获取的数据以及现实区域发展情况的分析，完成调研报告。

（二）主要做法

1. 确认河南自贸区的发展路径的必要性与可行性

实践队举行组内会议，讨论并确定调研方向：从金融创新、金融发展与金融支持三个角度来论证河南自贸区的发展路径，通过建立河南省自贸区金融创新指标体系和线上专家打分的方式推动后续研究。

实践队成员确定了从金融创新、金融发展与金融支持三个角度来论证河南自贸区发展路径的必要性：金融发展理论表明金融与经济增长密切相关，为研究河南省各片区金融发展程度和金融结构的复杂化提供参考。金融创新包括发生在金融领域的一切形式的创新活动，为研究河南省各片区金融创新路径和方式提供参考。金融是实体经济的血脉，金融支持理论为研究金融如何更好支持实体企业发展提供政策参考。

2. 河南省自贸区金融服务效率的度量

为更好地了解河南省自贸区金融发展现状，实践队将金融发展、金融创新和金融支持程度分别细化为二级和三级指标进行衡量，并联系了自贸区相关负责人和金融学术界权威的教授等专家，邀请他们针对表格中各层级指标对于衡量自贸区金融的重要性按照1—9分进行打分。指标得分越高，代表其重要性越高。如专家认为除所列指标外还有其他可以用来衡量金融发展、金融创新和金融支持程度的数据或指标，可在表格下方列举出来并对其重要性进行打分。

基于专家打分表的调研结果，实践队设计了以下课题研究思路。首先，实践队将从狭义和广义两方面分析河南省自贸区建设中的金融创新路径。狭义的金融创新指的是传统金融认为的金融创新，为调研打分表中"金融创新"维度的相关方面，具体包括金融创新投入、重点金融行业创新水平、创新环境二级指标；广义的金融创新除传统金融创新以外，还包含了金融创新的表现结果，具体表现为"金融发展"和"金融支持"两个维度。至此，实践队构建出河南省自贸区建设的金融创新指标体系，使用层次分析法（AHP）衡量自贸区金融创新的水平，并通过比较分析法（比如与福建、上海等其他自贸区的对比）找寻金融创新的突破口。此外，在"金融发展"维度下，实践队建立 FH 三片区发展协同模型，考察河南自贸区的郑州、洛阳、开封三个片区的金融发展协调程度，并提出合理化建议。

实践队将根据实证检验得到的结论，梳理河南省在三片区金融发展协同方面出现的问题，并分析其具体成因，提出政策性建议；发现河南省自贸区金融创新的相对优势和相对劣势，以及各自的成因，并提出相关的政策性建议。

3. 河南省自贸试验区金融发展概况的摸索

实践队先后参观了中原金融博物馆以及参加了中国（河南）自由贸易试验区郑州片区管委会金融创新发展座谈会。中原博物馆以中国金融史、中原商业金融史等为核心内容，通过声、光、影、物等形式展示了金融与中原文化的交融，展示了中原文明在金融历史中的重要作用，以及郑州金融业在互联网金融时代的机遇。通过参观中原金融博物馆，实践队了解了中原金融发展的古往今来。随后，实践队参与了中国（河南）自由贸易试验区郑州片区管委会金融创新发展座谈会。此次座谈聚集了不同类型的金融机构和智库企业，讨论了推进自贸区创新、服务实体经济、促进经济发展等议题，旨在促进金融服务于市场主体，推动经济高质量发展。

（三）成效与创新

1. 为河南省政府的自贸区发展建言献策

实践活动历时一年左右，产出了《河南自贸试验区金融服务效率调研报告》以及《河南省自贸试验区金融创新路径研究》资政报告，不仅为河南省自贸试验区金融创新路径的研究提供了模型方法和量化工具，也使得相关研究内容、结论与政策建议具有了实证分析与经验考察的证据支持，同时报告结合对河南自贸试验区实际情况的调研考察，从国家战略、河南自贸区定位、河南自贸区优势的视角提出了河南自贸区金融创新的政策建议。

2. 学术价值与实操价值获得认可

在河南省商务部为该实践课题召开的结项座谈会上，课题研究内容和结论获得了多位专家学者的认可。多位学者对学峰教授领导完成的《河南省自贸试验区金融创新路径研究报告》表示赞赏，认为该报告对河南自贸区金融协调与效率进行了实证考察，并提出了具体的创新路径。专家学者们认为该研究内容详实，方法科学，结论可靠，特别是课题结合了河南自贸区的实际情况、资源优势和国家战略，站位高，视野宽，具有较强的战略性和顶层设计创新，具有非常实际的政策价值和可操作性的建议深度。

3. 开展河南省自贸试验区金融创新座谈会

为了深入推动项目进程，实践队成员于线上线下共同参与了河南省自贸区金融创新座谈会。会议指出，自贸试验区的核心任务是推进创新，对标国际高标准经贸规则，推进系统集成化的改革，将自贸试验区建设为新时代改革开放的新高地；自贸区致力于服务实体经济，精准推进金融创新，打造市场化、法治化、国际化的营商环境；落实资本"走出去"和"引进来"，发挥全球布局优势，提供投商行一体化服务。会议同时指出，自贸区发展需要多种方案和政策的支持与配合，该社会实践项目与自贸区创新发展不谋而合，殷切希望此次社会实践能够支持自贸区进一步发展。

4. 学术理论创新与实践调研的有机结合

调研结束后，实践队形成《河南省自贸区金融服务效率调研报告》，依据调研报告构建指标体系，实践队找到河南省自贸区发展在金融支持方面的相对强项与弱项，形成初步的对策建议，为最终完成课题研究提供理论支持，并在这一过程中培养锻炼成员的"知中国，服务中国"的能力。

作者：吕佳丽，蔡新怡

作者单位：南开大学金融学院

六、城市数智化风险防控的基本模式与实践机制研究——基于沿海省市的调查

（一）背景与工作思路

2020 年 1 月，习近平总书记考察上海时指出，"在城市建设中，一定要贯彻以人民为中心的发展思想"。改革开放以来，中国的城市化进入快速发展的通道。第七次全国人口普查的结果显示，我国超大城市数量达到 7 个，特大城市数量则达到 14 个（以下统称为特大城市）。一方面，由于规模体量更大、人口结构更复杂、流动性更高，特大城市成为潜在的风险积聚中心；另一方面，城市应急管理体系的职能碎片化又限制其风险治理的效能发挥。

近年来，伴随数字治理实践的发展，学界也开始思考大数据驱动城市风险治理的优势，学者普遍认为，它有利于破除政府信息垄断、推进风险的综合治理、重塑风险治理流程等。然而盲目乐观的期望可能掩盖了实践中的挑战。大数据带来的种种好处往往是基于技术逻辑的推演，但技术逻辑可能与现实的组织逻辑产生错配，从而阻碍大数据的应用。

（二）主要做法

1. 推动城市数字化风险防控的理论体系构建

国外普遍意识到智慧城市有益于破解传统城市治理难题，并展开有益探索，例如韩国在 2004 年推行的 u-Korea 战略、欧盟在 2002—2005 年间实施"电子欧洲"计划等。新时代，中央强调加强风险管理。虽然关于城市治理的理论体系已充盈丰满，但是关于特大城市治理中的风险防控鲜有研究。国内关于风险治理的研究已经有了"点"的涉及，但对城市风险的研究仍然以特定风险为研究对象，零散而不成体系。西方的理论有较为严重的"工程导向"和"自由主义导向"，还有相当部分的内容与中国实际不符。

有鉴于此，调研组旨在明确中国风险情景，比较中西城市差异，并将社会风险与城市治理有机结合，以此为基础完善城市治理体系，提升"基于风险的城市治理"的效能，打造符合中国实际的理论体系。

2. 运用数字技术分析城市演化发展规律

数据驱动的各种指标参数估算成为城市大数据研究的热门方向。大数据既可以实现交通流量的精准预测，又可对不同区域的大气污染物排放量进行有效评估，还可以基于超大规模的服务数据，进行特大城市风险预警、推出智能化社会服务。现有社会风险留下了大量的数据轨迹，这些海量的数据展示了风险发生的地域、时间、程度，并且关联出不同的城市区域、空间分布、人口结构等的风险演进规律。大数据内含了"风险发生、传播和防控的普遍性的解释"，利于解释各分支领域与总体性之间的关系；综合了城市风险的"内生性"与"外生性"，能很好地处理、解释风险与城市治理之间的关系。

因此，实践从总体上把握风险与特大城市之间的关系，对数据驱动的各种指标参数估算、分析和建模，大力推动资源与各项风险的实时监测与精准管控，在大数据基础上推动"特大城市治理中风险的演进规律、传导效应、阻抑效应"研究，精确界定"特大城市治理中风险"的内涵与外延，把握风险的总体性与差异性，推进模拟实验，对特大城市治理中风险的发生机制、传导机制、阻抑机制和治理机制开展差异化试验，从而构建不同类型风险的城市治理机制的设计。

3. 基于实践导向推动特大城市数字化风险防控的对策研究

尽管新时代智慧城市建设得到各方重视，但其风险防控体系建立方面得到的重视和发展尚显不足，如何运用城市智慧化的力量和社会治理水平提高带动城市风险防控体系的建立健全是亟待解决的命题。相对于具体风险领域的因果关系建构，在大数据社会情境下，指向于大数据预警、大数据辅助决策的对策研究更加迫切。未来的研究一定要突破满足于理论推演的局限，要在整合现有理论体系、理清大数据与特大城市风险关系的基础上，运用大数据研究特大城市风险的发生、传导规律，回答如何构建有效管用的特大城市治理中风险防控体系的现实问题，解决理论建构与实践衔接的关键问题，推动以实践导向的对策研究。

由此，实践调研着重回答"大数据驱动下如何构建特大城市治理中风险防控体系"的现实导向的问题，在大数据基础上分析人口流动规律等的客观数据，分析公众情绪波动、城市结构和空间品质，通过量化比较和关联分析，以语义为导向的数据挖掘成为该类应用研究的核心，运用大数据分析风险的传导和抑制规律，从正反两方面总结"特大城市治理中风险的防控"的有效因素；思考特大城市治理中风险的大数据预测、全环节、全周期治理的机制；在比较和试验的基础上，为特大城市的风险防控提供针对性强的决策参考。

（三）成效与创新

此次实践的核心创新，在于立足大规模跨域区域调研的基础上，开展广泛的比较研究。

2023年6月4日到6日调研组赴山东省青岛市，开展"大数据驱动的特大城市风险防控"主题调研，调研组同青岛市应急局、海尔海纳云公司等负责同志进行座谈交流，并开展实地调研。2023年7月17日到26日，调研组和"师生四同"实践队赴大湾区，在深圳市、广州市、佛山市、东莞市等四座特大城市开展了为期10天的调研。在深圳市，调研组先赴坪山区调研基层治理与智慧应急的相关实践经验。调研组与坪山区政务服务数据管理局、区委组织部等负责同志就民生诉求改革的发展历程、进展与运作特征等方面进行了座谈交流。调研组与坪山区应急管理局进行了"城市生命线监测预警"调研座谈，坪山区应急管理局、区政数局等相关部门、市燃气集团坪山分公司等相关单位等负责人介绍了坪山区监测预警指挥中心、城市生命线与企业智慧画像等智慧应急系统建设情况，双方深入探讨了风险预警平台开发与运维模式、政企合作等内容。

随后，调研组分别面向深圳市、区两级开展城市智慧应急调研。在深圳市政数局，调研组继续挖掘深圳市民生诉求综合服务改革工作情况；在深圳市应急局，调研组分别与市应急局、城安院等相关负责人了解了城市安全风险综合监测预警体系、智慧三防、智慧森防等系统建设情况，了解应急管理监测预警指挥中心与相关智慧应急平台的试点建设情况。调研组同深圳市南山区应急管理局、区政数局、区供电局、市水务集团南山分公司、市燃气集团南山分公司相关负责人进行座谈。双方重点探讨了智慧应急系统建设、风险处置流程机制、跨部门协同等内容。

在广州市，调研组分别在省—市—区三级开展了"数字政府建设和城市风险防控"的主题调研。调研组在广东省政务服务数据管理局，与广东省政数局、数字广东公司和巨龙网络公司的有关负责人，围绕广东省政府"GI"系统建设、数字政府建设中的数据治理情况和机关数字化转型经验，开展座谈交流。在广州市应急管理局，调研组实地考察广州市智慧应急平台建设情况，并围绕数字技术对超大城市风险防控的赋能情况、应急管理信息化平台建设中的"统"与"分"问题，与广州市应急管理局负责人开展交流。围绕广州市城市生命线建设和风险防控相关工作，调研组兵分两路，先后前往广州市城市建设事务中心、广州市地铁设计研究院，围绕城市地下管网建设和城市生命线工程开展调研。为了解区级层面智慧应急的情况，调研组前往南沙区应急管理局调研"三防一张图"的建设和使用情况。

在佛山市，调研组深度调研城市智慧应急相关工作，先后与佛山市禅城区应急管理局、交通局、政数局、智治办、燃气公司、供水公司的负责同志就城市安全风险综合监测预警平台、城市生命线建设等问题进行现场座谈。调研组与佛山市应急局、佛燃能源集团、佛山水业集团、佛山地铁集团、佛山供电局、中国移动佛山分公司、中国联通佛山分公司、中国电信佛山分公司等负责人进行座谈，听取了佛山市城市安全综合运行系统的详细介绍，围绕佛山城市安全综合运行、工作体制机制等展开交流。

在东莞市，调研组开展了"智慧城市应急和社会治理"主题调研。调研组与东莞市应急局、政数局等负责同志对智慧应急建设、城市治理"一网统管"工作等展开深度调研。应急局负责人介绍了东莞市智慧应急项目的推进情况、职责分工与应用情况。政数局负责人分享了综合指挥调度平台建设、市镇村三级联动机制等经验。调研组成员就风险治理、数据治理、跨部门协同、事项清单梳理等问题与相关负责人进行了交流。为了解基层数字治理情况，调研组前往东莞市厚街镇调研，同综合治理办、网格管理中心、应急管理分局、镇城市指挥中心等负责人开展座谈。双方就厚街镇网格管理机制创新与组织设置、数字平台的建设与应用、智慧应急管理等内容进行深入交流。

8月10日，调研组前往天津市滨海新区中新生态城开展调研。调研小组一行还参观了北方大数据服务中心和生态城与中国移动合建的"5G+AI"联合创新实验室，实地考察和了解了中新天津生态城智慧城市建设与智慧社区治理的先进经验与创新成果。在 8 月中旬，调研组还前往了安徽合肥、江苏南京、上海市等地调研智慧城市建设和风险防控情况。

在此基础上，研究团队构建"以人为本、数智结合、韧性发展"的城市风险防控体系，回应我国城市治理"广泛、多层、多样"的需求和趋势，通过提出具体的推进策略，回应"制度化"的现实要求和实践需求，从而在理论和实践两个方向上系统阐释新时代的理论命题，并提出统筹推进人民城市治理具体化、多样化、制度化发展的具体策略。同时，面向新时代"人民城市人民建，人民城市为人民"治理体系建设的需求，调研组实施大规模的专门针对特大城市风险防控的实证调查，在调研期间针对相关工作人员的结构访谈分析基础上，深度挖掘样本各个城市推进特大城市风险防控中的实践逻辑，摸索总结一定程度上可复制、可推广的治理新模式，纳入已有的城市实践创新案例库。其中，调研的部分成果先后荣获首届全国数字政府建设案例大赛一等奖，第八届中国研究生公共管理案例大赛二等奖、优秀奖等荣誉。

作者：邢羿飞

作者单位：南开大学周恩来政府管理学院

第九章

"师生四同" 服务科技创新

一、"师生四同·科技赋能" 的庄浪案例

民族要复兴，乡村必振兴。近年来，南开师生牢记总书记嘱托，坚持"四个面向"，弘扬"公能"精神，探索出一条"师生四同，科技赋能"对接乡村振兴重大战略需求、助推中国式乡村现代化建设的新路径。

（一）背景与工作思路

庄浪县是国家扶贫开发工作重点县，也是甘肃省 23 个深度贫困县之一。自 2012 年起，南开大学定点帮扶庄浪县，将学校科技创新优势与庄浪县产业发展需求紧密结合，以特色帮扶模式在服务庄浪县产业转型升级上持续发力，全面助力脱贫攻坚和乡村振兴。

甘肃是全国重要的中药材原产地和主产地，素有"千年药乡""天然药库"之称，平凉是甘肃省中药材重要产区，中药材产业是包括庄浪在内的平凉主导产业之一。庄浪县原本有种植大黄、柴胡、独活等中药材的传统，但由于种植的种类多样、模式落后、管理粗放，品质参差不齐，再加上中药材价格不稳定，收益普遍不高，亩产仅 2000 元左右，加之下游产业发展乏力，中药材产业创造经济和社会价值的潜力没有得到充分发挥，提升空间巨大。

"强国有我，师生有为。"自2021年以来，在学校科研部的组织下，生命科学学院王春国教授带领研究生团队围绕庄浪县中药材产业的发展需求开展调研，针对庄浪中药产业发展的痛点难点，结合当地物候及土壤条件，在审慎研究的基础上，建议当地推广种植收益高、周期短、市场需求量大的丹参、黄芩等中药材。师生团队多次深入庄浪，详尽剖析从种苗繁育、标准化种植、药材销售到产品开发、检测溯源、地理品牌等产业全链条概况及发展需求，提出建立符合庄浪县中药材产业的"育、种、产、销、深加工"一体化发展的模式以及产品设计、渠道拓展、检测溯源、品牌建设等中药材价值链开发方法，系统支撑庄浪县中药材产业强链固链补链延链。

2022年初，南开大学在庄浪县建立10亩丹参示范种植田。经过一年的努力，10亩示范田获得丰收，亩收益超过6000元，获得周边县镇中药材种植户的广泛认可。2023年，学校开展百亩丹参示范种植，进一步积累相关数据，为规模化、标准化种植奠定基础。在连续两年成功开展丹参示范种植的基础上，2024年，除继续在示范点扩展种植面积，学校与天津市河西区合作，结合技术优势和社会资源，利用岳堡丹参产业园（一期）建成的种子实验室、种苗温室、晾晒工厂等载体，建成中药材种苗育种工厂，实现丹参种苗本土化繁育，不断提升丹参品质，统一庄浪县丹参种植标准及药性成分，帮助庄浪县有效降低规模化种植成本，为打造庄浪县地理品牌标志奠定技术基础及品质保障。

（二）主要做法

由王春国教授带领的南开大学生命科学学院赴甘肃暑期社会实践队通过师生"同学"遗传学知识、"同研"优质种苗、"同讲"培育技术、"同行"实地考察等方式，推进优质丹参品种在庄浪的推广进程，探索构建一套贯穿科技赋能乡村振兴全过程的产教深度融合实践育人模式。

1. "同学"遗传学知识，立志科研报国

在王春国教授的指导下，学生们充分学习植物染色体分析、分子标记、基因定位等遗传学研究手段，同时了解丹参种植地选择、繁育技术以及栽培技术要点，特别就丹参生长评估标准及田间管理展开讨论。针对丹参常见病虫害防治、采收要点等方面，实践队还进行多单元集中学习，共同制作可供农民参考的丹参种植模式化教程。学院开设"现代农业生物工程进展"等课程，邀请知名农业科技专家讲学，不定期组织学生研讨，让学生及时了解前沿农业科技，培养学生在科研攻关中的全球视角。图9-1为实践队师生在南开大学中药材种植试验示范田的合影。

图9-1　实践队师生在南开大学中药材种植试验示范田的合影

2."同研"优质种苗，科技助力发展

长期以来，野生丹参存在种源复杂、品质良莠不齐、品种化程度低等问题。为筛选出优质丹参种质资源，实践队师生及植物染色体实验室科研团队曾先后前往12省市36个地区收集丹参种质资源，从200余份样本中筛选得到12个核心种质。实践队通过大量自交、杂交及分子标记辅助选择等育种手段，选育出遗传背景清晰、高产优质丹参新品系"NK-BG-1"，并于2022年4月起播种于甘肃庄浪，先后拓展3块共10亩梯田式试验田。7月，师生对试验田的丹参进行抽检，实地采样20多株，并在实验室内对丹参酮、隐丹参酮及丹酚酸B等丹参中主要药效成分含量进行检测（见图9-2），结果显示各主要药效成分含量均达到甚至超过药典要求。此外，实践队还采集了大黄、独活、柴胡、皱叶酸模、麻黄、石沙参等中药材百余株，为当地中药材种质资源评价及品种选育积累了基础数据。实践队通过上述举措，一方面让学生对科研全过程有深刻的认识，并内化成自身的专业素养；另一方面，通过对科研成果产出全过程的参与，让学生认识到科研成果不是一蹴而成，而是百炼成金，树立做科研要不畏艰辛、耐得住寂寞的科学家精神和通过自身努力实现科技报国的伟大情怀。

图 9-2　学生进行丹参脱毒种苗的规模化繁育技术改进

3. "同讲"培育技术，推动产量增长

把教学、科研和实践紧密结合起来，在讲中行，行中讲。引导学生定期追踪团队已转化科研成果在生产中的应用效果。如让学生深入到种植一线，持续跟进团队培育的丹参等中药材新品种在庄浪、山东等地区的生长及收益情况，锻炼学生科研创新的敏锐性和与时俱进性。（见图 9-3）实践期间，实践队师生走入甘肃的田间地头，走访农民十余户，对丹参种植技术进行科普。此外，师生前往庄浪县关山中药材加工园，参观独活、丹参等中药材生产加工的产业链，并与工厂负责人交流，指导中药材晾晒、烘干等加工方式，规范生产流程，帮助当地中药材企业和合作社在加工环节提高中药材成品的品质，助力更多农民提高产业增值收益。

通过上述举措，学生深深体悟到，在宏观层面，我国农业科技与世界发达国家相比仍有较大差距，在作物种质创制、新品种研发等方面仍存在"卡脖子"问题，在提质增效、绿色种植等具体农业生产环节也依然存在诸多难点，需要不断进行技术创新和改进，引导学生树立大科学观和进取意识，持续推动科技创新服务农业强国建设的科研使命感。

图 9-3　实践队师生与农户进行种植知识科普

4."同行"实地考察，创新推广模式

在"中国梯田化模范县纪念馆"，实践队师生深入了解了甘肃地质、梯田产业发展情况，深切感受到了"实事求是、崇尚科学、自强不息、艰苦创业"的庄浪精神。在"津甘共建产业园——庄浪县马铃薯原原种科研繁育基地"，实践队师生了解了"实验室-种植基地"一体的马铃薯优质种培育模式，为丹参种苗的模式化推广提供了参考依据。（见图 9-4）

图 9-4　实践队师生在马铃薯原种科研繁育基地进行交流学习

参与"师生四同"的学生表示："深入到科技成果转化一线，全程参与成果落地的具体过程，是自己求学之路上非常难忘的一段体验。导师教育我们科学研究既要顶天，更要立地，在当今这个时代，更是要具有以成果产出效益最大化为目标的实干精神，我们在他身上深深感受到这一点。在这一过程中，与庄浪人民的沟通交流让我们认识到谦虚、宽容、乐于奉献的人格品质的重要性。"

王春国教授在谈到这段经历时也说："我们常说，科学研究和技术攻关要面向乡村振兴主战场，这一主战场就在农村，在农民的田间地头，不深入田间地头就发现不了农业发展中需要迫切解决的实际问题，就不能精准地根据难点问题确立科研攻关方向。通过'师生四同'，学生走出校园，深入到田间地头，发现当今农村、农业发展需要迫切解决的问题。带领他们完成任务，不仅培养了学生以问题为导向的科研素养，同时也让学生体悟到党和国家大力发展农村、全面推进乡村振兴的深刻内涵，树立把论文写在大地上、农业强国建设必有我的伟大志向。"

（三）成效与创新

在学校的大力支持下，在王春国教授团队的努力下，庄浪县丹参种植体系进一步丰富、优化。科研部总结模式，推广经验，组织电光学院、药学院等单位的专家学者及其科研团队，共同承担甘肃省级科技计划。2023 年奔赴庄浪的"师生四同"队伍，除了王春国教授的团队，又增添了许多位教授团队的身影，他们开展"丹参简化式育苗及高效、绿色化轮作种植技术体系建立及示范""丹参种植过程中信息在线实时监测、分析和展示系统""基于质量标志物的丹参质量快速智能评价研究"等课题，推动建立"丹参质量智能评价及快速检测示范点"，实现中药材种植过程水肥控制精准化和病虫害防治早期化，形成丹参从种子、种苗到智能化种植管理和最终药材质量检测的全链条解决方案，有效支撑庄浪县道地药材标准化种植建立工作。

依托"师生四同"培育模式，在导师的精心指导下，学生们逐步成长为理论功底扎实、专业技术过硬、胸怀科技报国伟大志向，同时又接地气、耐得住寂寞、乐于奉献的代农业科技复合型人才。实践队及个人获天津市科技进步二等奖 1 项、2022 年全国"三下乡"社会实践活动优秀团队、2022 年南开大学

"师生四同"十佳课题、2022年第八届中国国际"互联网+"大学生创新创业大赛天津赛区银奖等荣誉。实践队相关工作获《人民日报》《中国青年报》《中国教育报》《天津日报》及央广网、中国日报网等主流媒体报道。

以"师生四同"推动技术转化，以科技创新赋能"师生四同"。南开大学师生团队以丹参新品种培育、优质种苗繁育及绿色种植为基点，围绕庄浪主导产业发展需求，建立一个以丹参"种子—种苗—种植—精深加工"为核心的中药材高质量产业链，将"庄浪梯田丹参"打造成全国知名的中药材品牌，大幅提升庄浪县中药材产业发展的自主"造血"能力，从根本上助力和巩固庄浪的脱贫攻坚成果，充分彰显南开大学科技富农成效，把论文写在祖国大地上的社会贡献和责任担当，为探索"师生四同"科研育人机制作出了积极贡献。

作者：李中，崔霖，王一涵

作者单位：南开大学科研部，南开大学办公室，南开大学生命科学学院

二、赓续红色血脉，传承科技精神——"落地人工智能，赋能产业应用"事迹材料

（一）背景与工作思路

习近平总书记在《深入实施新时代人才强国战略　加快建设世界重要人才中心和创新高地》文章中指出，必须支持和鼓励广大科学家和科技工作者根据国家发展急迫需要和长远需求，不断攻克"卡脖子"关键核心技术，把论文写在祖国大地上，把科技成果应用在实现社会主义现代化的伟大事业中。同时，党的二十大指出要积极稳妥推进碳达峰碳中和、深入推进能源革命，为新征程上推动能源高质量发展指明了方向。

为响应习近平总书记对科技工作者的要求，贯彻党的二十大精神，响应《"十四五"现代能源体系规划》中的"创新驱动、智能高效"原则，助力推动新一代信息技术和能源融合发展，开展能源领域数字化、智能化共性关键技术研究，南开大学计算机学院暑期实践队在宫晓利教授的指导下，在山西、天津、武汉、

江西等地开展感悟红色精神、探求乡村振兴、助力数字能源等专题调研活动。该活动面向博士生、研究生党员群体，旨在培养"知中国，服务中国"的红色科技创新工作者，通过深化党史教育，使其感悟红色精神，激发其报国热血，赓续血脉担当。

（二）主要做法

社会实践贯彻"学思想—强党性—建新功"的建设思路。（见图9-5）首先"学思想"要求确保思想正确，以充分发挥高效思政的战斗堡垒作用。深入学习习近平新时代中国特色社会主义思想，感悟理论创新成果，准确把握党的领导这一主线，切实增强在实践中守初心、担使命的思想自觉和行动自觉。通过参观纪念馆、拜访老战士等活动，使师生感悟红色精神，上好融合现实的"大思政课"。

其次，"强党性"要求实践队关注国家战略，积极投入乡村振兴事业。参与调研"苏庄喜镇"背后的乡村振兴内在逻辑，参访琉璃非遗传承人，有利于实践队进一步体会乡村振兴中的文化创新与文化自信。通过实地走访中国式现代化建设成果，使师生加强党性锻炼，提升思想境界。

图9-5　暑期社会实践整体设计架构

最后，"建新功"要求实践队从习近平新时代中国特色社会主义思想中汲取奋发进取的智慧和力量，将学术科研与所学知识落于实处，坚定跟随党的步伐，将国家的发展战略作为己任。同时，作为南开学子，实践队应扛起时代责任与担当，把"知中国，服务中国"作为自己的追求，真正实现"扎根中国大地，解决中国问题"的建设目标。

1. 赓续红色基因，厚植家国情怀

太行精神薪火传，牢记初心担使命。为学习贯彻习近平总书记关于青年工作的重要思想，带领广大南开学子上好与现实相结合的"大思政课"，实践队在长治武乡参观了八路军太行纪念馆，穿越历史长河，触摸红色记忆，感受英雄荣光，学习习近平总书记在视察纪念馆时提出的"四个始终保持"重要思想，上好爱国主义教育的"大思政课"。队员深切感受到了"百折不挠，艰苦奋斗"的太行精神内核。（见图 9-6）

图 9-6　实践队员参观八路军太行纪念馆

追忆抗美援朝战争，赓续中华民族魂魄。2023 年是抗美援朝胜利 70 周年，实践队在马村镇政府干事李思琦带领下，拜访了抗美援朝老兵李德义。（见图 9-7）在访谈中，李爷爷谈道："当时抗美援朝志愿军的武器装备远不如美军，志愿军靠着坚韧的意志、保家卫国的信念与敌人进行多次战斗，九死一生才换来了最终的胜利。"在谈及当年的战况时，李爷爷神情悲壮，感叹战争的残酷和胜利的不易。采访最后，老爷爷的眼中充满了希望，情不自禁地唱起了志愿军战歌，"雄赳赳，气昂昂，跨过鸭绿江……"在歌声中，实践队感受到了山西太行革命老区代代相传的革命精神。

图9-7 实践队员拜访抗美援朝老战士

2. 关注国家战略，探求乡村振兴

村企共建模式，实现村民共富。实践队来到了高平市苏庄村，参观了"苏庄喜镇"这一乡村振兴的重要名片。（见图9-8）实践队了解到苏庄村目前采用乡村结合企业的模式，提出"村企共建，致富增收"这一重要目标。当地政府以传统"喜"文化为主线，构建多元化旅游业发展，以苏庄村文旅融合为范本，让更多的乡村群众吃上"旅游饭"，让广大的乡村地区拥有"文旅神"，从而让老百姓"富起来"。

图9-8 实践队员探悟乡村振兴重大战略

3. 赋能传统能源，践行科技报国

党的二十大指出，要积极稳妥推进碳达峰碳中和、深入推进能源革命，为新征程上推动能源高质量发展指明了方向。实践队在宫晓利教授的带领下与学生"同学、同研、同讲、同行"，开展能源数字化专题调研社会实践活动，实践队聚焦能源领域数字化、智能化共性关键技术研究。

研学促成长，实践出真知。实践队首先前往山西省的中国煤炭博物馆，参观学习我国煤炭发展历史。队员们还下到博物馆"模拟矿井"中，感受一线煤炭工人的工作环境，从乘坐矿车到参观综采工作面，队员们初步了解了井下环境。（见图 9-9）宫晓利老师现场解读实践队成果，包括《基于 UWB 的井下安全定位系统》和《井下巡检机器人技术研究》，重点介绍了场景调研、技术改进、产品落地等科研产出过程，并与同学们交流煤炭行业的数字化与智能化升级进程，鼓励同学们从服务国家发展出发，利用专业所学争取关键性技术突破。

图 9-9　实践队员参观中国煤炭博物馆

科研实践共交流，科技报国增党性。实践队师生共赴华阳集团一矿，与中共二十大党代表、全国五一劳动奖章获得者、华阳集团一矿职工李杰交流座谈。李杰为实践队介绍了华阳集团在响应转型发展号召下改制为高科技新材料产业集团的发展过程，展现了我国智能化煤炭建设发展历程中的革新与艰辛。李杰以自身成长为例，鼓励青年科技工作者要不断跟进时代技术的发展，到祖国最需要的地方去。

（三）成效与创新

1. 解决能源领域关键问题

实践队依托宫晓利老师课题实验组，历时 3 年，助力能源智能化发展。实践队通过产学研一体化开发，与天津市华宁公司合作两项实际项目："基于云边端人员定位的综采工作面液压支架控制系统"和"井下智能安全巡检机器人"。

项目有效解决了煤矿井下风险问题，提高了井下工人作业安全保障。实践队被中国日报网、中国网报道，项目获天津市科技进步二等奖，发表论文 9 篇，获专利 4 项。

2. "党建+实践"示范性活动

实践队依托于南开大学计算机学院和网络空间安全学院研究生第四党支部成员，在实践过程，党员同学录制微党课 7 节，做好理论学习，同时完成调研报告 4 项，完成对党的理论知识从纸面学习到实践学习的转换，深化学习效果。实践旨在培养"知中国，服务中国"的红色科技创新工作者，通过不断深化党史教育，感悟红色精神，激发学生的报国热血，赓续血脉担当。

作者：宫晓利，李浩然

作者单位：南开大学计算机学院

三、服务学习：物联网应用与科技支农——以电光学院赴襄垣县第一实践队为例

（一）背景与工作思路

1. 开展"师生四同"实践育人

南开大学始终以宣传习近平新时代中国特色社会主义思想为纲为元，将立德树人作为根本任务，持续深化实施师生"同学、同研、同讲、同行"实践育人模式，以"同学""同研"构建师生学习共同体，以"同讲""同行"构建师生服务共同体。

电光学院赴襄垣第一实践队服务党和国家重大发展战略，走向基层开展社会实践，探索襄垣县产业改革，不断完善实践育人工作。（见图 9-10）在实践过程中，孙桂玲教授与学生们同学、同研、同讲、同行，充分发挥自身学科专业技术和丰富的社会资源等优势，从专业指导、活动开展、安全保障等方面落实职责，依托多年来实验室的科研成果积累，发挥学生自主学习能力，以实验室技术为支点，推动襄垣县生产方式改革，助力当地经济腾飞与乡村振兴。

2. 聚焦襄垣县中药材种植情况

中医药是我国传统文化的瑰宝，也是世界传统医学的重要组成部分，在保障人类身体健康及疾病治疗中发挥巨大作用。因此，大力发展中医药是传承我国优秀文化、增强文化自信、保障人民身体健康的重要需求。而中医药的健康发展离不开中药材，中药材是中医药健康发展的基石。

图 9-10 赴襄垣县第一实践队合影

山西省长治市襄垣县地处长治市中部，下辖 9 镇、229 个村，共有 65 万亩耕地，种植了具有高附加值的党参、桔梗、马兜铃、知母、何首乌、甘草、黄芩、柴胡等百余种中药材作物，但种植技术相对落后，下游产业发展乏力，产业的经济和社会价值创造潜力尚未得到充分发挥，因而具有巨大的提升空间和有较大的智慧农业发展需求及空间。

3. 基本工作思路

此次社会实践以专业基础为基本支撑，以价值引领为首要特征，将立德树人融入思想道德教育、文化知识教育各环节。构建"专业+实践"的课程模式，引导学生利用扎实的专业知识，分析并解决实践过程中的具体问题，从而提高其解决问题的能力，培养学生的创新思维。

实践队还计划在当地建立种植示范区，构建智能化种植管理及质量评价体系，形成涵盖种子、种苗、智能化种植管理和最终农作物质量检测的全链条"种子、种植及产品"解决方案，并实现推广应用。

（二）主要做法

1. "同学同研" 深耕专业培养

（1）依托实验室技术支撑

在农业生产全过程数据监测方面，孙桂玲教授团队具有丰富的研发经验，其实验室全自主研发的农业环境数据监测传感器，历经多次更新迭代，具有超低功耗、精度高、传输信号稳定等优点，可自动监测农作物种植生长过程中的环境温湿度、光照强度、土壤 pH 值、土壤氮磷钾含量等参量；同时，该监测系统可以将农作物生长的信息以无线方式实时上传到系统云平台，从而实现远程的环境监测信息查看以及全自动记录和分析，并且在服务器端用压缩传感理论算法对缺失的传感器数据进行恢复和重构。

（2）相关专业知识培养

由于实践队大部分同学还处于大一阶段，对物联网、传感器以及智慧农业的含义理解并不清晰。在实践前，他们接受了理论知识的培训，对于传感器的选型、可视化界面的工作原理、前后端的交互相关知识都进行了系统学习，为接下来的社会实践打下了坚实基础。同时，实践队成员还被引导亲自进行器材的组装，他们在动手中对于知识有了更立体和更深层次的理解，打通了垂直领域的壁垒（见图 9-11）。

图 9-11 实践队成员制作安装感知节点支架

2."同讲同行"增强实践能力

（1）实地调研襄垣县情况

实践队在孙桂玲教授带领下，与襄垣县领导共同举办了南开大学电子信息与光学工程学院来襄开展社会实践启动仪式（见图 9-12）。会议上，队员们同牛艺儒副县长就襄垣县的工业、农业现状以及新科技在当地生产中的应用前景进行了交流，同时也了解了雨露香梨、手工挂面等当地特产的相关情况。实践队接着参观了襄垣县城市设计馆，全方位多角度地学习了解了城市建城史、经济文化建设成果及城市规划的光明前景。

图 9-12 牛艺儒县长主持启动仪式

实践队重点调研了苦参种植基地，发现该基地种植的高附加值中药材对生长环境要求苛刻，生长过程中需要数据监测为后续的中药材科学种植提供决策依据和分析支持。然而基地存在着信息化现代化水平不高的问题，只能靠着传统温度和湿度计来监测和记录种植数据。种植技术及管理相对落后，并存在过度使用化肥等问题，中药材品质参差不齐。

因此，在中药材种植过程中融入智能检测技术，发挥智慧农业在温度、湿度、土壤条件、光照、病害等环境因素实时检测方面的优势，实现对中药材种植过程中水肥控制的精准化和病虫害防治的早期化，对高品质药材的产出具有重要意义。

品种培育并进行产业化，一方面具有巨大的市场空间，另一方面可以充分利用和保护中药材种质资源。推进这一进程有助于农村种植产业结构的调整，助力乡村振兴，对确保国家大健康战略的实施具有重大社会效益。

（2）捐赠物联网控制仪器

为提高农业生产的效率和质量，电光学院赴襄垣实践队共计向米坪村乡村振兴产业园和石楼村苦参种植基地捐赠若干自研的温湿度传感器、pH 传感器、光照传感器、多合一土壤氮磷钾采集传感器以及上位机软件系统。（见图 9-13）此外，实践队还深入田间地头，为农户安装各种传感器。

图 9-13 物联网控制仪器捐赠仪式

实践队为村民讲解了相关设备的使用方法，包括 PC 端的网页和微信小程序"云物平台"。队员们连接好设备，并将设备注册到平台上，村民只需在线上登录账号，足不出户便可查看农作物的实时数据。

（3）开展物联网科技支农知识科普讲座

为了让村民更好地了解与运用物联网控制系统，实践队开展了"物联网科技支农知识科普讲座"服务学习活动。在讲座上，队员们向村民介绍了农作物生长环境监测所用的传感器原理：基于感知和转换物理量，将物理量（如温度、湿度、光照强度等）转化为电信号或其他可供识别和处理的形式，从而展示出来。讲座还详细阐述了物联网控制系统的三大优势：实时监测能够迅速获取数据并保持监测的持续性，相比于传统的采样和实地测量更为高效和可持续；自动化功能可以自动采集数据，无需人工干预，大大减轻了农户的劳动强度；数据分析和决策支持功能则可以对采集到的数据进行处理，帮助农民更好地理解作物生长情况，从而优化农业管理。

实践队深入浅出地讲解该系统的原理及使用方法，并耐心细致地为农户答疑解惑，补充了农户匮乏的物联网知识，解决了智能设备对于当地农户来说的"高门槛"问题。

（三）成效与创新

1. 建设跨平台农作物全生命周期过程的智能检测技术体系

建立智能化种植管理及质量评价体系，拟基于多参量传感器、窄带物联网NB-IoT技术、云服务技术搭建丹参种植智慧农业专家系统，建立全生命周期过程中温度、湿度等环境因素的智能检测技术体系，形成涵盖种子、种苗、智能化种植管理和最终农作物质量检测的全链条"种子、种植及产品"解决方案。

该系统主要由三个子系统组成，分别为生长环境信息稀疏采集系统、无线传输系统和云端可视化系统。（见图 9-14）

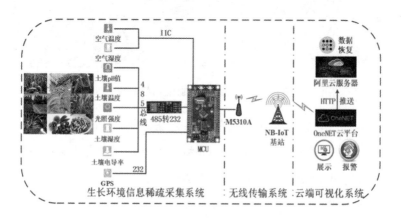

图 9-14　系统架构图

前端使用 Flutter 架构，可以使用一套代码同时适配 Android、iOS 移动端、PC 端的开发过程。实现全过程自动化完成，通过无线传感器网络和区域网关进行数据的传输，节省了大量人力物力，同时也增强了远程观察的便捷性和时效性。在云端可视化系统中对 OneNET 云平台端的功能进行开发，实现了接入设备的管理、上传数据的图形化展示、数据报警、数据推送等功能。

OneNET 云平台的数据以 HTTP 推送到云服务器后，在服务器端用矩阵填充算法对缺失的传感器数据进行恢复重构。设计农作物生长环境信息溯源系统移动端实现与用户进行交互，供用户浏览丹参生长信息，展示溯源数据。用户选择查看溯源数据时，该模块会同步接收并展示来自数据仓库的实时温湿度、光照强度、土壤的酸碱度（pH 值）、电导率、CO_2 浓度等信息，并以折线图的形式向用户展示。该系统充分利用联网请求分类缓存技术以及图片压缩缓存技术，进一步提升用户的使用体验，尽量避免 App 使用过程中的 UI 卡顿情况。

项目实施建立 50 亩示范种植区，并依托该区域建立全生命周期温度、湿度、土壤条件、光照等环境因素的智能检测设备及精准管理的智慧农业示范单元。在此基础上，引入近红外检测技术建立丹参药典检测指标快速检测系统，结合质量综合评价指数（Fq）方法对质量进行智能评价示范。

2. 推动襄垣乡村振兴

提高农业生产效率和质量。通过引入现代农业技术和信息化工具，如传感器网络、数据分析和决策支持系统等，提高农业生产的效率和质量。特别在蔬菜大棚、高端水果种植和中药材种植方面，精确的温湿度控制和环境监测将极大地提高其产量和品质。

减少资源浪费。现代农业技术可以帮助精细化管理农业生产，减少水、肥料和能源等资源的浪费，提高资源利用效率。

增强农产品市场竞争力。提高农产品质量和供应链的可追溯性，增强农产品在市场上的竞争力，为农民带来更多的销售机会和高附加值的农产品。

推动可持续农业发展。现代农业技术可以帮助农民采取可持续的农业实践，包括水资源管理、土壤保护和减少农药使用，促进农村地区的可持续发展。

提升农业信息化水平。通过教育和培训计划，提高农业社区的信息化水平，培训农民和农业工作者使用现代农业技术和信息化工具，提升他们的生产能力和管理效能。

促进乡村振兴。建设特色农业和休闲旅游区，带动当地经济发展，提升乡村振兴水平。

作者：孙桂玲，李薄言

作者单位：南开大学电子信息与光学工程学院

四、智慧引领，精准医疗——智能医学在京津两地医院中的需求与应用现状调研

（一）背景与工作思路

1. 紧跟健康中国战略布局，推进智能医学创新发展

党的十八大以来，习近平总书记多次指出："人民健康是民族昌盛和国家富强的重要标志。要完善国民健康政策，为人民群众提供全方位全周期健康服务。"[①]自 2010 年以来，针对医疗信息化领域，国家财政多次拨款，加大各地医疗信息化建设力度，推进国家、省级、区域三级卫生信息平台的建设；国家卫生和计划生育委员会等多个部门颁发多项政策指导文件，加强对卫生信息化进程的宏观指导。[②]2015 年 3 月，李克强总理在政府工作报告中首次提出"互联网+"的概念[③]，以移动技术为代表的普适计算、泛在网络不断向生产生活、经济社会发展各方面渗透，"互联网+医疗"成为医疗服务发展的新契机[④]。

以此为背景，我国医疗信息化建设稳步推进，其中智慧医疗作为关键一环，已经引起社会广泛关注。在国家的大力支持下，我国智慧医疗的建设已取得了一系列阶段性成果。然而目前信息化建设仍处于基础阶段，智慧医疗的智能化、

---

① 习近平谈治国理政（第三卷）[M]. 北京：外文出版社，2020：38.
② 游世梅. 智慧医疗的现状与发展趋势[C]. 中华医学会（Chinese Medical Association），中华医学会医学工程学分会. 中华医学会医学工程学分会第十五次全国学术年会论文汇编. 瑞安市妇幼保健院，2015：1.
③ 游世梅. 智慧医疗的现状与发展趋势[J]. 医疗装备，2014，27（10）：19-21.
④ 李少冬. 服务管理与"互联网+医疗"发展[J]. 唯实，2015（08）：20-22.

数字化、网络化的医疗服务优势尚未完全显现。因此，国家仍需对卫生信息化建设进行统筹规划和运作，引入社会各界力量，协同推进智慧医疗事业的发展。

2. 人工智能赋能传统医疗，实践调研把握前沿动态

科技进步为人们的生活带来了深刻变革，前沿技术在医学领域的应用将医学引入智能医学时代。在智能医学的时代浪潮中，人工智能要为医疗工作全面赋能，医学教育和科研应符合新时代的要求，为医学创新提供更多可能性。

为切实了解最新的智能医学前沿动态，把握智慧医疗在天津的应用现状，将日常所学的理论知识同实践相结合，南开大学人工智能学院成立"智能医学在京津两地医院中的应用与需求调研"暑期社会实践队，并邀请副院长许静教授及其团队与实践队伍同行同研，深入探索天津本土医疗信息化产业链。实践队不仅联系医院信息科与信息化服务背后的供应商，还实地走访和运用专业知识，与工作人员探讨智慧医疗的必要性、发展现状与未来潜力，并将调研成果汇总，在学院公众号等平台进行科普宣传。

（二）主要做法

1. 聚焦国产芯片研究制造，为医疗数据安全提供坚实保障

在医疗领域，智慧医疗代表着行业发展的前沿，而医疗安全和数据安全问题则是行业发展的基石。一旦发生处方或病例信息的泄露，不仅会侵犯患者的隐私权，还可能引发一系列难以预知的巨大安全隐患，对医院的信誉和运营造成严重影响。

为了解医疗安全和数据安全问题，实践队走进飞腾信息技术有限公司。飞腾信息技术有限公司是一家在国内处于领先地位的自主核心芯片供应商，以其"飞腾"系列国产高性能、低功耗通用计算微处理器而闻名。该公司致力于聚焦国产信息系统核心芯片的研究制造，其产品的核心优势在于能够从硬件层面为信息领域提供安全保障。这意味着飞腾公司的芯片可以构建更加稳固和安全的医疗信息系统，从而有效防止数据泄露和其他安全威胁。

2. 信息化建设与人工智能深度融合，为智慧医疗带来强大的算力支撑

智慧交通、智慧医疗、智慧城市……走在城市当中，智慧元素随处可见，而这些智慧元素需要一个强大的算力系统。鲲鹏生态中心就为这些智慧元素提

供了强大的算力支撑。实践队来到了天津市华为鲲鹏生态创新中心，了解了智慧城市与大健康的集成化解决方案。鲲鹏开发套件 DevKit 提供了涵盖代码开发、编译调试、云测服务、性能分析及系统诊断等各环节的开发使能工具，方便开发者快速开发出鲲鹏亲和的高性能软件。除此之外，实践队还了解了昇腾人工智能计算中心，昇腾人工智能计算中心是一个基于人工智能芯片的人工智能计算机集群系统，涵盖了基建基础设施（机房基建）、硬件基础设施和软件基础设施，提供了从底层芯片算力释放到顶层应用使能的人工智能全栈能力，从而可以为智慧医疗建设提供强大算力保障。

而后，实践队来到了天津市展华科技股份有限公司，这是一家专注于为医疗机构提供基础信息化建设解决方案的企业，致力于为医疗行业用户提供一系列安全、可靠、高质量、易实施、易扩展的集成化医疗信息产品。实践队在此碰巧遇到了前来洽谈合作的北京慧每云公司，这是一家致力于人工智能辅助诊断技术研发的企业。展华科技与慧每云的相遇，促进了信息化建设与人工智能技术的进一步深度融合，为智慧医疗带来了强大的算力支撑。

3. 新药研发链和产业链合理配置，助力智慧医疗创新发展

实践队前往天津市国际生物医药联合研究院，了解关于新药研发等方面的问题。联合研究院在建院之初，就围绕新药研发链和产业链的合理配置，高水平谋划和建设了具有国际先进水平的专业化、系列化药物研发综合性大平台。该平台覆盖从疾病机理到临床前研究的整个技术链条，包括药物发现平台、药物分析测试平台、药物研发信息平台、中药新药研发平台、临床研究平台、药物安全评价中心。随后又建设了抗感染药物研发中心、天津市创新药物早期成药性评价企业重点实验室、天津市生物医药智能化产业创新中心项目，致力于为智慧医疗提供专业技术支撑。

4. 深入基层走进医院，调研智慧医疗建设情况

实践队踏入了天津市第四中心医院，深入调研该医院的基础信息建设。经过考察发现，医院在信息化建设方面已经取得了不容忽视的成就，其布局之合理、设施之完善，无不体现出医院对于信息化建设的重视与投入。第四中心医院的智慧医疗卫生通过建设基于居民健康档案的区域医疗信息平台，利用最先进的物联网技术，整合现有卫生信息资源、覆盖城市圈卫生系统，形成信息高度集成的医疗卫生指挥、应急、管理、监督信息网络系统。通过电子病历，实现互通互联，进而实现智慧服务。除此之外，天津市第四中心医院信息中心的信息化建设自研能力强，能够进行定制性开发服务，可将医疗语言转换为计算机语言，并进行小任务开发，明确需求，进而确定原型模型，更好地建设信息化平台。

与此同时，实践队也注意到，尽管信息化建设已初具规模，但医院与智能诊断等前沿科技手段的结合尚显不足。这一现象并非个例，而是全国多数医院共同面临的挑战。当前，智能诊断与智慧医疗技术已日趋成熟，且有一批专注于智能诊断领域的企业崭露头角。尽管如此，这些新兴技术的广泛应用与医院的认可仍需时间磨合，以实现技术与实际应用的完美对接。可以预见，在不久的将来，更加强大的人工智能技术将融入医院的信息化建设中，为医疗服务带来革命性的变革。

这一前景令大家对未来充满期待，医疗行业的信息化与智能化转型是大势所趋，有望极大地提升医疗服务的效率和质量。然而智能化转型并非一帆风顺。首先，医院需要改变传统的运营模式，积极拥抱新技术，这需要时间和耐心。其次，智能诊断等技术的应用，需要大量的数据支持，如何保障数据的安全性和隐私性，是医院和企业必须面对的问题。此外，技术的更新换代速度很快，医院和企业需要不断投入研发，以保持技术的领先性。

（三）成效与创新

1. 深刻了解发展"互联网+智慧医疗"的必要性

现阶段，人们的生活质量逐渐提高，对自身的健康问题也越来越重视，不少人选择健身，注重日常养生，并通过培养良好的作息及饮食习惯来达到身体健康的效果。而智慧医疗具有高效率特征，其迅猛发展为医疗模式的优化升级奠定了基础，同时对于改善医生与患者之间的关系也具有明显的促进作用。

但在人们需求提高的背景下却存在着医疗服务供给不足的问题。我国人口基数大，对医疗服务的需求也较大。现阶段，我国无论是医疗服务的供给能力还是供给结构都受到一些限制，难以完全满足人们的需要。而从现有的情况看，大城市医疗资源相对丰富，中小城镇患者通常会选择大城市的医院治疗疾病，这就使得大城市的医院人满为患，而小城市医疗资源则相对闲置。

在医疗服务受限的同时，计算机技术的快速进步为智慧医疗的发展注入了新的活力。国家的支持和鼓励为计算机技术在医疗领域的应用提供了制度保障。如今，计算机技术在医院诊疗中发挥着至关重要的作用，人工智能甚至能够辅助医生进行病情诊断，极大地推动了智慧医疗的迅猛发展。

在保证医疗资源的同时，更好的医疗体验也至关重要。据行业调查和分析可知，未来几年将是中国"互联网+智慧医疗"建设飞速发展的时期，且近年来国家不断提供医疗机构的改革政策，加快了国内医疗机构的信息化建设。①以上调研发现证实了"互联网+智慧医疗"建设的必要性。

2. 从医学和人工智能双角度看待"互联网+智慧医疗"可行性

为了了解更多关于人工智能与智慧医疗等领域的发展现状，实践队此次调研活动还走进了天津国际生物医药联合院、天津鲲鹏生态创新中心、飞腾信息技术有限公司、天津天地伟业数码科技有限公司，以求从医学和人工智能两个角度看待"互联网+智慧医疗"的可行性与实际应用。

一是基础框架。互联网智慧医疗平台的信息化建设，本质上相当于互联网医院，通过智慧医疗平台，能够确保建立起一个立体化的、更为全方位的医院服务体系，同时实现对患者的分级诊疗。②这离不开合格的硬件以及软件支持，无论是天津鲲鹏生态创新中心为这些智慧元素提供的强大技术支撑，还是飞腾信息技术有限公司的国产高能芯片研发，都为互联网智慧医疗平台的构架提供了强有力的技术支持。

二是健康管理和服务平台。在信息数据收集、整理、衔接和线上线下转诊等环节全面打通之后，医生和医院均可借助智慧医疗平台，为患者提供具有针对性的健康服务，从而确保他们的健康服务需求得到满足，实现健康服务管理工作的高质量和高效率。在便捷的同时，信息安全也十分重要，作为全球知名

① 李海冰，穆琼. 基层医疗"互联网+智慧医疗"的发展趋势[J]. 中国社区医师，2022，38（18）：156-158.

② 朱琴. 基于"互联网+"智慧医疗的医院信息化平台建设[J]. 大众标准化，2022（15）：145-147.

的智能安防解决方案提供商，天地伟业则向我们展示了其高效的安防定位与强大能力。

调研得知，在互联网时代，构建智慧医疗平台，建立创新型的医疗管理模式尤为关键。在建设智慧医疗平台时，应进一步改善我国医疗服务的综合管理水平，确保医疗服务更为精细化和标准化，缓解医患的紧张关系，为患者提供更为高效高质的医疗体验，推动我国医疗事业的改革和升级。

作者：康辰宇，吴亚坤

作者单位：南开大学人工智能学院

五、化学学院——以"小白菊内酯"为基点，了解天然产物产业化过程

（一）背景与工作思路

"知中国，服务中国"是南开大学的办学宗旨。南开大学坚持以习近平新时代中国特色社会主义思想为指导，紧密围绕立德树人根本任务，并结合思想政治引领性教育目标，实现五育并举，从实践育人角度出发，加强顶层设计。"师生同行"暑期社会实践活动推动大学专业第一课堂与第二课堂的深度融合，不断提高人才培养质量，不断改进完善实践育人工作。坚定"四个自信"，首先要提升自身能力。此次到尚德药缘科技有限公司的社会实践活动不仅可以巩固同学们的专业知识，还可以提高同学们在人际交往、创新创业方面的见解。

癌症作为一种长期存在且难以克服的疾病，成为现代科学研究的重要课题，受到各界人士的关注。尚德药缘科技有限公司正在研究的脑癌治疗相关药物，原料来自天然产物小白菊内酯。天然产物一直是药物的主要来源之一，其主要成分多是动植物或微生物体内的内源性化学成分或其代谢产物，主要包括多糖类、氨基酸类、抗生素类、生物碱类、黄酮类和萜类等化学成分。而植物药经过人们多年的临床实践，大多毒性小、安全性高。此外，天然成分的提取、分离、结构鉴定及药理作用的研究在天然药物研究中占较大比重，其中，既有在

传统中药原有药用功能的基础上进行活性成分提取、分离的研究工作，也有在主要活性成分已清楚的传统中药中，发现新的活性成分并进行提取、分离的研究工作。对上述两类工作中得到的化合物单体进行结构鉴定，并选用适当的药理模型开展进一步试验，进行活性评价及作用机制探讨，寻找作用靶点，可以为新药研发奠定基础。

尚德药缘科技有限公司正在研究以小白菊内酯为基底合成的公司第一个创新药——ACT001。ACT001 可突破血脑屏障，现已作为抗脑胶质母细胞瘤（glioblastoma，GBM）1.1 类新药先后进入澳洲和国内 1 期临床试验。目前，ACT001 已完成中澳临床 1 期，并获批在中澳开展儿童脑瘤临床 1 期，以及在中美澳开展多项 1b/2a 与 2 期临床试验，适应症包括复发胶质母细胞瘤、癌症脑转移瘤、视神经脊髓炎、间质性肺疾病与肺纤维化。

（二）主要做法

本次实践活动以"巩固专业知识，增加社会经验，提高实践能力，丰富暑假生活"为宗旨。在相关指导教师的带领下，实践队开展与化学专业相关的实践活动，接触了解化工企业的运行状态，并在教师的指导下对当代有机化学前沿进行探讨。同时，实践队了解了当代化学修饰天然产物在医药合成领域的巨大发展前景，系统了解了天然产物的产业化过程和抗癌药物从研发到成药的全过程。

1. 前期准备

为了顺利完成本次实践，在实践活动正式开始之前，实践队全体成员提前查阅资料，在指导教师的协助下，了解山玉兰、防风草的生长条件、生命时期等信息，同时了解小白菊内酯、防风草内酯的基本结构、理化性质、提取方法及工艺流程。

小白菊内酯是一种倍半萜内酯，主要来源于植物小白菊，现其主要从山玉兰根皮中提取。小白菊内酯的亚甲基 γ-内酯环和环氧基团的亲核性质使其能与生物靶点快速相互作用，诱导细胞氧化应激，发挥其生物作用。小白菊内酯已广泛用于治疗高热、头痛、胃痛、牙痛、类风湿性关节炎、月经不调和其他炎症性疾病。近年来，在诸如非小细胞肺癌、乳腺癌和颊囊癌等多种肿瘤疾病中也观察到小白菊内酯的抗肿瘤作用。研究发现，小白菊内酯可以降低脂多糖刺激的急性肝炎小鼠 RAW264.7 细胞中促炎细胞因子，如 γ-干扰素（IFN-γ）、TNF-α、IL-17A、IL-1β 和 IL-6 等的 mRNA 表达，同时转化生长因子 β（TGF-β)mRNA 也略有升高，还证明了小白菊内酯可能通过下调 STAT3 和 p38 信号并上调 p53 信号来抑制巨噬细胞的活化而发挥抗炎作用。

2. 中期实践

到达公司第一天，尚德药缘科技有限公司技术总监李总带领同学们参观了公司，并向同学们介绍了公司发展状况、相关注意事项、消防通道位置等信息，特别强调了实验室安全问题，为同学们展示实验室安全用具和使用方法。讲解完毕后对实践队成员进行提问，查缺补漏。每位成员皆尝试了不同灭火器的使用方法。

之后，实践队分为三组，分别到小试实验室、放大实验室、办公室三个岗位进行工作学习，三组人员轮流换岗，确保在 15 天的社会实践中能够充分了解各个岗位的工作。

在小试实验室，实践队与公司实验室工作人员进行相关知识及操作的交流学习，将学校所学知识运用到实践中。实践队成员在指导教师和实验室负责人的指导下，运用所学知识帮助实验室工作人员完成小试实验，包括投反应完成中间体化合物的合成、柱层析分离产物，重结晶纯化产物等精细的化学基础实验，并将所得产物进行核磁测验和高效液相色谱分析。指导教师则为同学们讲解核磁和高效液相色谱法的原理和操作。

在放大实验室，实践小组身临其境地了解实验室合成进行工业化的困难，（见图 9-15）在观察各"大型反应釜"中反应进程的同时，还要控制各个步骤产物的产量。这要求小试实验操作在每一步都需要有较高的产率。实践小组主要与指导教师和实验室工作人员进行了关于药物研发工作及抗癌药物一般作用机制相关化学和生物学知识的讨论。

在办公室，实践小组在指导教师的指导下，帮助公司整理并制成《公司安全工作手册》，其中针对从事化学工作过程中需要特别关注的安全问题，实践小组制定了一套相应的预防和处理安全问题的方案。实践小组认真贯彻落实了安全生产责任体系、隐患排查治理体系、安全预防控制体系、本质安全发展体系、从业人员培训体系及基础支撑保障体系，并深入贯彻"安全第一"的方针理念。在整理《公司安全工作手册》的过程中，实践小组学习了一些化学实验室安全问题的更好预防与处理机制，这些机制将来也可以运用到自身的工作学习中。

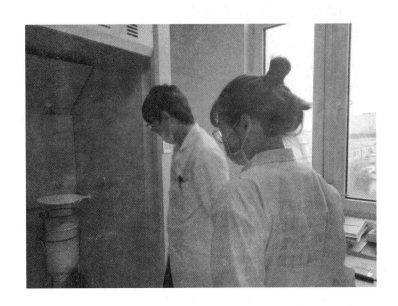

图 9-15　实践队参观放大实验室

3. 后期总结

在指导教师的组织下，实践队通过小组会议交流了此次社会实践中各自的工作学习状态和对于药物研发工作的认识，总结实践要点和个人收获。（见图 9-16）实践小组整理总结了此次社会实践活动，将学习到的抗癌药物一般作用机制、小白菊内酯为例的天然药物产业化过程、ACT001 的研发进程、企业实验室的基本化学操作、常用的分离分析方法、实验室安全知识等通过实践报告和相关论文呈现。

图 9-16　实践队合照

（三）成效与创新

1. 理论调研成果

实践队学习了解到我国天然产物的研究现状和主要方向、药物活性及构效关系（包括含笑内酯、小白菊内酯及其衍生物）、天然药物开发的两种策略（以化学研究为导向及以生物活性为导向）、抗癌药物的一般作用机制（以胶质母细胞瘤为例）、以小白菊内酯为例的天然药物产业化过程、ACT001 的研发进程、企业实验室的基本化学操作、常用的分离分析方法（包括浸渍法、索氏提取法以及超临界二氧化碳流体萃取等现代绿色提取技术）、临床前研究（包括药物制剂开发、生物学实验筛选、药物靶点确认）、临床试验、新药申请审批及最后的上市流程、实验室安全知识。与此同时，同学们还主动了解化工企业的运行状态，探讨当代有机化学前沿，了解当代化学修饰天然产物在医药合成的巨大发展前景。同学们通过以上学习，深刻了解了我国天然产物药物研究现状，初步认识了从药物化学层面进行分离制备的方法，以及从生物层面研究构效关系和进行生物实验等新药研发的复杂流程，深深感受到了研究新药时研究人员所需付出的巨大努力和成果的来之不易。基于调研成果,同学们最终形成一篇 34 页、一万三千余字的《以"小白菊内酯"为基点，了解天然产物产业化过程》社会调研报告。

2. 实际行动成果

实践活动中，实践队运用所学知识帮助实验室人员完成了投反应、中间体化合物的合成、柱层析分离产物、重结晶纯化产物等一系列操作，协助公司工作人员合成制备并纯化分离了 ACT001 的部分先导活性物（纯度 98.6%），并且将化学工作中的安全问题结合工作实际制定了一套更好的预防和处理安全问题的方案，帮助公司整理并制定了公司化学工作的安全手册。这次活动中，同学们进一步认识了药物研发工作和小白菊内酯及防风草内酯的抗癌药物的合成与制剂化等，极大激发了同学们专业研究和进入企业研发的兴趣。

3. 创新育人模式

本次"师生同行"社会实践活动旨在全面贯彻"三全育人"教育理念，强化指导教师作为同学们专业学习指导者的角色，推动学习第一课堂与社会第二课堂的深度融合。活动基于"师生四同"育人模式的课外实践教学，以化学企业为大课堂，重点关注与实践队专业学习密切相关的社会现实问题，有目的、有步骤地为实践小组创造相关参与环境，使实践小组的理论知识水平和实践能力在实践教学的过程中得以不断提升。在理论教学中，指导教师详细讲解了小白菊内酯、防风草内酯的基本结构和理化性质，为实践小组拆解山玉兰中小白菊内酯的提取方法及工艺流程。实践小组在制作《公司安全工作手册》、小试实验和放大实验中学习了抗癌药物的一般作用机制、小白菊内酯为例的天然药物产业化过程和企业实验操作。

本次社会实践实地参访也让同学们以直观、快速的方式了解了化学制药行业。从有机合成医药的角度，探讨化学专业的前沿研究和发展前景。深入领域的学习和交流让实践队一行人对该类企业的经营管理有了深入了解，拓宽了同学们的视野和认知。

作者：王晓静，麦尔旦
作者单位：南开大学化学学院

六、上善若水，求索科学之途；勇攀高峰，服务科技创新

（一）背景与工作思路

1. 落实政策，谋求发展

党的十八大以来，南开大学探索形成了"师生四同"社会实践育人新模式。在 2024 年南开大学"师生四同"社会实践"凝心铸魂"专项活动中，宋峰老师作为"习近平新时代中国特色社会主义思想概论"课程教研组的教师之一，参与了实践活动的设计与指导。实践活动以问题为导向，设立师生同研课题，发挥教师主导和学生主体协同作用，使师生在"同学同研"的过程中明确研究方向与研究目标，达到理论认识上的同频共振，切实解决学生在研究过程中遇到的困惑和屏障。此外，实践活动依托讨论会等师生交流平台，健全"同学同研"机制。以"同行"为载体组织现场教学，帮助学生在兴趣中自主发现问题、自主解决问题，深入开展实践活动；以"同讲"为内容，师生互助互讲，在实践中分析实验原理，探索创新。

2. 付诸行动，服务社会

作为南开大学的一分子，宋峰老师带领团队成员关注社会需求，着眼热点问题，在实践中探索创新。针对信息安全问题，团队提出多维信息加密结合选区掺杂及仿生微纹理复制。结合自然界的灵感和现代技术，为信息安全领域提供了新思路。针对军事力量发展，团队基于自然界中生物的进化过程来解决增益结构优化问题，提高激光器的整体性能。同时，团队也曾多次协助天津市"英才计划"的推进工作。宋峰老师带领团队通过"同学、同研、同讲、同行"深化专业所学，将知识转化为服务国家社会的实际贡献。

（二）主要做法

1. 同学同研，立足科技

（1）缘"荷"而来，从实践汲取灵感

随着信息技术的高速发展，我们进入了一个数据驱动的时代。在这个过程中，信息安全成为一个至关重要的议题。一次偶然的发现使得宋峰老师及团队成员注意到植物表面的微观结构，这些结构不仅具有独特的美学价值，而且蕴

含着重要的生物信息和物理奥秘。团队选取与南开大学具有深厚文化联系的银杏与荷花进行对比，银杏叶的表面犹如不规则起伏的山脉，而荷叶表面却随机分布着许多锥形的微塔。即使是同一片叶子的不同部分也呈现着相似却又不完全相同的微纹理。团队借鉴自然界生物体表面的独特纹理结构，利用技术手段仿生微纹理形成密钥。以玻璃基质结合多维信息加密，同时实现了选区掺杂和仿生微纹理复制。该仿生结构结合自然界的灵感和现代技术，通过其独特的编码能力和稳定性，为信息安全领域提供了新思路，并有望在未来的科技和安全领域中发挥重要作用。（见图 9-17）

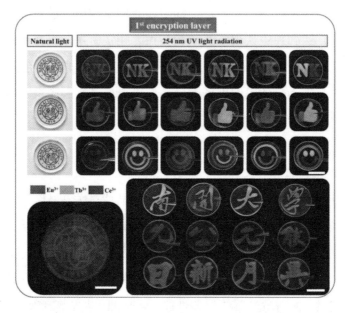

图 9-17　基于光固化增材制造技术制备的具有微纹理的稀土离子选区掺杂荧光玻璃

（2）心系未来，以理论开拓创新

高能激光器在军事、工业和科研等领域具有极其重要的作用，而其结构设计和实际应用中存在一定问题，如热效应管理、光束质量问题等。宋峰老师及其团队成员从基础理论出发，结合 zigzag 路径和内热源模型分析高能激光器的输出性能。（见图 9-18）在此基础上通过模拟自然界中生物的进化过程来解决增益结构优化问题，从而提高激光器的整体性能。随着技术的不断进步，高能激光器在军事、工业和科研等领域的应用前景将更加广阔。例如，在军事领域，高能激光器可以用于导弹防御、无人机拦截等；在工业领域，可以用于精密加工、材料切割和焊接；在科研领域，高能激光器则是实现先进物理实验和天文学观测的重要工具。（见图 9-19）宋峰老师及其团队的研究工作，无疑为这些应用领域的发展提供了坚实的技术基础。

图 9-18　宋峰老师及团队成员就实验情况进行讨论

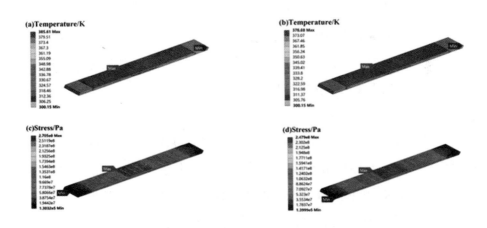

图 9-19　激光器结构优化的温度和应力对激光的影响

2. 同讲同行，培育英才

习近平总书记在中共中央政治局第三次集体学习时强调，要坚持走基础研究人才自主培养之路，深入实施"中学生英才计划""强基计划""基础学科拔尖学生培养计划"。立足团队现有实验条件，强化学生能力培养。宋峰老师摒弃一切功利因素，完全从中学生的兴趣爱好出发，遵循因材施教原则，制定切实可行的培养方案和培养目标，使学生实质参与了解科学研究，帮助学生在兴趣中自主发现问题、自主解决问题。学员深入高校实验室学习稀土掺杂荧光粉的制备及荧光性能分析，了解各种激光器，学习激光清洗技术等。学员们通过一系列英才活动丰富了知识储备，提高了"提出问题—分析问题—解决问题"的综合能力，为未来的学习和成长指明了方向，体验了十分有意义的"英才之旅"。

（三）成效与创新

1. 活动成效

宋峰老师带领的团队在多个项目的资助下，进行了大量的微型激光器、3D打印稀土掺杂光学材料制备、上转换稀土掺杂发光研究、增益介质热效应、纳米粒子散射以及 SiC 材料器件方面的研究。在国际顶尖及一流期刊上发表文章发表论文百余篇，专利 10 余项，1 本专著及若干教材。

在"师生四同"实践活动的推进过程中，宋峰老师带领学生参与激光清洗和稀土实验的实践活动，学员能够在理论与实践相结合的过程中，深入理解和掌握先进的科学技术，同时培养解决实际问题的能力。将理论知识应用于实际问题的解决，培养学员的创新思维和团队协作能力。同时，这些活动也有助于学员认识到科学技术在社会发展和人类福祉中的重要作用，激发他们为科技进步和社会发展作出贡献的责任感和使命感。

2. 研究成果

在"师生四同"实践活动过程中，宋峰老师带领的团队通过用自然混色策略将柔性镧系元素离子掺杂双 GdF_3 的灵感，成功构建了具有宽带光源响应的合成[1]；通过将 SiO_2 固体含量为 55 wt%的玻璃浆料和优化的热处理工艺，实现了 3D 打印二氧化硅纳米复合材料的完全致密化和光学透明化[2]；以及通过利用

---

[1] Ziyu Chen, Rui Xu, Adnan Khan, *et al.* Flexible color-tunable composite based on surface modified lanthanide ions for broadband response and bionic application[J]. Journal of Luminescence,2021,238:118290.https://doi.org/10.1016/j.jlumin.2021.118290.

[2] Jiaxin Yang, Ming Feng, Ziyu Chen, et al. Printing adaptability and vitrification of UV photo-responsive silica nanocomposites[J]. Materials Research Bulletin, 2023, 158:112046. https://doi.org/10.1016/j.materresbull.2022.112046.

YAG 激光照射，成功去除了 Al 合金表面涂层[①]等研究成果。

作者：解金月，李凡一

作者单位：南开大学物理科学学院

---

① Zhao, Z., Liu, X., Pan, W. et al. Study on the mechanism of multiple physical processes by laser action on coating on aluminium alloy surface. Opt Quant Electron 56, 179 (2024). https://doi.org/10.1007/s11082-023-05733-5.

第十章

"师生四同"服务公益事业

一、"二十载光阴荏苒，一颗心赤诚依然"——讲好南开支教团接力教育扶贫开展校地合作的 25 年

（一）背景与工作思路

自 1999 年始，南开大学作为青年志愿者扶贫接力计划研究生支教团项目的首批实施高校之一，积极响应团中央、教育部的号召，组建研究生支教团，至今已累计招募了 26 届 300 余名研究生志愿者赴甘肃、山西、新疆、西藏等地区开展支教服务工作，在促进西部地区经济、社会、科技、教育和文化事业的发展及锻炼教育青年等方面取得了良好成效。

2017 年，教育部党组印发的《高校思想政治工作质量提升工程实施纲要》指出，要整合各类实践资源，强化项目管理，丰富实践内容，创新实践形式，拓展实践平台，完善支持机制，教育引导师生在亲身参与中增强实践能力、树立家国情怀。[①]建设实践育人共同体是高校立德树人框架的重要部分，也是培养

[①] 罗萍，江莹，杨金龙. 校地合作实践育人共同体长效机制研究——以南京大学信息管理学院大学生社区挂职为例[J]. 吕梁教育学院学报，2020，37（03）：1-6.

新时代高素质人才的必然要求。[①]研究生支教团项目是践行实践育人的重要路径之一，但是目前学界对于研究生支教团项目在促进校地育人共同体建设方面的研究不足，多聚焦于志愿服务、纪实总结等，未从育人共同体角度来分析。

在此背景下，南开大学选派往届支教团成员，组建"二十载光阴荏苒，一颗心赤诚依然"研究生支教团赴新疆社会实践队，以南开大学研究生支教团在服务地 20 余年的接力服务实践为切入点，以"一点两线三成果"为工作思路开展系统研究，着力提升我校研究生支教团工作质量，促进校地合作长期实践育人共同体建设。

（二）主要做法

1. 立足一个基本点：做好调查研究，当好课题先遣队

南开大学"二十载光阴荏苒，一颗心赤诚依然"研究生支教团赴新疆社会实践队以"考察主要成就，记录发展成果，讲好感人事迹，做好课题研究，当好先遣队"为目标开展实践，总结经验方法，成果作用于 2022 年天津市高校思想政治教育工作研究基地课题立项项目《研究生支教团项目促进校地合作实践育人共同体建设的成效与经验探究》，助推校地合作长期实践育人共同体建设。

实践队支教团成员在完成支教服务之后，再次组队亲赴新疆，通过问卷调研、深度访谈、实地实践等形式对支教服务地师生家长教职工、高校与服务地合作交流情况等开展系统研究，探究研究生支教团促进校地合作实践育人共同体的发展脉络、校地合作实践育人共同体对各个主体的赋能作用，深入探究研究生支教团项目促进校地合作实践育人共同体长效建设的成效。（见图 10-1）

实践队面向在校生、毕业生、教职工、家长分别发放问卷，收取问卷总数1330 份，其中，在校生问卷 636 份、毕业生问卷 239 份、教职工问卷 35 份、家长问卷 420 份，不同群体问卷比例符合预期。同时，实践队制作四类群体的访谈提纲，邀请在校生 35 名、毕业生 5 名、教职工 10 名、家长 15 名进行细致访谈并录像，组织学生拍摄、制作 20 周年成果展。问卷数据成为 2022 年天津市高校思想政治教育工作研究基地课题立项项目《研究生支教团项目促进校地

---

① 教育部发布《高校思想政治工作质量提升工程实施纲要》[J]. 高等职业教育探索，2017，16（06）：33.

合作实践育人共同体建设的成效与经验探究》的主要支撑，为研究生支教团、校地实践育人模式的发展提供有效参考。

图 10-1   对支教服务地师生家长教职工、高校与服务地合作交流情况等开展系统研究

2. 落实精准服务线：做好经验传递，当好育人排头兵

自 2003 年南开大学研究生支教团新疆分团第一批赴阿勒泰地区二中支教以来，已有 20 届共计 200 余名成员前往，使得南开大学研究生支教团成为服务同一所高中近 20 年的老牌支教团之一。从最初的 5 名成员到现在每年稳定派出约 10 名成员，南开大学研究生支教团与阿勒泰地区二中的合作逐渐从单一的支教服务扩展至活跃校园文化、丰富第二课堂、推进素质教育等各个方面。南开大学研究生支教团从个体的支教服务到建设南开书屋、帮助引入党史学习教育基地、开展理论学习同学同研等，不仅打破了传统的"服务者"和"被服务者"二元视角，还促成了研究生支教团成员的成长、服务地青少年的综合发展以及高校与地方之间的交流互促，形成了新时代实践育人共同体。

实践队支教团成员与阿勒泰地区第二高级中学召开座谈会（见图 10-2），地区二中党委书记莫伦波指出，"支教团为学校发展带来了活力、动力，两校之间的深厚情谊必将成为一段佳话"。座谈会确定了总结经验、着眼当下、展望未来的基调，对开展好本次实践、校地合作 20 周年的活动及研究具有重要作用，对新一届支教团主动融入工作具有指导意义。实践队还参观了排名全国前列的地区二中天文馆，并与地区二中进一步商谈了如何利用好天文馆设施，开展科研游学等项目。

图 10-2 实践队支教团成员与阿勒泰地区第二高级中学召开座谈会

实践队此行不仅将支教经验传承给新一届支教团成员，而且也让他们熟悉当地并融入角色；同时，给当地学生进行高考动员，鼓励他们追求梦想。实践队继续用实际行动关注学生，助力学生高考，并进行校地合作育人模式研究，为南开大学研究生支教团与地区二中更深层次的合作做好准备，彰显南开人的使命与担当。（见图 10-3）

图 10-3 实践队支教团成员与阿勒泰地区第二高级中学学生

3. 打通"传帮带"育人线：做好宣讲动员，当好宣传主力军

2023年，南开大学团委全面负责研究生支教团工作，并将其纳入学生骨干"雁阵计划"培养体系，实践队研究生支教团成员、校团委兼职团干部主动开拓创新，提升大局贡献度。一方面，担任新一届研究生支教团朋辈导师，做好接力工作；另一方面，依托南开大学"成才报国青年宣讲团"，成立研究生支教团专项宣讲团，宣传招募政策和志愿服务精神。

（三）成效与创新

1. 允公允能，培养一批服务边疆人才

研究生支教团作为高校学生服务西部基层的重要工程，是青年参与志愿服务的实践形式之一，具有举足轻重的教育功能。它能引导青年通过参与西部基层实践坚定理想信念，锤炼意志品格，提升综合能力。以习近平新时代中国特色社会主义思想为统领，以立德树人为根本任务，坚持理论与实践相结合，提高学生的政治素养、综合能力、意志品质，为支教服务地输送优秀教育人才，推动当地教育事业发展，引导学生立志扎根基层，努力成为"可堪大用、能担重任的西部建设者"。

自2003年始，南开大学与新疆阿勒泰地区第二高级中学建立定点支教服务基地，已派遣20批共计223名研究生支教团成员。为深化实践育人的效果，南开大学推动支教团成员前往拉萨市达孜区中心小学开展支教，至今累计派出9批45名志愿者。2015年又新增甘肃庄浪服务地，至今派出8批32名志愿者，进一步加强了支教团锻炼教育青年的载体作用，拓展了支教团的服务范围。

2. 至诚至善，建立一批中国式现代化乡村工作站

南开大学研究生支教团以需求和目标导向为基础，不断提升志愿服务品牌的感召力和专业度，致力于提高青年志愿服务的贡献度。

2023年，研究生支教团先后在新疆阿勒泰市拉斯特乡和西藏拉萨市达孜区德庆镇白纳村，建立南开大学中国式现代化乡村工作站，通过与研究生支教团结合，为当地引入新的教学理念，促进青年教师队伍建设，丰富校园文化生活。

未来，支教团成员将维护"南开书屋""东方杏坛""雪域津梦""鲁班工坊"等特色品牌项目，并依托工作站专家团队，组建师生课题组，结合乡村实际开

展研究实践，带动社会共同参与，从基层治理、经济发展、文化教育等全方位助力乡村振兴。

3. 善作善成，构建一项实践育人共同体长期志愿项目

25 年来，在团中央指导支持下，南开大学中国青年志愿者研究生支教团工作取得了长足发展，其在服务地形成了良好口碑和显著成效，并获得广泛认可，多次获评服务地所在省份脱贫攻坚先进集体、向上向善好青年群体、青年五四奖章、优秀志愿服务团队（个人）及南开大学年度人物（团队）等荣誉。

研究生支教团不仅承担教学任务，还积极参与服务地县域教育综合改革和科技文化事业发展。新疆分团持续做好"东方杏坛"等校园文化品牌，助力校园第二课堂建设，协助当地建设教育网和校园网建设，发布多期空中课堂，助力服务校教育教学改革；西藏分团参与拉萨市教研活动公开课录制，举办民族团结公开课，在教学技能赛事中斩获佳绩；甘肃分团参与服务地 2021 年高考改革工作调研工作，撰写新高考"3+1+2"模式选课走班研究，以调研报告的形式推进习近平新时代中国特色社会主义思想课程教材在庄浪四中的实施。

作者：孔雪宁

作者单位：南开大学团委

二、探智慧法院建设路，究诉源治理新格局——宁夏兴庆区法院实践调研

（一）背景与工作思路

1. 实践背景

在习近平总书记"没有信息化就没有现代化"理念的指引下，2017 年最高人民法院下发了《关于加快建设智慧法院的意见》，为智慧法院的建设指明具体方向和实现路径。2018 年以来，人民法院的信息化建设逐渐向网上延伸，诉讼服务进入智慧时代。①银川市兴庆区人民法院作为智慧法院试点，聚焦"源头预

---

① 刘贵祥. 总结经验 理清思路 加快推进智慧法院建设[N]. 人民法院报，2017-06-21（005）.

防为先、非诉机制在前、法院裁判终局"的诉源治理工作理念，通过构建"政府+法院""法院+行业""法院+调处""法院+公证""法院+监管"的"五位一体"诉源治理新格局，形成了宝贵的"兴庆经验"，为社会矛盾的化解与公益事业作出了重要贡献。

恰逢党的二十大召开在即，南开大学法学院法学理论教研室孙竞超老师、国际法教研室吕怡维老师亲自带队，并组建由我校法律援助协会骨干组成的实践团队，以"喜迎二十大、永远跟党走、奋进新征程"为主线，深入了解智慧法院建设和诉源治理，将学习的法学理论与社会实践相结合，为提供接地气的法律援助服务、助力公益事业作出贡献。

2. 实践工作思路

实践工作秉持"知中国，服务中国"的南开精神，以"服务公益事业"为价值目标，以探寻"兴庆经验"为重要抓手，以"智慧法院"和"诉源治理"为内容主线，结合"师生四同"内涵，全方位了解兴庆区人民法院的智慧法院建设情况，体验诉源治理全过程，了解诉前调解在法院工作和社会治理中的重要意义，挖掘"五位一体"诉源治理新格局中的法律思想和治理理念，并促进南开大学法学院与银川市兴庆区人民法院的友好合作。

（二）主要做法

1. 进入"智慧法院"，调研法院建设

在兴庆区人民法院政治部鲁玉主任的带领下，实践团队首次进入宁夏智慧法院的代表——兴庆区人民法院内部，展开沉浸式观摩体验。（见图10-4）法院引入了立案导诉机器人、智能排队服务系统和自动生成诉状机等智能司法服务设备，展现了以便民为核心的"智慧机制"。①

兴庆区人民法院致力于服务人民、维护社会公众利益，以满足公众需要为导向，为老百姓提供了最便捷的司法服务，使司法更高效、更公平，有效提升了群众的司法参与感与获得感。②

---

① 李鑫. 智慧法院建设的理论基础与中国实践[J]. 政法论丛，2021（05）：128-138.
② 谭世贵，王强. 我国智慧法院建设的实践、问题与对策[J]. 杭州师范大学学报（社会科学版），2019，41（06）：110-119.

图 10-4　实践团队进入宁夏兴庆区人民法院内部，展开沉浸式观摩体验

2. 身临和谐调解，调研诉源治理

兴庆区人民法院聚焦于"源头预防为先、非诉机制在前、法院裁判终局"的诉源治理工作理念，构建了以"法院+"为手段的"五位一体"诉源治理新格局。实践团队走进法院调解中心，直观领略调解员李素霞老师的专业技能，认识到调解在化解纠纷、节约司法资源等方面的价值。（见图 10-5）

图 10-5　实践团队走访法院调解中心

调解不仅节约资源[①]，更能引导群众以更为平和理性的方式表达诉求、化解矛盾[②]。兴庆区人民法院致力于服务公众利益，回应公众需求，创造稳定社会环境，必将贡献更多的"兴庆经验"。

3. 接续参与调解，深入诉源调研

实践团队对多元解纷和诉源治理产生浓厚兴趣，展开深入调研，通过分组旁听式调研模式感受其他人民调解员的解纷艺术。在此次调研中，实践团队见识到了调解员如何保持理性、安抚当事人情绪，最终化解矛盾。

在深入体会诉源治理的过程中，团队体会到了多元化解纠纷的魅力，学习到了利用巧妙逻辑与耐心解决纠纷的方法。这也启示了团队如何更好地服务公众，践行法律人的责任与担当。

4. 以书籍会远友，做时代"兴·青年"

兴庆区人民法院举办"兴·青年"理论学习读书会（见图10-6），与南开大学法学院签署共建协议，搭建"共享课堂"。在读书会中，银川市及兴庆区统战部领导干部、法院干警以及实践团队成员分享智慧、展开讨论。兴庆区人民法院安宁院长谈到，作为"兴·青年"，要胸怀使命，服务国家，始终听党话、跟党走，关怀民生、热爱国家。

此次读书会使得实践团队深刻领悟到作为法律人，需融合理论与实践，关注社会现实，以服务群众为己任。

5. 交流碰撞火花，经验启迪思考

实践团队在读书会后，亦有幸与鲁玉主任交流，采用半结构式采访形式，向其请教实务与职业规划问题。关于就业问题，鲁玉主任建议若从事律师或法务工作，或许一线城市能提供更多的机会；但若想锤炼纠纷解决和独立能力，基层法院会是更好的选择。对于法院案件量大的原因，鲁玉主任指出，外部解决机制不完善和内部诉源治理待优化。

---

① 丁亚琦. 诉源治理视域下诉调衔接机制的完善[J]. 人民论坛，2022（03）：81-83.

② 强世功. "法律不入之地"的民事调解——一起"依法收贷"案的再分析[J]. 比较法研究，1998（03）：47-59.

图 10-6 实践团队全体成员参与兴庆区人民法院举办的"兴·青年"理论学习读书会

鲁玉主任的回答为实践团队提供了思路,调研成果得到了实务经验的精要总结。实践团队会牢记经验中传递出的建设法律公益事业之精神,不忘学法之初心,不改用法之热忱。

6. 追寻历史脉络,"知中国,服务中国"

实践团队从历史和生态双维度深入感知宁夏的文化,践行"知中国,服务中国"的南开精神。

实践团队调研西夏文化和岩画遗迹,展开"回望历史长河,感悟西夏文化""遇见岩画,感悟文明"爱国主义实践活动,深刻感悟中华民族的文化多样性,增进了对爱国主义和民族团结重要意义的认识;跟随总书记的足迹,了解到贺兰山的生态变迁,知晓其生态保卫战的成果;宣传宁夏文化的魅力,将使更多人体悟到宁夏的厚重历史与生态文明。

(三)成效与创新

1. 成效

实践团队共 12 人,以高效、深入、全面、亲历为原则,进行了为期 5 天的全天次实地调研和 7 天的实践总结。团队形成项目微电影、活动照片集、社会实践基地协议、社会实践反馈表各 1 份，产出高质量学术成果 3 篇，并顺利参评 2022 年大学生"三下乡、返家乡"调研报告征集活动。

项目经《银川市兴庆区人民法院》《南开大学团委》《南开大学法学院》《南开法学生》等多家官方媒体报道，形成官方推送 15 篇，阅读量达 1 万余人。

项目合计荣获 9 项省部级、校级奖项：项目课题荣获南开大学 2022 年"师生四同""校级十佳课题"荣誉；项目团队荣获 2022 年天津市大中专学生志愿者暑期文化科技卫生"三下乡"社会实践活动优秀团队及重点实践团队、2022 年"喜迎二十大、永远跟党走、奋进新征程"师生同行社会实践"校级十佳团队"、本科生组校级示范队荣誉；项目指导教师荣获 2022 年天津市大中专学生志愿者暑期文化科技卫生"三下乡"社会实践活动优秀个人、校级优秀指导教师标兵荣誉；项目负责人荣获 2022 年天津市大中专学生志愿者暑期文化科技卫生"三下乡"社会实践活动优秀个人、2022 年"喜迎二十大、永远跟党走、奋进新征程"师生同行社会实践"校级十佳个人"等荣誉。

通过该项目，团队成员增进了对法院设施建构和法律实务工作的了解，提高了对"智慧法院"和"诉源治理"专业课题的理解，也提升了对"司法为民"精神的体悟。同时，项目促成了南开大学法学院与兴庆区人民法院的交流合作，实现了资源共享和共赢效果。

2. 创新

（1）科学有序的实践活动规划

项目时间安排充裕、合理，确保各阶段有序展开：初识智慧法院的基础建设与运作、深度参与司法实务、诉源治理机制的沉浸式体验，每个环节经过精心设计，帮助实践团队逐步获取多维度认识。

（2）各司其职的实践团队分工

实践团队跨年级组成，各有所长、分工明确、共担任务，展现出扎实的专业素养和实践经验。

（3）跨学科、跨领域的立体指导机制

该项目得到多元知识体系的支持：不仅有来自高校专业教师的深入指导，还得到了法院一线专家的经验传授，形成了理论与实务相结合的双重优势，以促进法学、信息技术、社会治理等多学科知识有效融合。

（4）高效协作的实地对接与实践操作

基于坚实的合作基础，实践团队与法院对接顺畅，共同搭建实践平台。调研活动涵盖多个层面，如跟随法官了解司法实务、探访人民调解员的工作现场等，体现了实践项目的务实性和针对性。

（5）颇具新意的实践教学与研讨模式

实践采用分组化沉浸式体悟的方式，从不同角色和角度深入探究诉源治理的具体案例与运作机制，并通过"兴·青年"理论学习读书会等形式，促进团队成员间的互动交流和学术碰撞，实现学以致用、知行合一。

（6）丰富坚实的内外部资源

依托院校两级的全力支持，项目得以调动和整合校内外丰富资源，包括与实务部门的密切合作、与资深专家的经验交流，以及结合地域历史文化背景开展活动，进一步拓宽视野，强化人文底蕴，为实践提供深厚的文化和社会背景参照。

作者：孙竞超，仇晨溢，周敬文

作者单位：南开大学法学院

三、用行动夯实乡村教育之基，以实践点亮乡村振兴之梦

（一）背景与工作思路

1. 背景要求

2016 年，习近平总书记提出"两翼理论"，强调科技创新和科学普及是创新发展的双翼。党的二十大以来，"科学普及"的重要意义更是被多次明确，培育具备科学家潜质、愿意献身科学研究事业的青少年群体成为保障科技创新事业发展的重要基石。

但长期以来，我国东西部、城乡发展不均导致科学普及进程受阻。如何将"科学普及"事业推动至偏远山区是需要我们进一步思考的问题。而高校在科普

中具有技术、资源、专家和青年优势，是推动科普的重要力量。

2. 工作思路

南开大学生命科学学院始终牢牢把握立德树人的根本任务，从服务"双减"政策、强化科普育人、促进教育公平多方面入手，于2021年11月成立"向阳计划"公益教育服务团队，以高校青年为村庄提供科普资源，促进乡村教育振兴。同时促使青年坚定理想信念、锤炼服务本领。项目旨在搭建高校与公益教育需求的供需平台，兼顾课程建设、团队发展和科普实践，打造"学期中'市内课后服务'+假期中'全国精品支教'"平台，提升青年综合素养，助力乡村教育振兴。

（二）主要做法

1. 完善科普育人体系，助力青年，做梦想的托举者

（1）构建完善的讲师培训体系

为解决志愿者招募与授课能力等问题，"向阳计划"公益教育服务团队采取"常驻志愿者+临时志愿者+运维团队"的组织管理模式，项目制开展活动，确保常驻志愿者指导新人。（见图10-7）目前，团队已有40名常驻志愿者和200余名临时志愿者；同时，与"南开有效教学团队""天津学而思"合作，举办"向阳特训营"培训，提升志愿者的授课水平，包括教学思路、互动方式、肢体语言等，以提高课堂吸引力和教学质量，同时提升青年志愿者的素养。

图10-7　"向阳计划"团队成员给学生们做演示实验

（2）打造成熟的课程研发体系

为确保科普教育服务的专业性，团队设立了"课程部"，邀请 8 位专家指导课程设计，保证课程质量。通过"研发—试讲—审核—备课—试讲—讲授—反馈"七步走的课程开发流程和"PPT+教案+逐字稿+物资清单"的课程备案体系，保障课程研发品质、效率以及可复制性。在课程反馈上，团队采取"听课学生+授课教师"双向反馈的方式，不断改进课程，并于每学期举办"课程设计大赛"，选优质课程扩充资源库，目前已有 150 节精品课程。

（3）拓展稳定的讲师实战阵地

团队秉承走出去、引进来的思路，将讲师培训、课程设计的"预演"转变为市内中学校科普教学的"实战"。学期中，对外与南开日新学校、南开大学附属小学、永基小学、西青区少年宫等学校单位共建科普志愿服务基地，并形成长期稳定的科普课程授课方案。同时，团队与科技场馆类单位合作共建科普微课堂，面向社会大众的科普教育实践；对内团队联合南开大学生物科普教育基地，面向 8 所学校单位开展中小学生进校园活动，通过师生共讲游园科普、同教实验课程等方式拓展学生的专业视野，激发学生的科研愿景。

"向阳计划"团队在专业教师的指导下，通过"讲师+课程+实战"三重保障，助力青年学生托举乡村孩子的科学梦想。

2. 拓展项目辐射范围，助力青年，做科学的传播者

（1）软硬结合，打造可成长的支教项目

乡村教育面临瓶颈，其成因是复杂的，支教队伍需多方面、多层次、多角度地解决问题。

2022 年和 2023 年寒暑假，团队带领 105 名学生与 9 位教授、校友，赴江西、河南、山东、甘肃、天津、黑龙江 6 省市 6 所乡村小学，进行了为期 15 天的支教活动，共累计近 4 个月，为 2000 余名乡村学生开展科普和素质教育。

为帮助改善乡村学校设施条件，"向阳计划"搭建"学生+学校+校友"的资金保障平台，在学校和南开上海校友会以及校友企业的支持下筹资 16 万元投入乡村教育，建立科普筑梦基地 5 个、南开书屋 6 间、科普教室 3 间，并依托科普教室开展学期中线上教学，切实补齐了支教地在教育硬件方面的短板。（见

图 10-8）

图 10-8　团队在"南开-大田"暑期支教夏令营开营仪式上的合影

（2）因地制宜，探索有差异的支教课程

为了更好地满足不同地区学生的需求，"向阳计划"团队在充分准备的基础上，对课程进行了调整和优化。师生结合支教地的教育水平和学生构成，从课程结构、知识难度和课堂容量等方面进行了细致调整。同时，针对乡村学校因师资不足导致优质硬件闲置的问题，团队开设了非洲鼓、口风琴等素质教育特色班，并支持学校学生社团的建设，最大程度地整合教学资源，提升支教效果。这些举措得到了家长的好评和学校的感谢。（见图 10-9）

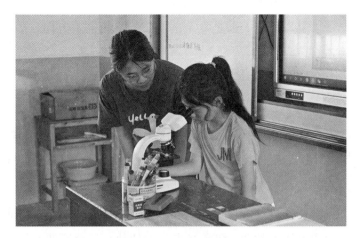

图 10-9　"向阳计划"团队成员教学生使用显微镜

（3）深浅兼顾，提供有温度的支教服务

"浇树要浇根，育人要育心"，乡村教育想要破局而出，教师与学校的努力仅是一方面，学生自身的问题也需被重视。调查显示，支教地的学生多为留守儿童，缺乏家庭关注和教育氛围。团队针对此情况，开发了"及时反馈，定量奖励"的激励机制，帮助孩子们养成积极探索、勤学好问的习惯；增设副班主任，加强班会谈心，帮助学生树立理想；加强家校互动，促进家庭教育思维的转变。

3. 拓展长效赋能平台，带动青年，做乡村的偕行者

（1）筑牢平台，探索乡村振兴途径

南开大学生命科学学院在江西大田、甘肃银川建立两个支教实践基地，并与天津市西青区第六埠村签约建立南开大学中国式现代化乡村工作站，推进构建"知识传授—能力提升—实践锻炼—文化引领"的全过程育人链条。通过专业教师带队，团队展开农业、旅游、创新创业等方面的合作探索，助力乡村振兴。

（2）调动资源，加强红色文化引领

依托实践基地和工作站，团队深度挖掘课程思政元素，由党员老师带队前往服务地的 3 个生态产业园和红军长征出发地等 10 个红色教育基地调研，为乡村产业发展提出建议，将红色精神融入课程设计，增强学生自豪感，丰富课程内容，助力当地资源挖掘利用。

（3）深入调研，探究乡村教育困境

实践队先后围绕乡村教育结构性困境与发展策略、乡村振兴战略背景下乡村小学教育情况等主题，结合调研走访和问卷调研，收集到 300 余个家庭和近600 位教师对乡村教育的一手反馈，并形成调研报告，探索寻找新时代背景下乡村教育振兴的可行性方案。

（三）成效与创新

1. 打造了南开科普教育新品牌

自 2021 年成立以来，"向阳计划"公益教育服务团队通过师生同学、同研、同讲、同行，扎实地将科普育人工作推进至大山深处，先后获评全国"三下乡"社会实践优秀团队、全国大学生暑期实践团队 Top100、全国"返家乡"优秀实

践故事、天津市"三下乡"社会实践活动优秀团队、天津市"互联网+"大赛银奖、南开大学社会实践"卓越团队"、南开大学示范性志愿服务项目等校级以上荣誉十余项，并入选了全国大学生科技志愿服务示范团队、团中央"七彩假期"志愿服务示范团队和"翱翔之翼"大学生科技志愿服务项目，获得中国科协经费支持。团队事迹也受到《中国教育报》、中青网等3家央媒、5家省媒和10余家市县级媒体的报道，产生了广泛而积极的社会影响，也吸引了更多南开青年加入，构建了南开科普教育新生态，形成了南开科普教育新品牌。

2. 构建了高校支教服务新模式

"向阳计划"公益教育服务团队构建了"运维团队+常驻志愿者+临时志愿者"的三级人员组织模式、"专业教师+教育机构"专业指导的志愿者培训模式、"研发—试讲—审核—备课—试讲—讲授—反馈"七步走的课程开发模式、"PPT+教案+逐字稿+物资清单"的课程库备案模式、"学期中市内课后服务+假期中全国精品支教"的科普服务模式、"专业教师+学生+校友"一线教学的课程讲授模式、科普教室"线上+线下"教学的常态服务模式、"红色研学+问题调查"的青年信仰培养模式，以及"南开大学+南开校友会+校友企业"出资支持的资金保障模式等，实现学期、假期双线推动，线上、线下齐头并进的科普支教服务新模式，为高校乡村支教提供了新范式。

3. 搭建了青年志愿服务新平台

"向阳计划"公益教育服务团队形成了始于生科、带动南开、辐射全国的志愿服务格局。目前，"向阳计划"已链接全国8个省市15家教学单位和"南开有效教学团队""天津学而思"等多家教育机构，以及"南开上海校友会""博鸿资产"等多个校友企业，建设中国式现代化乡村工作站1个、科普筑梦基地5个、科普志愿服务基地3个，带动全校17个学院300余名学生参与到志愿实践工作中来，覆盖3000余名中小学生，开展科普志愿实践工作累计超18000小时。

作者：王一涵，李鹏琳，王向阳，刘维彤

作者单位：南开大学生命科学学院

四、千古诗情日日新——师生偕行共赴川渝赓续诗教传承

（一）背景与工作思路

1. 党的二十大关于传统文化发展的重要指示

党的二十大报告强调，要不断提升国家文化软实力和中华文化影响力。中国古典诗词是中华优秀传统文化的重要载体。推动诗教课堂新发展，符合党"推进文化自信自强，铸就社会主义文化新辉煌"的发展要求，响应了"建设社会主义文化强国，实现中华民族伟大复兴"的时代呼唤。

2. 诗教课堂新思路有待进一步开拓

根据教育部 2017 年发布的部编本语文教材数据，古诗文占比超过 50%，在语文教学中占有重要地位。但目前诗教课堂仍存在课程目标功利化、教学方式单一化与教学内容表面化等问题。如何充分激发学生群体学习古典诗词的兴趣、真正发挥古典诗词"春风化雨"的作用，成为教育难题。而叶嘉莹先生关于中华诗教的理论为纠正古诗词教学指导思想、创新古诗词课堂教学方式提供了新思路。

3."课程思政"理念在各教育领域的渗透

2017 年，中共教育部党组强调要"推动以'课程思政'为目标的课堂教学改革，实现思想政治教育与知识体系教育的有机统一"。诗教在思政教育方面的重要价值日益凸显。诗教与课程思政的融合对于发扬中华优秀传统美德、落实立德树人根本任务具有重要价值。

（二）主要做法

1. 缘起诗教理念，打造诗词课堂

"如何弘扬中华优秀传统文化，使古典诗词真正走入学生心中"是需要师生共同研究的内容。基于叶嘉莹先生的"兴发感动"诗教理念，团队开展 20 次诗词课，每堂课讲授体会并理解一首诗词，打造一个兼具理论和方法论的诗词课堂。

首先，团队力图从学生生命体验出发，找到与古典诗词相结合的方法，让学生感到诗词与自己的生活密切相关，增加学习的兴趣和动力。其次，从学生

的兴趣爱好入手，巧妙设计教学环节，将诗词与戏曲、绘画、舞蹈等艺术形式相结合，激发学生的创造力和想象力。最后，根据课堂需求巧妙运用各种媒介，让学生更好地理解和感受诗词的内涵。除此之外，团队通过组织学生现场参观文化古迹、举办诗词朗诵会、采风绘画活动等形式，让学生在实践中感受到诗词的魅力。

在这一教学过程中，我们尤其注意"吟诵"在学生诗词学习中的应用，让学生抒发自己的情感和思考；通过学习与创作并行，让学生能够有自己的独特见解；通过激发感悟，让学生能够提升自己的思维能力和情感表达能力。（见图10-10）

图 10-10   实践队员在大邑县大坪山社区带领社区小朋友体验京剧文化与诗词之美

2. 重视学生个性，拓宽诗教形式

团队前往四川省大邑县西岭太平社区、斜源社区和悦来社区，与该社区的孩子们共同完成诗词文化的学习与传承，开展诗词宣讲活动。在诗画同源理论的启发下，团队开展了12次现场采风绘画，引导学生通过细致的观察与丰富的想象，拿起画笔以视觉方式呈现自然景物和诗歌文本相互呼应的关系，强化品读诗词意境的心灵感受。

团队重视古诗词中的感发力量，以课程听众（当地小学生）为主体地位，尊重不同学生独特的生活经验和丰富的个人想象，真正实现"诗教润乡土"的目的。为了增加学生对古典诗词的学习兴趣，团队将课堂讲解内容转化为立体绘本和定格动画，推动诗教学习的创新性发展，助力乡村诗教传承。通过立体绘本的形式，可以让学生参与到诗词及相关作品的创作过程中，让他们亲手制作自己喜欢的诗词作品，从而增加学习的乐趣；通过定格动画的形式，可以将诗词的意境展现出来，而拍摄的过程，也可以说是一种造境的过程，让学生更深入地理解诗词的内涵。（见图 10-11、图 10-12）

图 10-11、图 10-12 实践队员在大邑县带小朋友创作诗词绘本，讲授诗词创新课

在此基础上，团队设计制作"我的家乡我的诗"立体绘本，并通过现代科技的拍摄、剪辑手段形成定格动画，以现代科技赋能传统视觉艺术的新奇体验，增强学生对于古典诗词的学习兴趣。目前，绘本和定格动画已走进 20 余个当地社区，让 2000 余名孩子们在书香教育中与诗词相遇，并在南开大学中国式现代化乡村振兴工作站落户大邑签约仪式和国家级赛事迦陵杯诗词讲解大赛开幕式上展示，获得教育部与共青团中央发展部表扬信。

3. 创新数字模式，赋能诗教传承

随着社会的发展，"互联网+教育"的教育改革成为趋势，诗词的教学不仅要在课堂上逐渐进行教学形式和内容的优化和丰富，更有必要结合"互联网+教育"模式的发展趋势以及新媒体在视听融合与交互反馈等方面的技术优势，促进诗词教学实践。

团队通过对语文诗词课堂诗教现状的调研分析，寻找诗教的痛点问题，借助新媒体技术优势，逐步实现古诗词教育的内容与形式双向创新。这一探索有助于让学生在互动中提升学习参与度，提高学习反馈效率；同时给平日课堂注入新鲜气息和新奇体验，强化诗词品读的心灵感受。

实践队探索的"互联网+诗教"新模式的推广，有助于将新媒体教学方式引入到传统中学诗词课堂当中，形成"线上+线下""文本+视听""讲授+自学"的创新学习模式，一定程度上弥补了传统课堂与微课的"灌输式"教学缺陷，为乡村地区公共教育模式开拓新思路。

（三）成效与创新

团队采取"点面结合"的方式，结合"小而精"的访谈形式与"大而广"的问卷调研，着重考察中华诗教在乡村社区中的当代传承实践情况，并实地走入四川省大邑县社区乡村，结合当地实际情况，探究诗教实践新形式、新方法。

1. 立足多重形式，拓宽诗教课堂

实践重视古诗词中的感发力量，以课程听众（当地小学生）为主体地位，尊重不同学生独特的生活经验和丰富的个人想象，真正实现"诗教润乡土"的调研目的。实践采取课堂宣讲的方式，与三个社区数十位小朋友共同完成与实践地有关的三首古诗的学习，借用细读文本、诗词游戏等多种途径提高小朋友对古诗词学习的兴趣。同时，实践也采用制作立体绘本、定格动画的形式，将三首古诗的内容用小朋友们自己的绘画呈现出来，丰富古诗词学习方式。

2. 深植红色文化，传承红色基因

党的二十大报告指出，弘扬以伟大建党精神为源头的中国共产党人精神谱系，用好红色资源。此次实践调研注重在过程中融入红色教育宣讲，赓续红色文脉，将红色教育与诗词教育相结合，把传承红色文化和助力乡村振兴战略相结合，多举措助推红色文化传承。

3. 坚持思想引领，重视课程思政

课程思政建设应是以点带面、层层推进的。目前课程思政多以高校试点先行，而该研究将范围扩大至中学课程。中国古典诗词作为我国文化软实力的重要组成部分，蕴含丰富的文化价值和思想政治教育价值。但探求诗词教学与价值引领的结合方式与切入点，仍旧是课程思政建设过程中的重难点。此次实践着眼思想价值引领作用，将课程思政先进理念同中学诗词教学紧密结合，探究诗词教学中德育价值的呈现状况，总结得出中学诗词课堂中课程思政建设的有效实施路径。

4. 挖掘多样途径，公益助力乡村

此次实践立足中华诗教理念和叶嘉莹诗教理论，调研深入村镇社区，通过多样方式为不同年龄段的孩子们讲解诗歌，把诗教精神播撒在乡村土地上，滋润孩子们的心灵。实践队探索建立的诗教课程新体系和多元化诗歌教学方法得到推广，为挖掘乡村公共教育资源、创新乡村传统文化课程教授形式、提高乡村公共教育水平提供参考。

同时，实践以学生心理发展规律为指导，采取孩子们更感兴趣且容易接受的教育方式，帮助孩子们通过多种途径领略家乡美景，感悟诗词魅力，助力乡村文化事业发展振兴。绘本与定格动画成果为传承大邑优秀传统文化、宣传大邑当地文旅资源、激发乡村文化振兴活力贡献力量，推动公益实践与乡村振兴有效对接。

此外，此次实践关注到当地普通话存有的问题现状，采取发放问卷、数据调研、访谈等途径探究当地乡村普通话使用现状，推动当地普通话推广工作的进行。调研得出的普通话教学与弘扬乡村文化的普遍性规律为今后方言区推普工作提供参考与指导。

总而言之，诗教传统与当今时代的价值取向、审美风范息息相关。未来我们将以"中华诗教"理念、叶嘉莹先生的古典诗歌教学理论、"兴发感动"学说、"课程思政"育人理念以及"诗画同源"的理论为基础，对优化中小学古诗词课堂教学继续进行探索，让中小学生更好地把古诗词中所蕴含的人生智慧、家国情怀等思想内容，转化为自身的实际行动以更好地塑造自己；同时继续挖掘中华诗教为代表的中华优秀传统文化的教化作用，开辟中华诗教与课程思政相融合的新境界；发挥传统文化教育对乡村振兴的重要作用，提升乡村文化品位和群众人文素养以推动乡村振兴与文化建设有机融合。

作者：高默涵，孙霄薇，赵可欣
作者单位：南开大学文学院

五、关于罕见病孩童公益服务事业的建设——南开大学药学院实践育人实践活动

（一）背景与工作思路

罕见病是指患病率很低、很少见的疾病。关于罕见病的定义，不同国家、地区和组织尚未统一。依据联合国世界卫生组织（WHO）的定义，罕见病是指患病人口占总人口 0.65‰—1‰ 的疾病。由于这一人群的特殊性（罕见病类别十分丰富而患病人数相对较少），某一单个疾病的患病人数往往十分有限，因此他们面临严重的用药难和用药贵的问题。

在罕见病中，庞贝病又是一种患病率相对更低的疾病。它是一种溶酶体贮积症，患者会面临逐渐严重的肌无力，尤其是躯干和下肢在行动时感到特别疲惫的问题，严重者甚至会出现呼吸肌受累导致呼吸衰竭而死亡的现象。但对庞贝病患者而言比较幸运的是，治疗庞贝病的药物已经纳入了国家医保。

医保政策是国家为了解决国民治病医疗的问题而推行的政策。由于罕见病的特殊情况，很多治疗罕见病的药物都不在医保的范围之内。药学院的学生团队通过对庞贝病群体、一般人群和专家意见的调研总结了罕见病治疗现今的情况和面临的问题，并针对这一情况提出了自己的看法。

目前，宏观政策和药物研发难以在短期内迅速取得高效成果，因而南开大学药学院鼓励学生们在力所能及的范围内去帮助罕见病患者。针对这一点，药学院青志协试举办了针对罕见病患儿的线上支教活动，并已经取得了一定成果，目前正处在后续的完善阶段。

（二）主要做法

1. 模型分析——庞贝病药物纳入医保的价值评估调研

药学院通过问卷调研搜集到了 89 名庞贝病患者（全国的庞贝病患者约有 200 例）的数据。调查显示，约 92% 的患者在 1 岁前夭折。多数患者选择以注射活性酶为治疗方案，但药物所需的治疗费用约为一年 200 万。在如此大的经济压力下，仅有 25% 的患者能够按时按量用药。在 94% 的患者参与医保的情况下，年用药大约需自费 62 万。虽然该花销相比于之前已经有了明显改善，但对

于 85%的年收入处于 10 万以下的患者家庭来说仍然是一笔不菲的数目。这正反映出了将罕见病纳入医保的必要性。

药学院的实践团队通过对庞贝病组织负责人的访谈，知晓了罕见病组织存在组织力度不足，患者信任度不高，面临政策优惠的行政困难、集资困难、争取困难的问题。负责人还表示，组织的注册与否的影响很小也是他们迟迟未注册的一个重要原因。

实践团队通过向群众和专家（指在医疗机构及国家卫生事业机关长期就职的人员）分别发放问卷的方式，从罕见病患者的人数、年龄、严重性、罕见病药物评价临床证据的质量级别水平、临床疗效、安全性情况、经济性评价、患者的负担程度、药物的独特性、社会道德伦理、国际上的政策因素这十一个方面对罕见病药物纳入医保进行了药物经济学方面的系统评估。依据调查结果，按照 likert 5 级评分法（5—非常重要 4—重要 3—一般 2—不重要 1—非常不重要），将排序后的数据按照 1—11 评分法（由于有 11 个指标，对 1—9 评分法进行了一些改进）评估。最终依靠调查人数的数值比加权赋值，得到了如下结果：

罕见病药物的临床疗效 25.84%；罕见病药物的安全性情况 18.93%；药物评价临床证据的质量级别水平 16.13%；有无可替代治疗的其他药物（独特性）9.87%；罕见病的严重性 8.61%；罕见病患者负担程度 7.11%；出于社会道德伦理考虑 5.16%；罕见病药物的经济性评价 3.19%；罕见病患者年龄大小因素 2.19%；国际上的政策因素的影响 1.69%；罕见病患者的人数情况 1.27%。

由此我们可以发现，绝大部分受访者都较为看重罕见病药物的临床疗效、罕见病药物的安全性情况、药物评价临床证据的质量级别水平。这对于罕见病纳入医保的相关政策具有一定的参考价值。

2. 关爱罕见病儿童的服务活动

在 2023 年的罕见病讲座中，药学院青志协组织志愿者发放传单，向学生们传播罕见病的相关信息，同学们对此热情参与。这让我们看到了对罕见病患者展开帮助的其他可能性，即相比于宏观的国家政策和复杂的药物研发方面，学院可以鼓励学生们在自身力所能及的范围内对罕见病儿童给予帮助，做到"知行合一"，将自身知识切实融入对患者的关爱中来。为此，南开大学药学院青年志愿者中心自2024年春季学期起，开始尝试与罕见病组织交接，开展对罕见病患者的线上支教活动。

罕见病患儿的身体需要频繁地接受治疗，疾病也有着不定期发作的风险，这造成了他们在学业上的落后与不便。对于自我能力比较有限的学生们，运用自身所掌握的知识，对罕见病患者进行线上支教，既可以将自身所学落实到实处，也对罕见病患者起到了力所能及的帮助。

考虑到患者身体的特殊性以及学院学生们的学习，药学院志愿支教采用线上的形式进行。目前已经成功和肺动脉高压联盟联合举办了一期活动，受到了同学们和孩子们的热烈欢迎，成效显著。虽然活动存在着每期志愿者不同造成教学活动不方便、开课期限受到疾病制约、志愿者与患者沟通不便的情况，但总体而言比较成功。目前第二期活动正在筹备中，活动的下一步预计是扩大规模（为了方便试行活动的管理，第一期活动的参与人员仅限药学院内部），将招募人数扩大至全校。这样既可以在一定范围内传播罕见病的概念，进行科普行动，号召大家多多关注罕见病患者，又可以为患儿提供更多的选择更优秀的志愿者资源。活动还准备扩大合作规模，目前已经在与另一个罕见病组织"冻力宝贝"沟通，预计将惠及更多罕见病儿童。

（三）成效与创新

1. 评估中的精准分析

在以药物经济学模型分析罕见病药物纳入医保的价值评估方面，药学院的学生们采取了罕见病患者、罕见病组织、群众和专家四方面的调查和意见，通过问卷调查和访谈的方式，调查了以庞贝病为代表的中国罕见病患者的状态和大家对罕见病纳入医保的相关意见和看法。学生们综合考虑多方面的因素，既包含了药物研发过程中的临床疗效，也有大众的伦理道德，还有国家和国际层面的政策规则。从最终分析得到的结果来看，围绕药物和疾病展开（临床疗效、安全性情况、药物评价临床证据的质量级别水平、独特性、严重性、负担程度）的因素占据了80%以上，这表现了人们对于罕见病药物纳入医保的主要考量因素，其可以成为后续推进罕见病药物纳入医保的主要参考方向。

在对罕见病患者和负责人的访谈中,学生们意识到了罕见病患者在社会上面临的众多困难,因而想要进一步完善罕见病患者的权益,需要国家、企业、组织、公民等多方的努力。

2. 教学中的形式灵活

在模型评估完成后,药学院下一步采取了更为有效且直接的支教方式来帮扶罕见病患儿。

活动中,学院采取了线上的形式,这对患儿和学生都更加的方便。他们可以自行选择方便的时间,不受距离的限制,没有交通、成本的阻碍,从时间和空间上大大削减了难度。

在交接过程中,学院选择了自行沟通,给学生和患者留下更多的余地。考虑到每名患者的年龄、性格乃至认知能力都有所不同,集体授课的方式难以精确地满足患者的需求。因而学院采用了志愿者一对一的方式,把选择权交给他们。患者可以根据自身的情况与志愿者及时沟通,选择更符合自己需要的教学方式和内容。这一点既考虑到了患者不愿让自身情况为很多人所知的个人情绪,也提高了教学效率,更有效地维护了活动成果。

实际授课中,志愿者不仅仅局限于书本和课堂,一些志愿者自身的优势、兴趣等也一并教授于学生,帮助他们更全面健康地成长。

目前线上支教的第一期已经顺利完成,第一期活动顺利与肺动脉高压联盟的 18 名患者展开交接,对他们进行了共计 30 多小时的教学,科目包含语文、数学、英语和物理,得到了家长们的高度认可。之后的活动将进一步扩展,从全校范围招募志愿者,并将这一活动和形式进一步推广,让更多人了解到罕见病,参与到关心罕见病患者的实际行动中来。除此之外,学院还将进一步完善活动内容,探索更多科目、更多年龄段的教学形式和内容。除去线上支教外,还有一些其他形式,如穿插有线下探望、慰问一类的活动。

作者:陈渴欣

作者单位:南开大学药学院

六、实践调研医联体，构建就医新格局——以云南省县域医卫一体化调研为例

（一）背景与工作思路

"医疗联合体"，即由一所三级医院，联合一定区域范围内的二级医院和社区卫生机构组成的联合体，居民可选择就近联合体签约就医，在社区首诊，逐级转诊。在医疗联合体内，核心医院利用自身优势，帮助基层医院提升服务能力，基层医院将难以处理的疑难重症患者优先转入核心医院治疗，以改变无序就医的状况，达到疾病分级诊治的目的。这种方式既方便了人民群众便捷就医，又可有效缓解核心医院人满为患的现状，是一条适合区域各级医疗机构协同发展的新路径。[①]

自 2017 年原国家卫计委发布医联体试点文件起，医联体进入蓬勃发展阶段。医疗联合体建设是整合区域内医疗资源，促进优质医疗资源下沉，提升基层医疗机构服务能力的重要举措。目前，我国医疗服务体系尚存在服务提供与功能定位不匹配，大医院"越位"与基层医疗卫生机构"缺位"的问题。大医院"虹吸"效应突出，基层医疗卫生机构能力不足，陷入"接不住""不愿接"的困境。为此，整合医疗服务体系，赋能基层，提升基层"医防"服务能力，形成县域内医疗服务整体合力，打造县域医联体、医共体成为医改的重要举措。

在"小病不出乡，大病不出县"的大方针下，医联体的深入开展不仅有利于各级医疗机构将分级诊疗落实到具体工作中，更是提升医疗服务体系整体效能、满足群众健康需求的有力举措。作为共青团工作的主要力量，基层团组织应坚持服务党和国家工作大局与服务青年相统一，把青年紧紧凝聚在党的周围，为党和国家工作大局提供支持。为了解医联体政策在云南省的推进情况，医学院团委立足学科特点、发挥专业优势，以服务"健康中国战略"、服务青年医学生成长发展为目标，组织实践队前往云南省弥勒市三甲医院、社区医院及多家乡镇卫生所实地走访调研，深入基层医疗服务机构，具体了解医院整体环境、

---

① 赵维婷. 国务院办公厅印发《关于推进医疗联合体建设和发展的指导意见》[J]. 中医药管理杂志，2017，25（09）：86.

医疗设施设备、专科建设情况等,通过与相关医务人员交流和走访当地居民,增进对分级诊疗、双向就诊、医保政策等内容的了解。

(二)主要做法

医疗保障关乎人民群众切身利益,是基本的民生工程。在实践中,成员们聚焦有就医需求的人民群众,立足云南省医疗卫生发展现状,通过基层调查、线下访谈、入户宣讲等方式对云南省第一人民医院、弥勒市第一医院、弥勒市弥阳社区医院、弥勒市东山卫生院等辐射不同层级的医院进行了深入的调查和分析。调研内容主要涉及医疗资源配置、信息化建设、医保政策落实、医务人员流动性、疾病诊断相关分组(DRG)医保付费试点情况几个方面,分析医联体建设过程中所面临的现实问题,并尝试提出解决方案,形成云南省县域医卫一体化建设调研报告。

1. 采访患者及其家属,调研群众意愿需求

实践队成员前往内科、外科、放射科等门诊科室,对正在就医的患者及其家属进行了现场调研。(见图10-13)在征得同意后,实践队成员询问了就医群众关于当地医保、就医条件、分级诊疗等基层医疗相关问题。根据获得的数据资料,实践队经过分析认为,大多群众认为医保使用方便且范围较广,但部分乡村地区医保完善程度不足,与一二线城市有较大差距。云南当地的分级诊疗呈现局部性,体现为市级医院对于乡镇县级医院的虹吸效应,大多数就医群众是从地方医院被推荐至上级医院,部分则为直接前往上级医院就医。同时,居民就医选择主要受距离因素影响,如昆明本地人直接来市内三甲医院就诊,但地方县级医院仍承担下级诊疗工作,同时部分社区医院有与市级三甲医院的直接合作关系,可以将就医群众推荐至上级医院就医。另外,针对就医条件是否便利,当地民众也给出了他们的看法,包括挂号方便、医疗水平高、医生服务好等;带来的不便主要体现在排队时间长、就诊流程复杂,以及老年人不会使用智能化设备。

2. 对话医务工作人员,了解医卫一体化经验

实践队对话各级医院的医务工作人员,包括专家门诊主治医师、住院部医生、医务科主任、护士、社区医院院长等,围绕医疗机构组织架构、发展现状

以及问题、医联体建设、医疗水平、就医流程等方面进行交流。通过对云南省第一人民医院、弥勒市第一医院、弥勒市第一医院医康养中心、弥勒市弥阳社区医院、弥勒市东山卫生院、可邑小镇卫生所的比较分析，实践队发现大部分医疗资源集中在城市和相对发达的地区，如省会昆明市、县级市弥勒市市区等，均具有较为完备的科室结构、医务人员配备；而一些偏远山区和农村地区的基层医疗机构资源相对稀缺，如社区医院、小镇卫生所等，在实质上仅能进行一些基本的医疗服务，治疗小病、急病，而缺少治疗大病、稀病的能力。许多群众需要到县级医院，甚至更远的地级市就诊。由于云南多山难行的特点，导致了部分地区居民在就医时需要耗费较高的交通和时间成本，影响了群众的医疗健康。

图 10-13　实践队成员对正在就医的患者及其家属进行了现场调研

鉴于此，各级医疗机构已经开始开展跨机构、跨领域的合作，建立了卫生联合体，逐步解决这一问题。例如，弥阳社区医院与县医院建立了定向连接，如患者有转诊需要，可安排直达车与绿色通道直接送往，患者无需重新完成挂号、排号等就医流程。通过这样的资源整合、共享经验，在基层医疗卫生领域实现初步一体化，为未来更大范围的县域合作提供了有益的经验。

3. 入户科普健康知识，分发健康知识手册

为了帮助村民学习、理解和掌握疾病预防、早期发现、应急救援、及时就医等健康防护相关知识，增强自我主动的健康意识，不断提高健康管理能力，实践队员针对青少年、老年人常见疾病设计7种健康知识科普手册，入户科普简单实用的健康知识，分发健康知识科普传单，为维护村民健康尽一份南医力量。同时，实践队员也在与村民的交谈中，对当地的医疗卫生状况有了更深入、客观的认识。（见图10-14）

图10-14　实践队员入户科普健康知识

随着我国医疗改革逐步深化，开展医疗联合体建设成为了医改的重要步骤和制度创新。围绕国家重大发展战略，医学院"实践调研医联体，构建就医新格局"社会实践队对云南省县域医卫一体化的医联体建设情况进行调研，通过与当地医院、社区卫生服务中心、乡镇卫生所开展座谈会，针对医联体建设实践探索的6个方面，总结分析云南省医联体发展现状及面临的4个问题，并据此提出政策建议。

（三）成效与创新

1. 深耕社会服务，助力县域医疗卫生事业发展

实践活动在社会服务方面取得了显著成效，彰显了其在促进基层医疗服务改革与发展中的积极作用；贯彻"师生四同"实践模式，通过师生"同学、同研、同讲、同行"，共同深入基层，以务实的态度投身医疗卫生事业的改革与发展。调研过程中，团队与当地医疗机构建立了紧密的合作关系，深入了解了基层医疗服务的现状和问题。通过单独走访、深入座谈、详细调查等方式，团队

全面了解了县域医卫一体化的实施情况，发现了存在的问题和瓶颈。

实践活动不仅对医联体建设现状开展调研，更提出了一系列切实可行的解决方案，涉及医疗资源配置、医疗服务体系建设、医患关系改善等多个方面，具有针对性和操作性，旨在为医联体建设的深入推进提供支持和保障。通过团队的不懈努力和合作，实践活动取得了显著成效，为基层医疗服务的优化提供了有力支持，为推进医联体建设的实践探索贡献了积极力量。

2. 结合"三下乡"，深化实践成果与社区需求对接

实践团队充分利用全国大中专学生志愿者"三下乡"社会实践活动平台，将实践成果与社区需求有机对接，推动医联体建设与社区治理的深度融合。团队不仅组织开展了医疗卫生知识宣传等服务，而且将目光直接投向农村地区，以实实在在的努力和作为满足当地居民对医疗卫生服务的切实需求。队员们踏入村民家中，以简明易懂的方式进行健康知识科普，分发健康知识科普手册，助力村民学习、理解和掌握疾病预防、早期发现、应急救援、及时就医等卫生健康相关知识，引导村民化被动为主动，做自己健康的主人。

在向村民普及医联体知识的过程中，团队成员聚焦新就医格局，着重强调医联体在整个医疗体系中的重要性，并向村民解释了如何通过医联体获得更便捷、高效的医疗服务。团队还就如何正确选择合适的就医机构、理解医保政策等方面进行了详细解说，让村民在面对疾病时能够更加从容和明智地应对，引导村民树立与时俱进的健康管理意识，鼓励他们建立健康档案、定期体检，并提供相关的指导和帮助。这一系列举措促进了医联体建设与社区治理之间的深度融合，为改善农村医疗卫生条件贡献了南医力量。

3. 创新实践成果，在实践舞台上增长本领淬炼青春

实践团队采用多种形式和方法开展调研，如问卷调查、深度访谈、座谈会等，充分挖掘了基层医疗服务的现状和问题。指导教师充分挖掘和培养学生的实践能力和创新意识，鼓励学生自主提出问题、寻找解决方案，并将其付诸实践，在调研中不断积累经验，探索前进的道路。同时，团队重视运用现代科技手段和数据分析技术，对获取到的数据进行深入挖掘和分析，从而发现问题、解决问题，提升实践活动的科学性和有效性。这种科技驱动的实践模式，不仅

提高了调研的精准度和深度，也为实践活动赋予了新的内涵和活力。

在实践过程中，医学院团委通过建立多层次、多领域的合作机制，促进了师生之间的密切合作和交流。团队成员不仅在实践中取得了丰硕的成果，更在合作中培养了团队精神和合作意识。这种创新性的合作模式和工作方法，为今后队员们的工作与实践提供了有益的借鉴和参考。

作者：郭昕悦，杨岚秋，吴承坤

作者单位：南开大学医学院